国家社科基金
GUOJIA SHEKE JIJIN HOUQI ZIZHU XIANGMU
后期资助项目

中国老年群体消费结构、需求特征和行为决策研究

The Study on Consumption Structure, Demand Characteristics
and Behavior Decision of the Elderly Group in China

田 青 著

中国财经出版传媒集团
经济科学出版社
Economic Science Press

图书在版编目（CIP）数据

中国老年群体消费结构、需求特征和行为决策研究/
田青著 . —北京：经济科学出版社，2020.11
国家社科基金后期资助项目
ISBN 978 - 7 - 5218 - 1826 - 0

Ⅰ.①中… Ⅱ.①田… Ⅲ.①老年人 - 消费者行为论
- 研究 - 中国 Ⅳ.①F126.1

中国版本图书馆 CIP 数据核字（2020）第 163291 号

责任编辑：谭志军 李 军
责任校对：王苗苗
责任印制：李 鹏 范 艳

中国老年群体消费结构、需求特征和行为决策研究
田 青 著
经济科学出版社出版、发行 新华书店经销
社址：北京市海淀区阜成路甲 28 号 邮编：100142
总编部电话：010 - 88191217 发行部电话：010 - 88191522
网址：www. esp. com. cn
电子邮箱：esp@ esp. com. cn
天猫网店：经济科学出版社旗舰店
网址：http://jjkxcbs. tmall. com
固安华明印业有限公司印装
710×1000 16 开 13.5 印张 230000 字
2020 年 11 月第 1 版 2020 年 11 月第 1 次印刷
ISBN 978 - 7 - 5218 - 1826 - 0 定价：76.00 元
（图书出现印装问题，本社负责调换。电话：010 - 88191510）
（版权所有 侵权必究 打击盗版 举报热线：010 - 88191661
QQ：2242791300 营销中心电话：010 - 88191537
电子邮箱：dbts@ esp. com. cn）

国家社科基金后期资助项目
出版说明

　　后期资助项目是国家社科基金设立的一类重要项目，旨在鼓励广大社科研究者潜心治学，支持基础研究多出优秀成果。它是经过严格评审，从接近完成的科研成果中遴选立项的。为扩大后期资助项目的影响，更好地推动学术发展，促进成果转化，全国哲学社会科学工作办公室按照"统一设计、统一标识、统一版式、形成系列"的总体要求，组织出版国家社科基金后期资助项目成果。

　　　　　　　　　　　　　　　　全国哲学社会科学工作办公室

前　　言

我国人口老龄化程度不断加深，其显著特征是老龄人口数量世界第一、人口老龄化速度世界第一。与此同时，我国还是发展中国家，"未富先老"的窘境迫使中国必须大力发展经济。改革开放40多年来我国经济高速发展，主要得益于投资和进出口的大幅增长，"三驾马车"之重的消费需求虽然绝对量增长巨大，但相对于投资和进出口则处于需求不足状态，其中居民消费需求不足是主要原因。2015年7月，联合国经社部在发布的《世界人口展望报告》中预测，到2050年中国将有36.5%的人口超过60岁，50%的人口超过50岁。也就是说，在未来很长一段时期，我国消费需求在很大程度上需依赖老年群体支撑和拉动，在我国人口老龄化和经济中高速增长成为常态的背景下，在社会和经济变化导致的新一代老年群体消费观念和消费意识不断被冲击和改变的背景下，分析和研究当下我国老年群体消费结构变动、消费需求新特征、消费行为决策依据，不仅可以判断和预测消费市场需求趋势，也可以为公共政策的制定提供参考和依据。

笔者之前大多从宏观角度研究我国消费需求动态变动及其变动原因，近几年，随着具有大样本、代表性的诸多大型社会调查数据的发布，笔者在研究中发现，我国老年群体的消费观念、消费结构与消费行为都出现了新的变化，这种变化不仅与社会和经济变化具有强联系，与国家和地方政策的引导也明显相关。

本课题正是在这样的背景下，分析我国城镇和农村老年群体消费行为及消费结构演变过程及其特征，研究城乡老年群体的消费结构、需求特征和行为决策的主要影响因素。本课题的研究得到以下几个主要结论：

1. 老年家庭与年轻家庭的消费结构存在明显差异

主要表现在无论是城镇还是农村，与年轻家庭相比，老年家庭食品和医疗保健支出比重明显偏高，交通与通信支出比重则明显偏低；其中，老年家庭在家食物消费明显增加，在外食物消费总量与占比也有增加，特别是高收入老人在外就餐消费增加明显；老年家庭医疗保健绝对支出大幅提高，但支出占比有所下降，始于 2009 年的"新医改"和"新农合"对我国城乡老人看病难、看病贵问题有较大改善。此外，近年来，老年家庭在住房品质和居住条件方面改善需求较为迫切，居住支出明显增加。

2. 当代老年群体消费需求体现出与以往不同的时代特征

低龄老人不再局限于传统的重储蓄、求实性、习惯性和节俭性消费，而是消费观念年轻化，补偿式消费日渐流行。高龄老人在"空巢"时期照护需求不断提升，保健品和医疗消费仍将持续增长。未来，很可能会有越来越多的年轻人"啃老"，其实质是家庭财富从父代向子代的转移，将直接影响老年群体的消费支出和消费决策行为。

3. 资产存量、资产结构变动对我国老年家庭消费行为产生了显著影响

老年家庭的住房资产高于中青年组，老年家庭更愿意选择无风险金融资产，但老年家庭的其他资产和消费都小于中青年组，即在我国经济快速发展过程中，货币大量发行、收入增长和持续的通货膨胀稀释了居民财富，冲击了老年群体积累的财富价值；养老保险、医疗保险等社保账户资金虽然不能当期使用，但却是中低收入家庭良好的预期保障，也会对老年家庭的消费支出决策产生重要影响。

4. 中国家庭代际财富呈现双向转移的特征

年轻一代存在明显的"啃老"现象，其中，父代对子代的财富转移主要由父代特征变量决定，而子代对父代的财富转移由子代与父代的特征变量共同决定；收入是影响子代与父代之间代际财富转移的重要因素；农村父代对子代的财富转移偏向儿子，但女儿却更有可能给予父母财富支持。中国有众多的帮忙照顾孙子女的老年家庭，相比于任何历史时期，当下中国父母向子女、孙子女提供更多的财富支持和时间照料，这意味着父代的财富水平的减少，按照消费的生命周期理论，父代的消费水平和消费行为将在未来很长一段时期内受到制约。

5. 我国不存在明显的"退休消费困境"

退休前后家庭消费结构确实发生了明显变化，工作相关消费减少、教育培训消费减少、与健康相关的消费增加。虽然城镇家庭的消费结构总体有所调整，但并没有降低退休后的生活水平，总体来看，低收入家庭对工作状态的变化更加敏感，高收入家庭则变化不大，甚至高收入退休老人更有闲暇时间主张个性化消费；中国家庭退休前后总体消费支出没有明显改变，意味着延迟退休只是延后了城镇家庭消费结构变动的时点，对一部分

老年群体的消费决策有一定的影响，但对总消费支出没有大的影响。

6. 老年群体的医疗服务需求是一种刚性需求

老年群体的就医决策和医疗服务支出受多种因素影响。最重要的影响来自自评健康状况，它不仅影响了老人就医决策，也高度影响了就医支出（包括门诊就医和住院就医）；另外，受教育水平越高，门诊和住院就医倾向越明显，同时，家庭照料也可以更好地督促老人及时就医，并且参加医保的老人就医意愿更明确。无论是门诊还是住院决策，参加医保的老人就医率更高，医保的保障作用十分明显。但是否参加医保对老人门诊支出影响不显著，对住院支出影响则十分明显。参加医保的农村老人比未参加医保的农村老人住院费用平均高出58.3%，城镇方面平均高出25.3%。

7. 不断发展的体验经济时代

有钱又有闲的老年群体将成为旅游消费的生力军，尤其是退休初期的低龄老年更偏向于外出旅游、走亲访友，体验及补偿消费。当然，身体健康是老年旅游消费的基础，学识和见识会进一步促进老年旅游消费，因而受教育程度高的老年群体更加追求体验性和娱乐性消费。

建设健康老龄化社会，关心关注老年群体需求，促进老龄产业，尤其是养老需求，发展银发经济，全社会还需共同努力。

本书的出版得到了国家社科基金后期项目的资助和经济科学出版社的大力支持，在此表示衷心的感谢。还要特别感谢东北财经大学高铁梅教授的指导，硕士研究生王楠、董晓宇、郭汝元、马明阳、刘秋月、胡君所做的工作。

由于水平有限，书中尚有很多不足之处，诚恳希望专家、同行、读者不吝赐教。

田　青

2020.6

目　录

第 1 章　中国老年群体消费行为及消费结构变迁

改革开放 40 多年，中国经济发展取得了举世瞩目的成就，社会环境也发生了前所未有的变化。这一时期，中国国内进行了农村改革、市场化改革（包括全民所有制企业改革、教育、医疗、住房的市场化改革），养老制度、收入分配制度改革等一系列重大改革，对外则逐步放开了沿海、沿江、沿边地区，形成了沿海、沿江、沿边、内陆地区相结合的全方位、多层次、宽领域对外开放格局，2001 年加入世界贸易组织。这些重大的变革不可避免地深刻影响着中国的消费市场和消费环境，以及居民的消费能力、消费观念和消费偏好，进而深刻地影响着中国居民的消费行为。此外，我国人口老龄化程度不断加深，目前已成为老龄人口数量世界第一、人口老龄化速度世界第一的国家。2015 年 7 月，联合国经社部发布的《世界人口展望报告》预测，到 2050 年中国将有 36.5% 的人口超过 60 岁，50% 的人口超过 50 岁。从这个角度来讲，未来很长一段时期，我国消费需求在很大程度上需依赖老年群体支撑和拉动。

1.1　经济社会发展变化对居民消费行为的影响

中国是个具有悠久历史的古老国家，经济社会各个方面都在潜移默化地传承和发展。改革开放的过程中不断实施的改革措施及渐进的"全球市场一体化"逐步改变着我国居民的外部消费环境。1978 年我国实行改革开放政策，1992 年我国正式确立了以市场手段配置资源的社会主义市场经济模式。相应地，市场经济准则在各个领域开始推行，居民与企业、政府之间的市场经济关系逐步走向规范化，居民的市场地位也随之得到初步确立。2001 年，我国加入世界贸易组织，消费者面对的消费市场更大，消费环境更加复杂。这一时期，外部环境变化对消费者消费行为的影响比内在因素要强烈得多。

经济转轨过程中居民消费的外部环境变化及其对消费者行为的影响主要体现在以下几个方面：

1. 消费者可以在预算约束下自由选择消费品，并按照理性消费思维最大化自身的效用

自 1993 年开始，国家对各种生活必需品的凭票供应和物价补贴逐步取消，1996 年票证制度结束。这使得居民可以在预算约束下自由选择消费品，并按照理性消费思维最大化自身的效用。

2. 1998 年开始，城镇开始实行货币化分房制度，城镇居民购房支出大幅度增加

世界上有两种主要的住房制度：一种是福利性住房制度，即把住宅作为福利品进行生产、流通和分配的住房制度；另一种是商品性的住房制度。我国住房制度改革的主要目标是实现住房制度由福利性住房到商品化住房改革，这一适应市场经济的改革给居民，主要是城镇居民的消费行为带来了重要影响。1994 年 7 月，国务院下发《国务院关于深化城镇住房制度改革的决定》，将原来住房实物福利分配的方式转变为货币工资分配方式。1998 年 7 月，国务院下发《国务院关于进一步深化城镇住房制度改革，加快住房建设的通知要求》，要求各地从 1998 年下半年开始停止住房实物分配逐步实行住房分配货币化，中国住房福利制度宣告结束，住房制度改革从此进入住宅建设市场化和住房消费货币化的阶段。1999 年以后，购买商品房的支出逐渐成为城镇居民消费的大宗支出，且随着商品住宅价格的不断攀升，该项支出不断增加。尤其是一线城市房价上涨速度惊人，极大地影响了居民消费支出的分配和支出预期。

3. 医疗体制、教育体制改革全面推行，增强了居民的预防性储蓄动机

中华人民共和国成立后，一直在城镇居民中实行公费医疗制度，几十年的公费医疗制度等于国家保证了居民一生的生命安全。生老病死都由国家负担，居民没有后顾之忧。医疗制度改革后，个人的医疗支出比例增加，公费比例不断缩减；医疗服务的市场化又导致药品价格、医疗费用的增长，这两方面的医疗支出风险都逐步转化为由个人承担[①]。

同样，新中国成立之初，从小学到大学一直实行免费教育，居民无须

---

① 杭斌. 经济转型期中国城乡居民消费行为的实证研究 [M]. 北京：中国统计出版社，2006.

承担教育支出费用。20 世纪 90 年代开始，尤其是 90 年代中期以后，高等教育开始收费，并且收费标准不断提高。1992 年 6 月，国家教委（1998 年改为教育部）联合有关部门发布《关于进一步完善普通高等学校收费制度的通知》，我国高等教育开始大范围推行招生收费制度改革，自费学生的比例提高，学费水平逐年提高。1996 年 12 月，国家教委发布《高等学校收费管理暂行办法》，从 1997 年开始，我国高等教育全面实行收费制度。之后高等教育学费从最初的每年几百元上涨到每年 5000 ~ 10000 元甚至更高。同时，教育机会的增加、筛选程序的简化，意味着个人接受教育的平均年限延长，个人一生的教育总支出增加。

4. 城镇的就业制度、养老体制改革全面推行，居民不得不进行更多的储蓄

1980 年我国政府推行"三结合"就业模式，即在国家统筹规划和指导下，劳动部门介绍就业、自愿组织就业以及自谋职业三者的结合，打破了城市劳动力配置的完全计划化。1987 年的"搞活固定工制度"的改革，要求企业招收新工人一律实行劳动合同制，企业与职工自愿签订劳动合同，这标志着城市以国有企业为重点的劳动就业制度改革全面开展。就业制度改革意味着企业的劳动力使用自主权扩大，企业管理者具有了筛选、解雇职工的权利，也有了根据企业效益和职工的表现决定和调整工资水平的权利，这也意味着企业雇用行为的市场化和"铁饭碗"的逐渐被打破。旨在减员增效的就业制度改革也带来了在职职工大批下岗、城市失业率上升、城市贫困人口逐年增加的后果。

随着国有企业减员增效的改革，20 世纪 90 年代我国开始建立城镇职工社会化的养老保险体系。按照制度设计，基础养老金由"社会统筹"和"个人账户"两部分组成，在劳动者年老或丧失劳动能力后，根据他们对社会所做的贡献和所具备的享受养老保险资格或退休条件，按月或一次性以货币形式支付保险待遇，主要用于保障职工退休后的基本生活需要。职工退休以后每月获得的养老金要比工作期间的工资少得多，退休后的生活保障弱化。

就业制度改革和养老制度改革使得理性消费者不得不在工作期间多进行储蓄。

5. 在购房、医疗、教育、养老等改革不断深化的状况下，居民支出大幅增加，但居民收入并没有与之对应大幅增加，消费者面临的不确定性增强

1992 年以后，在住房、医疗、教育、养老、就业等体制改革不断深化的状况下，居民所获得的制度变革信息是福利制度的解体，这直接导致了消费者预期的变化。在支出预期不确定性增加的情况下，居民的收入并没有得到与之相适应的增加，尤其是低收入群体的收入增长缓慢，甚至在2002年出现绝对下降。在面临不确定的情况下，居民的理性选择只能是增加储蓄，防范风险。

6. 基尼系数加大，居民收入差距扩大

各种经济体制改革改变了社会资源的分配方式，受居民个体素质差别以及其他因素影响，居民收入差距逐渐增大。据国家统计局的测算，1990年中国的基尼系数为0.3072，处于相对比较合理水平，到2000年达到0.412，增长幅度较大，2008年进一步提高到0.491，达历史最高水平。2003~2012年这十年间，中国全国居民基尼系数始终超过0.47，远大于国际公认的0.4的"警戒线"①，中国的贫富差距已到了非正视不可的地步，加快居民收入改革势在必行。除了基尼系数逐年扩大外，中国的城乡居民收入差距和地区间收入差距也在不断扩大。

收入的差距拉大直接改变和影响着居民的消费心理和消费行为，消费水平也因此差距明显加大。

7. 居民消费的流动性约束和预算约束放松

由于银行制度和其他金融机构的改革，以及资本市场的出现（特别是沪深证券交易所的成立），使居民消费信贷和融资环境大大改善，一方面，购房贷款、买车贷款、装修贷款等面向消费者个人的贷款形式日渐成熟，消费的流动性约束大大放松，消费信贷如购房贷款、刷卡消费已成为一种常态，电子支付日益兴起和壮大；另一方面，由于居民家庭储蓄的增加，人们可以在一定范围内提前或延迟消费，以便实现较长时期的效用最大化，家庭预算约束不再是当年的可支配收入，在某一段时间内消费支出大于收入是完全可能的。

8. 经济体制改革对城镇居民和农村居民产生的影响不同

在农村，改革打破了"三级所有、队为基础"的人民公社"政社合一"的经济体制，实行了家庭联产承包责任制双层经营体制，由此使农民家庭双重经济功能凸显出来。一方面，家庭是消费活动的基本单位；另一方面，又是生产活动的基本单位。城镇居民家庭则不同，除少数个体业主的家庭具有同农村家庭一样的双重经济功能外，绝大多数家庭仅仅是消费

---

① 各年基尼系数的数据来源于国家统计局网站提供的相关年份信息。

活动的基本单位。1992 年推行社会主义市场经济改革以后，各种经济体制改革逐渐全面推开，改变了城镇居民原有的生活习惯和工作环境，对其收入和消费支出产生了深刻的影响，这种影响在某些方面要比对农村居民的影响大得多。

9. 对外开放政策促使中国更快更深地融入国际经济社会，同时也必须面对日益复杂的国内外经济环境

对外开放政策的实施以及加入世界贸易组织，使中国走出封闭的国内市场，成为世界市场的一部分，中国对国际市场的依赖变得更强。伴随着经济贸易往来的深入，发达国家的消费产品、消费观念涌入中国，影响了越来越多的国人，对国内居民消费行为产生影响的同时，对我国产业结构、经济结构也产生了较大影响，反过来又影响着居民的消费需求。与此同时，世界各国和各民族之间在政治、文化上的相互往来对居民的消费行为也会产生一定的影响。

在与世界经济日益接轨的过程中，世界经济经历了 1997 年的亚洲金融危机、2008 年的世界金融危机以及之后的欧债危机。中国经济是典型的投资与出口驱动型经济增长模式，世界经济波动必然导致国内外贸出口行业受到冲击，必然对国内就业造成较大影响，同时对中国居民的消费需求和消费行为产生影响。

10. 技术进步促进了消费结构升级及消费形式改变

改革开放极大地释放和促进了生产力和科技进步，消费品升级换代速度越来越快，消费品档次越来越高。同时，随着互联网技术的兴起和繁荣，网络购物逐渐成为消费者一种重要的消费方式，网购规模和网购消费者规模不断扩大，其中，网络购物、线上预订、电子支付作为突出的商务类应用代表，其数量持续保持高速增长，使得传统的经营模式和人们的消费方式产生了巨大的变化。电子商务具有成本低和效率高的巨大优势，加上互联网的高速发展和具有巨大信息处理能力的网络营销系统的支持，使得消费者获得商品信息更加容易和准确，面对的商品选择空间更加广阔和丰富，消费者的消费观念、消费方式以及地位也产生了强烈的变化，消费者主权地位更高，购买自由扩大，消费者的购物决策行为更加合理化。

11. 消费主义文化的渗透

消费主义是西方工业化发展到一定时期，由于生产力的提高带来了物质上的丰富、主张刺激消费需求政策、新闻媒体和商业广告关于消费的诱导性宣传改变了民众的消费心理和日常生活习惯等因素推动下形成的"现代生活方式"。这种生活方式的内在价值观是享乐主义、个人主义和物质主义，将追求高消费、炫耀性消费、超前消费等物欲和虚荣心的满足视为人生价值实现的路径①。全球化背景下，消费主义风行世界，发达国家消费主义的价值观念和生活方式对发展中国家居民的示范作用是显著的，中国消费者必然受到消费主义思潮的影响，从而影响消费心理和消费行为。

12. 新零售开启新消费模式

大数据、人工智能技术以及移动支付技术的快速发展，导致"互联网＋零售业"的全新线下线上相结合的新零售模式顺势而生。这种线下体验、线上服务的购物模式使得消费者既能够感受到线上下单和支付的便捷，又能体会到线下实体消费所带来的满足感。近年来，无人商店、无服务员餐厅等新零售业规模越做越大，据艾媒咨询（iiMedia Research）在《2017中国无人零售商店专题研究报告》中发布的数据预测，到2022年中国无人零售商店市场交易额将达到18000亿元，用户规模达到2.45亿人。这种全新的零售业态提高了商家的生产服务效率，在一定程度上节约了成本，将开启国民消费新模式，也将对我国居民消费行为产生重大影响。

改革开放40多年的变迁，中国老年群体感受最深，这一群体受到的影响和改变也最大。

1.2 中国人口年龄结构变化趋势

1.2.1 中国人口年龄结构变动趋势

1. 人口年龄结构划分标准

人口年龄结构是指一定时点、一定地区各年龄组人口在全体人口中的比重。联合国人口司在1956年出版的《人口老龄化及其经济社会影响》中将一国或一个地区的人口年龄结构划分为年轻型、成年型和老年型三种类型，具体划分标准如表1-1所示。

---

① 张文富．消费主义与资本的隐形统治——全球化时代的消费主义及其影响［J］．求实，2012－11．

表 1 –1   人口老龄化程度划分标准

	年轻型	成年型	老年型
65 岁及以上人口比例	小于 4%	4% ~ 7%	大于 7%
0 ~ 14 岁人口比例	大于 40%	30% ~ 40%	小于 30%
年龄中位数	小于 20 岁	20 ~ 30 岁	大于 30 岁
老少比	小于 15%	15% ~ 30%	大于 30%

更简单地讲，国际上通常认为如果一个国家或地区 60 岁以上老年人口占人口总数的 10%，或 65 岁以上老年人口占人口总数的 7%，则这个国家或地区处于老龄化社会。如果 65 岁以上老年人达到总人口的 14%，即进入深度老龄化，达到 20% 则进入超级老龄化社会。进入 21 世纪，不论是以美国、德国、日本等为代表的发达国家，还是以中国为代表的发展中国家都面临着不同程度的老龄化问题。中国国家统计局的官方数据显示，2000 年我国 65 岁及以上人口比例达到 7%，表明我国自 21 世纪开始正式进入老龄化社会。到 2015 年，全球已有 94 个国家与地区步入老龄化社会。在全球老龄化的大背景下，中国作为较早步入老龄化社会的发展中国家，"未富先老"、人口规模庞大，老龄化带来的社会问题和经济问题更为紧迫和严峻。

2. 中国人口年龄结构变动趋势

表 1 – 2 为我国人口年龄结构变化趋势。

表 1 – 2   我国人口年龄结构变化趋势

年份	总人口数	60 岁及以上		65 岁及以上		老年抚养系数
		数 量	比 重	数 量	比 重	
1953	56745	4369	7.70	2497	4.40	7.4
1964	69458	4932	7.10	2501	3.60	6.5
1982	101654	8234	8.10	4981	4.90	8.0
1990	114333	9604	8.40	6403	5.60	8.4
2000	126743	13014	10.30	8838	7.00	10.1
2010	134091	17765	13.26	11883	8.87	11.9
2015	137349	22182	16.15	14374	10.47	14.3

资料来源：于涛. 中国人口老龄化与老年消费问题研究 [D]. 吉林大学，2013 – 6.

由表 1 – 2 可以看出，1964 年我国 60 岁和 65 岁以上人口比重分别为

7.1%和3.6%，属于年轻型社会。之后老年人口比重逐渐增加，到2000年，60岁和65岁以上人口比重分别达到10.3%和7%，进入老年型社会。

2000年第五次人口普查数据显示，我国人口中年龄介于30～34岁的比重最大，并且人口金字塔呈现下窄中间宽的形状。2010年第六次人口普查数据则显示，0～14岁人口比重为16.6%，比2000年下降6.29%，60岁以上人口比例13.26%，比2000年提高2.94%，而65岁以上人口占比是8.87%，比2000年提高1.87%，说明我国老龄化程度在不断加深。

2015年我国1%人口抽样调查主要数据公报显示，中国31个省份人口中，0～14岁人口比重为16.52%，60岁以上人口比重为16.15%，65岁以上人口比重为10.47%。同2010年第六次全国人口普查相比，0～14岁人口比重下降0.08个百分点，60岁以上人口比重上升2.89个百分点，65岁以上人口比重上升1.60个百分点。我国老龄化程度持续加深。

2015年7月，联合国经社部在发布的《世界人口展望报告》中预测，到2050年中国将有36.5%的人口超过60岁，50%的人口超过50岁。

1.2.2 发达国家老龄化问题

1. 日本

日本总务厅统计数据显示，日本从1970年开始步入老龄化社会。2007年，日本《老龄社会白皮书》报告指出，截至2006年10月1日，日本65岁以上的人口达到2660万人，约为总人口的20.8%，已经进入超级老龄化社会。

2017年4月10日，日本厚生劳动省根据日本国立社会保障与人口问题研究所的估算，公布了50年后日本人口数量的预测结果，日本人口将在2053年跌破1亿人，到2065年将降至8808万人。其中，劳动人口比例将由2017年的60.8%降低至51.4%，65岁及以上老年人比例将攀升至38.4%。也就是说，每1.2个劳动人口就要负担一名老人。可见日本的老龄化问题相当严重，劳动人口的增长率将低于老龄化速率，最终很可能会进入经济萎缩状态。

日本当前老龄化问题愈演愈烈，青年劳动力严重不足，这导致日本老年人口不得不在退休后仍去工作，在日本大街小巷上，随处可见为工作劳碌的老年人。此外，老龄化程度加剧也较大程度地抑制了日本居民的消费水平，当前日本居民消费欲望低沉，日本进入低消费高储蓄社会，成为低欲望社会①，这将对日本经济产生不利影响。

2. 德国

德国联邦统计局的数据显示，2010 年，德国人口只有 13.5% 的比例是 0～15 岁儿童，20.4% 的人口是 65 岁及以上老年人，成为欧洲第一、全球仅次于日本的老龄化国家。2017 年，65 岁以上人口占比提高到 21.4%，老龄化程度进一步加深。德国联邦统计局的第十二次人口预测数据显示，至 2060 年，65 岁及以上的人口比例将达到 34%，而劳动人口的比例将跌落至一半以下。在人口老龄化的同时，德国的总和生育率②仅为 1.4（平均水平为 2.1），是欧洲发达国家中的最低水平，并且有逐渐减少的趋势。低生育率高老龄化率势必会阻碍德国社会的持续稳定发展，为了减缓当前人口高度老龄化态势，德国政府出台了补贴儿童生活和教育费用等一系列鼓励生育的政策，2012 年，还将退休年龄推迟到 67 岁，并且放宽了欧盟国移民政策，但是按照目前德国人口下降的速度来看，这些政策依然不能有效解决当前德国高度老龄化面临的问题。

3. 瑞士

根据世界银行统计数据的计算，1960 年，瑞士 65 岁及以上老年人口比重已达 10.2%，到 1985 年达到 14%，进入深度老龄化社会，截至 2015 年，瑞士 65 岁及 65 岁以上人口占比已达到 18%，老龄化程度居世界前列，是全球人口老龄化问题最严重的国家之一。瑞士的总和生育率从 1966 年以前的 2.5 下降到 1994 年以后的 1.5 以下，2009 年之后保持在 1.5 左右，且晚婚晚育趋势明显，2018 年人均寿命已达到 83.7 岁，因此，瑞士人口老龄化程度将继续加深。瑞士人口高度老龄化的问题对于瑞士经济的可持续发展和政府政策的制定是一个严峻的挑战。

4. 美国

根据世界银行统计数据库的计算，美国自 20 世纪 40 年代进入老龄化社会之后，老龄人口比重持续增长。2000 年老年人口比重达 12.4%，2014 年达到了 14.3%。但由于大量移民流入，美国人口老龄化速度比较缓慢。美国人口咨询局在 2016 年发布的世界人口评论报告中指出，2060 年美国 65 岁及以上人口比例将上升至 24%，这意味着老年人口规模持续增长，届时美国社会将会面临着医疗和老人照料服务等资源的缺乏，此外

---

① 大前研一（日本著名管理学家）. 低欲望社会 M，上海译文出版社，2018－10
② 总和生育率（TFR）也称总生育率，是指一个国家或地区的妇女在育龄期间，每个妇女的平均生育子女数。

还会对美国养老保险制度造成威胁。

总之，人口老龄化已成为全球人口发展不可逆转的趋势。我国是发展中国家，人口基数大，老龄人口绝对量和增长速度已成为全球第一，且"未富先老"，经济结构调整尚未完成，这为我国经济和社会发展带来严峻的挑战。

1.3　老年群体消费结构及消费行为变迁

中国家庭追踪调查（china family panel studies，CFPS）是一项由北京大学中国社会科学调查中心（Institute of Social Science Survey，ISSS）开展实施的重大社会科学项目，它通过跟踪搜集个体、家庭、社区三个层面的数据，来反映中国社会、经济、人口、教育和健康的变迁，从而为学术研究和政策制定提供数据支持。CFPS 于 2010 年正式开始基线调查，截至目前，已开展了 2010 年、2012 年、2014 年、2016 年和 2018 年共 5 轮调查，CFPS 基线样本现已覆盖了全国 31 个省（区、市）（不包括中国香港、澳门特区、台湾特区），调查问卷包括社区问卷、家庭问卷、家庭成员问卷、成人问卷和少儿问卷五种主体问卷类型，形成了成人库、儿童库、家庭成员库、家庭关系库、区县库五种类型数据库。

我们整理了 2010 年和 2016 年的调查数据，将 CFPS 2010 和 CFPS 2016 中的家庭样本进行匹配，仅保留其中重合的家庭样本，这样就可以研究不同时间段中相同家庭的消费结构变化，保证准确性。此外，我们剔除了食品支出为 0 的样本，这是因为，正常家庭必然会有食品消费支出，食品支出为 0 的样本通常都是无效样本。最后，我们还剔除了收入中最低5% 和最高 5% 的样本，目的是减少异常值极端值的影响。最终获得 2010 年和 2016 年全体家庭样本 11517 和 13429 个。

1.3.1　老年家庭消费行为及消费结构变动分析

1. 老年家庭消费行为变迁分析

为了比较老年家庭与年轻家庭消费结构的异同，我们抽取了家庭成员年龄全部为 60 岁以上家庭（定义为老年家庭）和家庭成员年龄全部为 60 岁以下的家庭（定义为年轻家庭）的数据，得到 2010 年和 2016 年我国老年家庭和年轻家庭的人均消费支出（见表 1 - 3 和表 1 - 4）。

表 1－3 　　　　　　　　　　2010 年家庭消费支出 　　　　　　单位：元

变量名	老年家庭		年轻家庭	
	城镇	农村	城镇	农村
人均食品支出	5245.4	2759.5	3249.2	1890.7
人均衣着支出	217.2	98.8	510.7	229.0
人均家庭用品支出	1246.4	463.1	1070.9	530.9
人均交通通信支出	626.0	362.9	1277.0	671.8
人均文教娱乐支出	250.4	76.7	1266.1	715.4
人均医疗保健支出	2695.8	1603.7	859.4	703.0
人均生活居住支出	682.1	262.9	661.8	227.7
人均杂项支出	190.3	110.5	139.3	138.2
人均消费性支出	11153.5	5738.1	9034.4	5106.7

表 1－4 　　　　　　　　　　2016 年家庭消费支出 　　　　　　单位：元

变量名	老年家庭		年轻家庭	
	城镇	农村	城镇	农村
人均食品支出	10500.4	4138.7	8703.8	4332.2
人均衣着支出	605.8	259.0	1486.0	748.9
人均家庭用品支出	1607.3	693.6	4582.3	2313.9
人均交通通信支出	983.4	579.6	2385.6	1392.3
人均文教娱乐支出	1114.0	91.0	2459.4	1263.5
人均医疗保健支出	4723.5	2433.1	1526.5	1281.8
人均生活居住支出	3950.5	1764.9	4211.3	2198.5
人均杂项支出	326.8	74.7	486.5	187.9
人均消费性支出	23811.7	10034.6	25841.3	13719.0

由表 1－3 和表 1－4 可以得出以下结论：

（1）老年家庭消费支出上涨幅度小于年轻家庭。与 2010 年相比，2016 年中国家庭消费支出明显上涨，总体来看，老年家庭上涨幅度小于年轻家庭，城镇家庭上涨幅度小于农村家庭。其中上涨幅度最高的是城镇年轻家庭，2016 年是 2010 年的 2.86 倍，上涨幅度最低的是农村老年家庭，2016 年是 2010 年的 1.75 倍。

（2）老年家庭与年轻家庭的居住支出均大幅增加。城镇和农村老年家庭的居住支出分别由 2010 年的 682.05 元和 262.94 元猛增到 2016 年的 3950.54 元和 1764.93 元；城镇和农村年轻家庭的居住支出分别由 2010 年的 661.82 元和 227.67 元猛增到 2016 年的 4211.34 元和 2198.5 元。增速最快的是农村年轻家庭，增速最慢的是城镇老年家庭。与生活水平提高息息相关的家庭用品支出中，农村家庭支出增速远远高于城镇家庭，说明这段时期中国农村家庭消费结构升级需求十分明显。

（3）老年家庭医疗保健支出明显高于年轻家庭。无论是城镇家庭还是农村家庭，老年家庭的医疗保健支出都明显高于年轻家庭，这与老年疾病增多正相关明显。

（4）老年家庭交通通信支出上涨幅度低于平均水平。由于通信价格的下降，老年家庭交通与通信支出与其他类别消费支出相比上涨幅度低了不少，年轻家庭比老年家庭上涨幅度略大。

（5）老年家庭在食品、医疗保健上支出最多。由数据可见，无论是城镇还是农村，老年家庭支出最多的类别为食品和医疗保健，2016 年居住支出明显提高，排在第三位，说明 2010 年以后，中国市场在租房、维修、装修等居住方面的价格上涨较快。

2. 老年家庭消费结构变动分析

图 1-1～图 1-4 分别为 2010 年和 2016 年中国老年家庭消费结构变动情况。

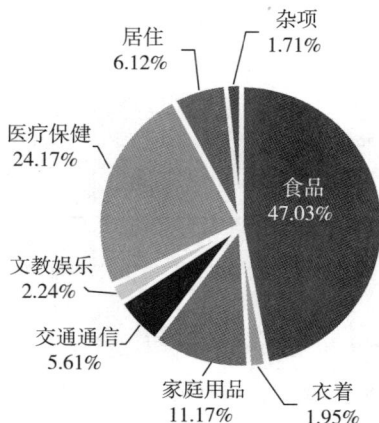

图 1-1　2010 年城镇老年家庭消费支出结构

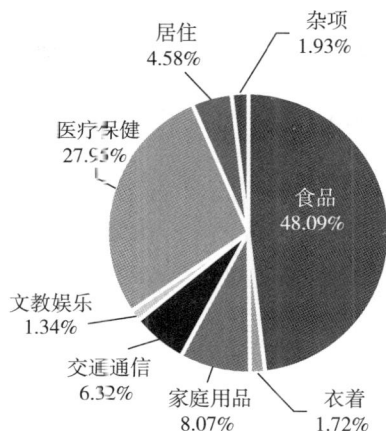

图 1－2　2010 年农村老年家庭消费支出结构

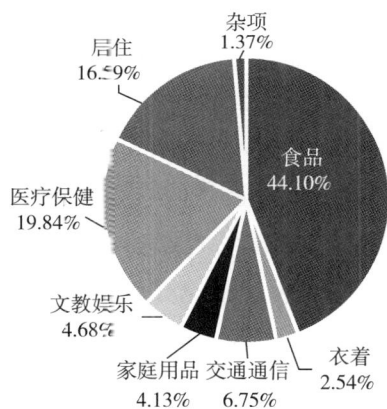

图 1－3　2016 年城镇老年家庭消费支出结构

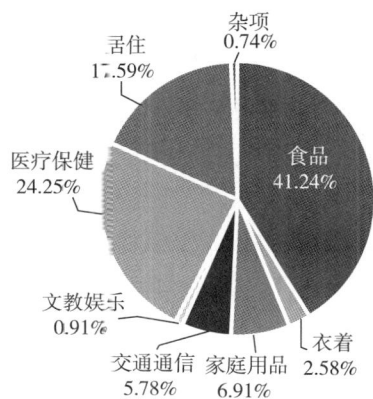

图 1－4　2016 年农村老年家庭消费支出结构

可以看出：（1）无论是城镇还是农村，老年家庭的食品支出比重均有所降低，尤其是农村老年家庭食品支出比重下降更大；（2）相比于2010年，2016年城乡老年家庭的生活居住支出占比分别提升了10.47个和13个百分点，这主要是由于城市发展、房价上涨带来租金、物业费、车位费上涨，农村住房改扩建费用明显增加、装修材料水涨船高等原因造成的。其中农村老年家庭的居住支出比重由2010年的4.58%提升到2016年的17.59%，说明农村老年家庭居住改善较为迫切；（3）医疗保健支出绝对值虽然大幅提高，但支出占比却有所下降，城镇和农村分别从2010年的24.17%和27.95%下降到2016年的19.84%和24.25%，这说明始于2009年的新医改和新农合对我国城乡老人看病难、看病贵问题得到了很大的改善；（4）城镇老年家庭的文教娱乐占比由2010年的2.64%上升到2016年的4.68%，农村老年家庭的文教娱乐占比由2010年的1.34%下降到2016年的0.91%，说明城镇老年群体消费观念确实发生了较大转变，开始注重文化、娱乐、旅游等享受类消费，而农村老年群体消费内容基本还停留在吃、穿、住等生存类消费方面。

1.3.2 城镇老年家庭消费行为及消费结构变迁分析

为了更进一步分析城镇老年人的消费情况，我们将城镇老年家庭细分为城镇低龄老年家庭（家庭成员年龄在60～74岁）和城镇高龄老年（家庭成员年龄在75岁以上）家庭，计算得到2010年和2016年我国城镇低龄老年家庭和高龄老年家庭消费支出（见表1－5）和消费结构（见图1－5～图1－8）。

表1－5　　　　　　　城镇老年家庭消费支出变化　　　　　　单位：元

变量名	2010年		2016年	
	低龄老人	高龄老人	低龄老人	高龄老人
人均食品支出	5271.2	5267.0	10270.8	11091.0
人均衣着支出	240.4	115.8	712.5	314.2
人均家庭用品支出	1264.2	1115.3	1911.3	1000.4
人均交通通信支出	679.0	377.4	1109.2	642.1
人均文教娱乐支出	225.5	77.1	1329.1	513.2
人均医疗保健支出	2571.9	3138.5	4386.5	5673.5
人均生活居住支出	675.3	811.5	4130.9	2999.4
人均杂项支出	176.4	251.5	265.4	541.3
人均消费性支出	11104.0	11154.1	24115.8	22775.0

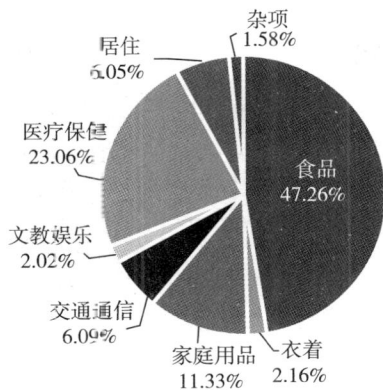

图 1-5 2010 年城镇低龄老年家庭消费支出结构

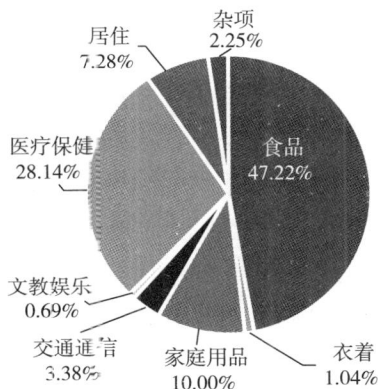

图 1-6 2010 年城镇高龄老年家庭消费支出结构

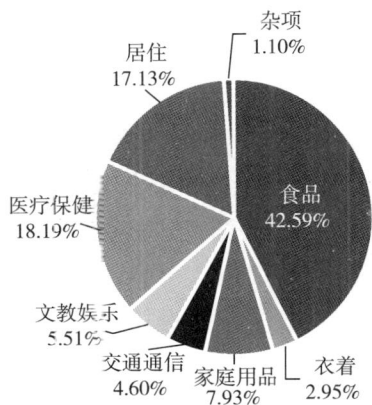

图 1-7 2016 三城镇低龄老年家庭消费支出结构

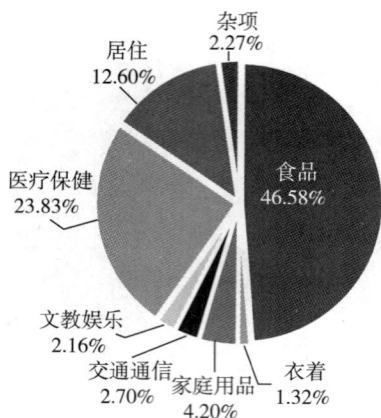

图 1-8　2016 年城镇高龄家庭老年消费支出结构

可以看出：

（1）城镇高龄老年家庭和低龄老年家庭的食品支出相差不大。从绝对量上看，城镇高龄老年家庭与低龄老年家庭食品支出相差不大，都占据了消费性支出中的大头，而衣着支出占比都较小，远远低于年轻家庭，进一步说明老年群体的消费习惯与年轻群体具有明显的差别。

（2）城镇高龄老年家庭在医疗保健上的开销明显大于城镇低龄老年家庭。2010 年和 2016 年，城镇高龄老年家庭人均医疗保健支出分别为 3138.5 元和 5673.5 元，占比分别为 28.14% 和 23.83%，而城镇低龄老年家庭人均医疗保健支出的平均水平分别为 2571.9 元和 4386.5 元，占比分别为 23.06% 和 18.19%，高龄老人的医疗保健支出明显高于低龄老人。这说明老年疾病大多是老龄疾病，随着年龄的增长，老年群体在医疗上的花销将越来越多。

（3）城镇高龄老年家庭在文教娱乐、交通通信上的开销低于低龄老年家庭。从数量上看，城镇高龄老人的文教娱乐支出和交通通信支出都明显少于低龄老人，但从质量和发展上看，在 2016 年，无论是高龄还是低龄老人的文教娱乐支出都明显增加，在消费支出中的占比也明显增加。说明我国城镇老年群体的文化娱乐生活越来越美好，文化娱乐消费意识越来越强。

（4）低龄老年家庭的居住支出快速增加。2016 年城镇高龄和低龄老年家庭人均居住支出分别为 2999.40 元和 4130.89 元，占比分别为 12.60% 和 17.30%。低龄老年家庭的居住支出明显大于高龄老年家庭。这与 2010 年的情形相比发生了较大的变化。2010 年，城镇高龄和低龄老年家庭人均居住支出分别为 811.5 元和 675.3 元，占比分别为 7.28% 和

6.25%。高龄和低龄老人居住支出相差不是特别明显。可见，2010 年之后的房价上涨加大了居民的住房支出，房价的上涨也带动了房租、物业费、停车费等居住相关费用的全面上涨。与低龄老人相比，通常高龄老年家庭不再愿意搬家、装修，因此，2016 年，低龄老年家庭的居住支出绝对水平与支出占比都远远高于高龄老年家庭。

1.3.3 农村老年家庭消费结构级消费行为变迁分析

我们将农村老年家庭细分为农村低龄老年家庭（家庭成员年龄在60～74 岁）和农村高龄老年（家庭成员年龄在 75 岁以上）家庭，计算得到 2010 年和 2016 年我国农村低龄老年家庭和高龄老年家庭消费支出（见表 1－6）和消费结构（见图 1－9～图 1－12）。

表 1－6　　　　　　农村老年家庭消费支出变化　　　　　　单位：元

变量名	2010 年		2016 年	
	低龄老人	高龄老人	低龄老人	高龄老人
人均食品支出	2785.4	3090.8	4265.6	4158.4
人均衣着支出	106.7	72.7	297.8	156.2
人均家庭用品支出	478.9	438.0	768.2	527.3
人均交通通信支出	397.7	229.5	668.2	357.9
人均文教娱乐支出	92.6	34.9	107.3	41.5
人均医疗保健支出	1595.1	1366.5	2312.3	3213.2
人均生活居住支出	276.4	263.9	1956.5	1169.7
人均杂项支出	123.2	117.9	76.3	79.4
人均消费性支出	5855.9	5614.2	10452.3	9703.6

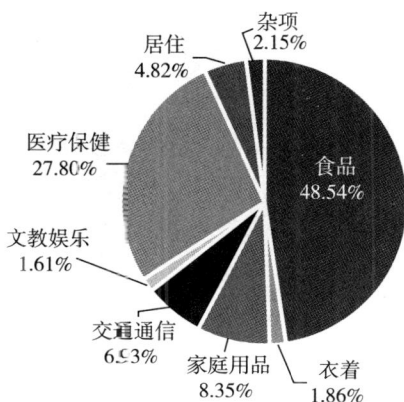

图 1－9　2010 年农村低龄老年家庭消费支出结构

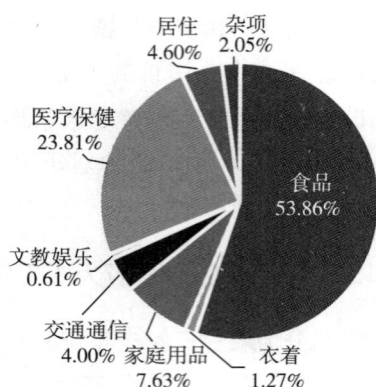

图 1 - 10　2010 年农村高龄老年家庭消费支出结构

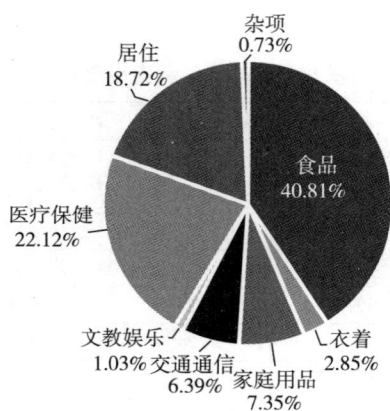

图 1 - 11　2016 年农村低龄老年家庭消费支出结构

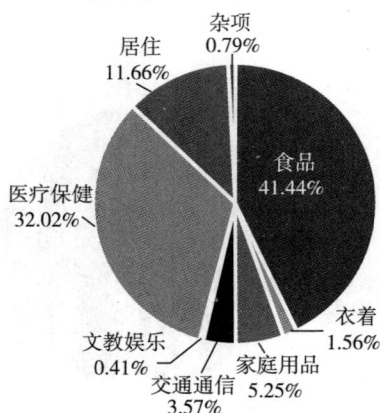

图 1 - 12　2016 年农村高龄家庭老年消费支出结构

可以看出，农村老人的消费结构变化与消费支出行为与城镇老人在食品、居住支出上有很多相似之处，但在文教娱乐、高龄老人的医疗支出上则呈现明显的不同：

（1）农村高龄老人与低龄老人的食品支出相差不大。从绝对量上看，农村高龄老人与低龄老人的食品支出相差不大，都占据了消费性支出中的大头，而衣着支出占比都较小，远远低于年轻家庭。从食品支出比例上看，2016 年的农村老人的食品支出占总支出比重缩小，基尼系数缩小说明农村老人的生活水平在持续提高。

（2）2016 年农村高龄老人在医疗保健上的开销明显增加。从数据上看，无论是 2010 年还是 2016 年，农村高龄老人的医疗保健支出都高于低龄老人；从支出结构上看，农村高龄老人在 2016 年的医疗支出比重高达 32.02%，远远高于农村低龄老人，也远远高于城镇高龄老人。这很可能是由于之前的农村老人医疗需求长期得不到满足，有病没钱看。2009 年"新农合"政策逐渐落实之后，农村老人的医疗需求逐步得到释放，尤其是高龄老人的医疗服务可及性提高，个人支出部分增加，导致其医疗保健支出比重扩大。与城镇相比，农村老龄老人的医疗负担相当沉重。

（3）农村老人的文教娱乐支出明显不足。2010 年，农村老人的文教娱乐支出大致是城镇老人的 1/2，而 2016 年，农村老人的文件娱乐支出仅为城镇老人的 1/12，差距扩大十分明显。城镇老人的收入在满足基本生活消费之后，已经实现了消费结构的进一步升级，向享乐型迈进。而农村老人基本还停留在解决基本的吃穿住行问题。

（4）农村老人的交通通信支出结构变化不大。从数量上看，农村高龄老人的交通通信支出明显少于低龄老人；从变化上看，高龄和低龄农村老人的交通通信支出在 2016 年都比 2010 年有明显增长；从结构上看，2016 年的交通通信支出结构与 2010 年基本保持不变。手机通信已经成为老人生活的必需品。

（5）农村低龄老人的居住支出快速增加。2016 年农村高龄和低龄老年家庭人均居住支出分别为 1169.7 元和 1956.5 元，占比分别为 11.66% 和 18.72%。低龄老年家庭的居住支出明显大于高龄老年家庭。这与 2010 年的情形相比发生了较大的变化。2010 年，农村高龄和低龄老年家庭人均居住支出分别为 263.9 元和 276.4 元，占比分别为 4.6% 和 4.82%。高龄和低龄老人居住支出相差不是特别明显。中央提出新农村建设，以"生产发展、生活宽裕、乡风文明、村容整洁、管理民主"为目标与要求，并给予相应资金支持，农村家庭改扩建住房国家予以补贴，使得农村老年家庭住房改扩建的开销增大，体现在居住支出比例和绝对值在 2016 年都明显扩大。

综上，农村老人与城镇老人消费特征的变化趋势大致相同，随着老龄化程度的加深，中国老年家庭的食品支出占比将越来越小，医疗保健支出将越来越多，交通通信支出占比逐渐下降，文教娱乐支出根据收入水平和生活水平的提高趋于增长。在未来一段时间内，老年家庭的居住支出仍将上涨，尤其是农村部分贫困老人在脱贫后，将拉动居住支出的提升。

1.4　现阶段中国老年群体消费新特征

前述分析及调查数据之外，大量信息告诉我们，当前我国老年群体消费还具有以下新特征：

1. "乐活一族"在一部分老人中兴起

当代我国老年群体消费观念已经不再局限于传统的重储蓄、求实性、习惯性和节俭性消费。随着中国互联网经济的快速发展、人民生活水平的不断提高，中国老年消费者将更多地受消费文化和年轻一代的影响，逐渐摒弃了老一代的消费观念，消费观念逐渐年轻化，消费心理更加成熟，越来越多的老年人尤其是刚退休的城镇低龄老人自我补偿性消费支出将增加，呈现更多的消费新行为，如旅游、摄影、各种集体活动等。

"乐活"最早是美国社会科学家针对人类发展过程中出现的"健康衰退、心灵空虚、关系疏远、资源紧缺"提出的一种追求健康自给自足的可持续的生活方式。"乐活"进入我国，最先体验乐活生活方式的是中老年群体，越来越多的城市五六十岁的中老年群体（新生代老人）开始注重生活、注重健康、注重快乐，追求具有文化内涵、生活本源的自然、健康、快乐、精致的生活态度。旅游、娱乐、自我发展、补偿式消费在一部分老年人中兴起。携程旅游 2018 年 10 月发布的《老年人旅游消费报告》指出，2018 年前三季度，中国老年人外出旅游人数飞速增长，足迹遍布全球 74 个国家和 858 个旅游目的地，其中，50 年代生人已成为旅游消费最高的群体。

2. "空巢"家庭日益增加导致老龄照护需求增加

"空巢"一般是指家庭中因子女外出工作学习老人独居的一种现象。"空巢家庭"是指子女长大成人后从父母家庭中相继分离出去，只剩下老年一代人独自生活的家庭。一旦配偶去世，则家庭生命周期进入鳏寡期。

空巢期与鳏寡期对老年人来说是生活中容易发生困难的两个重要阶段。截至 2019 年底，我国有失能老人 1036 万人、半失能老人 2123 万人，共占老年人口总数的 18.9%，他们不同程度地需要提供护理照料服务。这种背景下，老年家庭的服务照料支出将随着老龄化的不断加深而持续增加。

3. 保健品和医疗消费仍将持续增长

随着生活水平和经济水平的提高，老年人的生理健康状况越来越好，闲暇时间越来越多，与此同时，"空巢"家庭数量日益增加，家庭陪伴越来越少，这使得老年人从家人获得的慰藉减少从而容易产生孤独感，老年人以购买保健品缓解内心的孤独[①]。对上海市老年人的一项调查显示，70% 的老年人每年均会购买保健品，其中 13.8% 的老年人保健品消费超过 1 万元，超过 37% 的子女认为父母购买保健品的消费超出了父母的实际支付能力。此外，据统计，2017 年以来，上海市消保委受理保健品投诉共计 375 件，涉及金额 300 余万元人民币。

同时，老年人口增加会带来更多的医疗需求，从而增加医疗消费。对 OECD 国家和地区医疗费用的统计发现，20 世纪 90 年代中期，65 岁及以上老人的人均医疗费用是 65 岁以下人口的 2.7 ~ 4.8 倍（封进等，2015）。从第 1.3 节的分析也可以看到，我国城镇和农村老年群体的医疗支出都明显高于年轻群体。随着老年群体自我健康意识的不断增强、医疗保险覆盖率和参保程度的不断提高、医疗保险异地结算覆盖面越来越大、医疗保险报销更加方便快捷，尤其是农村老人医疗服务需求不断释放，预计我国老年群体医疗保健支出将以较快的速度增长。

4. "啃老"新常态制约老年消费需求

在严峻的就业形势和高涨不下的生活成本的压力下，社会上出现很大一部分年轻人极度依赖父母的经济帮助，社会学家称之为"新失业群体"，在现实中他们被称为"啃老族"。据统计，城市里有 30% 左右的年轻人靠"啃老"过活，65% 的家庭存在"啃老"问题。无论是城镇还是农村，父母帮子女买房（建房）、买车、置办婚礼等大额度经济支出、照看孙子女、为孙子女提供经济帮助等，其实质是家庭财富从父代向子代的转移，将直接影响老年群体的消费支出和消费决策行为。

5. 养老消费需求将明显增加

目前我国养老模式主要有三种，即家庭养老、社会养老、社区养老。

---

① 李涛，徐翔，张旭妍. 孤独与消费——来自中国老年人保健消费的经验发现 [J]. 经济研究，2018（1）.

家庭养老以家庭为载体，自然实现保障功能，并完成保障过程，这就是费孝通于 1983 年提出的家庭养老的"反馈模式"（李洪心等，2012）。社会养老指的是机构养老，姜向群等（2006）认为，机构养老是通过社会途径、以社会制度保证的养老方式。它主要包括老年社会保障、老年社会福利、老年社会服务、机构养老等。社区养老是以家庭养老为主，社区机构养老为辅，以上门服务为主要方式为居家老年人提供照料等方面服务的养老模式。

目前传统的家庭养老随着家庭"空巢"化而逐渐面临挑战，机构养老和社区养老在未来一段时期将渐成主流。养老模式的转变很可能使得老年人口由原有的以家庭为单位的生活方式转变为集体半集体的生活方式，群体效应对这部分老年人的消费行为必然会产生相应的影响。

6. 老年群体消费差距巨大

中国人民大学中国调查与数据中心组织实施的 2014 年中国老年社会追踪调查（China Longitudinal Aging Social Survey，CLASS）数据显示，中国低于世界银行绝对贫困线的贫困老人有 4895 万人，占老年人比例为 23.09％；低于国内低保线的老年人为 5576 万人，占老年人比例达到 26.3％。随着人口老龄化的加剧，老年贫困问题更加突出。这也是老年群体贫富差距更大的重要原因。贫富差距过大不仅会导致消费需求的总体下降，也必然带来消费差距的巨大"鸿沟"，同时也会对老年心理健康产生影响，根据中国健康与养老追踪调查（2013）数据统计结果来看，大约 60％的城镇老人和 74％的农村老人会有或轻或重的抑郁心理。心理健康直接作用于生理健康，因而会直接导致医疗支出的增加。

总之，在未来很长一段时期，我国消费需求在很大程度上需依赖老年群体支撑和拉动，在我国人口老龄化和经济中高速增长成为常态的背景下，在社会和经济变化导致的新一代老年群体消费观念和消费意识不断被冲击和改变的背景下，分析和研究当下我国老年群体消费结构变动、消费需求新特征、消费行为决策依据，不仅可以判断和预测消费市场需求趋势，也可以为公共政策的制定提供参考和依据。

第 2 章　资产、资产变动与老年家庭消费行为

莫迪利亚尼（Modigliani，1954）在其生命周期假说中，将资产作为影响消费的第二个因素，与可支配收入一起作为解释变量包含进他的消费函数中。莫迪利亚尼认为消费者是具有理性的，消费者将在更长的时间范围内计划他们的消费和储蓄行为，以便在整个生命周期内实现消费的最佳配置，得到一生消费的最大满足。生命周期假说的消费函数形式为：

$$C_t = \beta_0 + \beta_1 Y_t + \beta_2 A_t \qquad (2-1)$$

其中，C_t 表示消费，Y_t 表示可支配收入，A_t 表示居民拥有的资产，β_1 和 β_2 是系数，反映收入和财产对消费的影响。奥多和莫迪利亚尼（Aodo and Modigliani，1963）利用第二次世界大战期间的美国数据对上述消费函数方程进行了拟合，发现资产的系数 β_2 接近于 0.06（即财富效应），即资产对消费具有财富效应。

弗里德曼（Friecman，1957）在其持久收入理论中认为，消费者的消费取决于他对一生持久收入的预期，持久收入与持久消费之间具有固定比率，弗里德曼认为持久消费与存贷款利率以及财富占收入的比例等因素有关。

扎尔迪斯（Zeldes，1989）认为，财产较多的消费者具有更小的流动性约束，更容易从信贷市场获得贷款，当预期未来收入上升时，就可以利用已有财富更容易地向信贷机构借贷，从而提高当期的消费水平；而财富较少的消费者则面临着较严格的流动性约束，即使预期未来收入会提高，也会因为无法获得流动性而不能提高当期的消费水平。

扎尔迪斯（1989）发现，在具有常相对风险厌恶（constant relative risk aversion，CRRA）函数下，消费者有明显的预防性储蓄动机，特别是那些金融资产较少、劳动收入不稳定的群体。

庇古（Pigou）在 1941 年出版的《就业与均衡》一书中指出，当经济衰退时，物价水平下跌，实际货币余额增加，消费者会感到富有，并更多地进行消费，这被称作是"庇古效应"。庇古效应也意味着消费的财富效

应，即消费者的消费支出除了依赖收入外，还依赖于实际财富存量的大小。实际财富存量与物价水平呈反向变动关系，当价格水平下降时，居民实际财富增加，会增加消费，总需求随之扩大。

上述理论各自从不同角度说明了消费的财富效应的存在。

2.1 居民资产的财富效应分析

一般认为，居民家庭资产可分为金融资产和实物资产两大类。金融资产主要包括手持现金、储蓄存款、有价证券（主要是股票、债券等）和储蓄性保险等；实物资产主要包括住宅、收藏品以及家用电器、家具等耐用消费品等。居民资产的构成如图2-1所示。

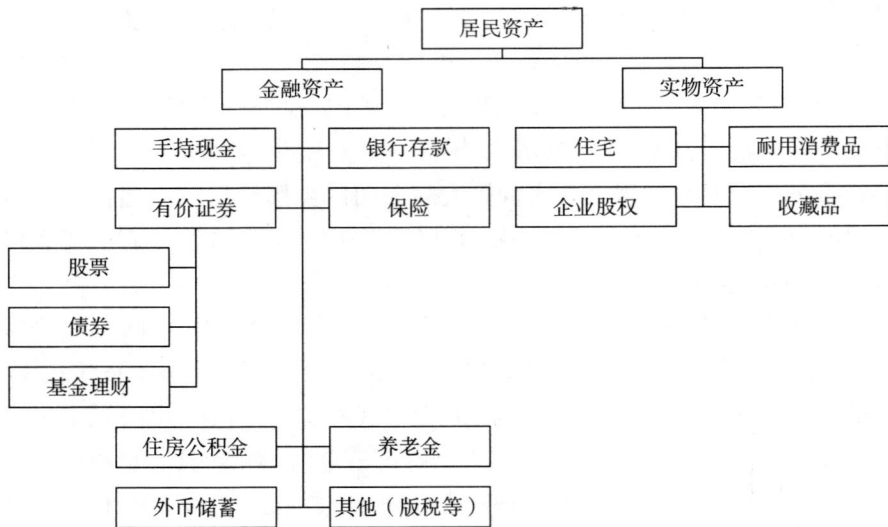

图2-1 居民资产构成

居民金融资产和实物资产具有不同的流动性和价值属性，它们对居民消费的影响也表现出差异。

2.1.1 居民金融资产的财富效应传导机制

1. 有价证券价格变化引起居民的资产财富价值变化

有价证券主要指股票、债券等，如果有价证券价格上升，则证券名义财富将增加，如果持有者卖出有价证券，则意味着有价证券持有者收入增加，可带动当期消费增加，这被称为"兑现的财富效应"。如果持有者没有卖出有价证券，他也会对未来的资产有一个增长的预期，从而引导消费者有更强的消费欲望，这被称为"未兑现的财富效应"。此外，有价证券价格上涨能使投资者获得资本利得，而资本利得也是居民可支配收入的一部分，也会对居民消费产生正向影响。

2. 金融财富增加能够提高居民收入预期

弗里德曼的持久收入理论把消费与持久收入联系在一起，他认为消费者在某一时期的收入等于暂时性收入加持久性收入，在某一时期的消费等于暂时性消费加持久性消费。其中，暂时消费与持久消费和暂时收入之间不存在固定的比率，只有持久收入与持久消费之间存在着固定比率。当金融资产增加时，人们预期这一变化将长期持续存在，拥有金融资产的消费者就会因财富增加而增加当期消费支出。如果在较长时期内，消费者有长期持续的稳定回报，消费者对未来经济发展的确定性预期良好，居民就会提高当期消费，财富效应的效果也就更加明显。

3. 金融市场繁荣有利于改善企业经济状况

金融市场尤其是股票市场繁荣，必然增强上市公司的融资能力和投资能力，改善企业经营状况、扩大就业、改善员工工资待遇、提高员工收入，因此间接增加员工消费需求。

2.1.2 居民实物资产财富效应传导机制

1. 实现的财富效应

居民实物资产主要包括住房、耐用消费品、收藏品等，从价值上来说，住房资产是居民最主要的实物资产。对于房产持有者来说，房地产价格的上升会导致其净资产财富的增加，房产持有者可以通过抵押贷款或卖掉房产等形式实现财富的增值，从而实行现期消费的增加。这种实现的收益将对个人消费支出产生非常积极的影响。

2. 未实现的财富效应

如果房价上涨，即使房产持有人没有出售房产或者进行抵押贷款等再融资行为，但由于财富贴现值的增加，房产的拥有者将预期他们比以往有更多的财富，这种没有实现的财富也可以刺激当期消费。

3. 预算约束效应

对于租房者来说，房价上升导致房租增加，租房者不得不支付更高的房租，预算约束更加紧张，从而减少个人当期消费；对于房产的出租者来说，房价上升意味着其收入上升，这会对其个人消费产生积极影响。

4. 替代效应

房价上涨意味着计划购房的家庭需要支付更多的购房款，这将迫使这部分家庭将可支配收入中的更多部分花费在购买住房上，这必然减少对其他消费品的支出，导致居民需求总量的下降，这被称为住房对消费的替代效应（也可称为挤占效应）。

2.1.3 资产对居民消费需求影响的国内外研究现状

20 世纪 90 年代后半期，西方发达国家大都经历了一次股票价格的大幅波动过程，这使得股票市场对消费的财富效应引起关注，并成为许多学者研究的对象和焦点。1995～2007 年，发达国家的房地产市场也经历了长期的高增长过程①，这使得房地产财富对消费的影响也开始逐渐引起各国学者和政府的高度关注。

自改革开放以来，我国居民的资产总量不断积累，资产结构发生了很大变化，尤其是 20 世纪 90 年代以来，股票市场进入居民生活，住房制度改革促进了房地产业的快速发展，有关我国居民资产对消费的影响也引起了国内学者和政界的关注和重视，相关研究越来越丰富。

1. 国外有关资产财富效应的相关研究

从宏观数据的角度，卢德维格松和斯坦德尔（Ludvigson and Steindel，1999）基于传统生命周期模型研究了美国 1953～1997 年，股票和非股票资产的边际消费倾向（分别为 0.038 和 0.04），认为财富和当期消费存在相关性；梅赫拉（Mehra；2001）基于协整方法检验了总消费、劳动收入和财富之间具有长期协整关系，并估算了美国 1960～2000 年期间股票和非股票资产对非耐用消费品的边际消费倾向均为 0.03，对总消费的边际消费倾向分别为 0.04 和 0.05，认为股票和非股票资产均存在显著的财富效应；卢德维格松、斯坦德尔和莱陶（Ludvigson，Steindel and Lettau；2002）利用一个小型的结构向量自回归模型对美国股市的财富效应进行了

---

① OECD 经济部经济学家克里斯托夫·安德烈（Christophe Andre）撰写了一篇名为《OECD 房地产市场概要》的文章，选取了 18 个 OECD 成员国，即美国、日本、德国、法国、意大利、英国、加拿大、澳大利亚、丹麦、西班牙、芬兰、爱尔兰、韩国、荷兰、挪威、新西兰、瑞典和瑞士，对于 1970 年以来，特别是当前 OECD 房地产市场的发展及其与经济发展的关系进行了分析。该报告认为，当前 OECD 国家房价周期始于 1995 年，但高峰时间有所不同，从 2006 年第三季度到 2008 年第二季度不等。当前房地产周期的特点之一是房价涨幅巨大，除德国和日本以外，经历过房价上行期的其他 16 国平均累计涨幅达到 125%，各国年均上涨率的简单年均数为 6.9%。

研究，认为股市的财富效应对消费的作用较小。

从微观数据的角度，斯塔尔·麦克鲁尔（Starr McCluer，1998）分析了 1997 年的家庭调查数据，调查中大多数被调查者认为股票市场的趋势对消费支出没有影响。然而，拥有超过 25 万美元以上资产的被调查者则大多认为股市上涨会带动消费。斯塔尔·麦克鲁尔认为这个调查说明股市对消费具有温和财富效应；列文（Levin，1998）分析了美国退休历史追踪调查 RHS（Retirement History Survey）的调查数据，发现住房资产对消费基本上没有影响；斯金纳（Skinner，1998）分析了来自家庭的收入动态追踪研究（panel study of income dynamics，PSID）数据，发现住房资产对消费有较小但显著的效应；特雷西、施耐德和陈（Tracy，Schneider and Chan；1999）的研究认为，住房价格变动带来的财富变动大于相同股价变动带来的财富变动，但住房价格波动引起的消费变动可能小于股价波动对消费变动的影响。对于计划长期居住在目前房屋的人来说，住房价格升高带来的财富效应很大程度上被使用房屋的成本增加所抵消；坎贝尔和考科（Campbell and Cocco，2005）利用英国家庭支出调查数据，研究了住房价值的变动对租房者和自有住房者消费的影响，发现在年老的自有住房者中房屋价格对消费有统计显著的影响，而在年轻的租房者中则没有显著的影响。

从各国财富效应的跨国比较角度，路德维西（Ludwig，2002）利用 16 个 OECD 国家的面板数据进行研究，发现以市场为基础的经济体和以银行为基础的经济体中，股价变动对消费的影响有很大差异。以市场为基础的经济体中，如果股票价格增长 10%，最终消费将增长约 1%，而在以银行为基础的经济体中最终消费只增长 0.4%；布恩（Boon，2002）估计了 7 个主要 OECD 国家的消费函数，估计结果显示美国和英国消费对股票价格的弹性值最高，分别为 0.06 和 0.05，法国、德国、加拿大等 5 个国家的弹性值较小，在 0.01 至 0.02 之间；科斯、奎格利和席勒（Case，Quigley and Shiller，2001）分析了 14 个国家 25 个年度的面板数据和美国各州 20 世纪 80 年代及 90 年代的面板数据，结论是住房价格上涨给家庭消费带来的财富效应明显大于股市的财富效应，住房资产的弹性在欧洲国家是 0.11～0.14，在美国为 0.062；巴尤米和爱迪森（Bayoumi and Edison，2002）将 16 个工业化国家按不同金融体系进行划分，利用其过去 30 年的数据，研究财富效应的跨期效应及趋势，得出三个主要结论：（1）住房财富对消费的影响大于股票财富；（2）市场主导型金融体系的国家股票资产财富效应大于银行主导型金融体系国家；（3）财富效应的大小随时间而增长；拉布哈德、斯特恩和杨（Labhard，Sterne and Young，2005）运用结构向量自回归（structure vector auto regression，SVAR）模型估计了金融资产的边际消费倾向，认为欧洲大多数国家的边际消费倾向在 0.01 ~ 0.04，但德国更高，葡萄牙为负值，英国、美国、加拿大和日本比欧洲国家高为 0.04 ~ 0.08。博斯蒂克等（Bostic et al.，2008）将美国的两个微观调查数据库进行匹配，研究了金融资产与住房资产的消费效应，结果表明住房资产对消费的弹性系数为 0.044 ~ 0.065，而金融资产的消费弹性系数为 0.007 ~ 0.023，经过对比发现，住房资产对消费的影响更大一些，且家庭的耐用品消费与非耐用品消费行为存在差异。博尼斯和西尔韦斯特里尼（Bonis and Silvestrini，2009）利用 1997 ~ 2008 年间 11 个 OECD 国家的宏观数据，对居民的金融资产、房地产资产与消费的关系进行了研究，结果为居民金融资产的边际消费倾向比住房资产的边际消费倾向大。苏萨（Sousa，2009）对 1980 ~ 2007 年欧元区的情况进行了研究，认为金融资产对消费的影响较大且显著，而住房资产对消费的影响效应接近于零且不显著。阿莱西奥·夏尔龙（Alessio Ciarlone，2011）使用中欧及西欧的面板数据来分别估计住房资产和金融资产对居民消费的影响，研究结果认为，金融资产和住房资产会对消费产生一个长期的正的影响效应，但金融资产的弹性系数小于住房资产的消费弹性系数。佩尔托宁（Peltonen，2012）使用 14 个新兴国家的数据，对家庭财富与消费关系进行研究，发现亚洲国家的房产财富效应正在不断增加，并认为在股市资本化程度高的国家金融资产财富效应较强，而收入水平或者金融发展水平较低的国家房产财富效应更显著。以上研究既有在宏观层面、使用国家或地区数据的宏观时间序列数据进行的，也有使用微观调查数据进行的微观层面研究。

2. 国内有关资产财富效应的相关研究

从 20 世纪 90 年代中后期开始，国内学者对资产财富效应的相关研究逐渐增多。臧旭恒（1994）估算了我国城镇和农村居民的金融资产和实物资产的数量，分析了金融资产对我国城镇和农村居民消费的影响，结果表明，农村居民资产的边际消费倾向为 - 0.015，即农村居民的消费与资产呈负相关关系，而城镇居民资产的边际消费倾向为 0.039，资产对城镇居民消费有正向的影响；贺菊煌（2000）研究了 1996 年以前金融资产对我国居民消费的影响，研究结果表明，居民金融资产的边际消费倾向为 0.0506；余明桂、夏新平和汪宜霞（2003）采用最小二乘方法估计了我国股票市场的财富效应，认为我国股票市场对居民消费还不具有明显的财富效应，影响我国居民消费的主要因素仍然是可支配收入和消费习惯，并认为我国股票市场对宏观经济的作用非常有限；毛定祥（2004）应用格兰杰因果关系检验和协整分析方法，对1992~2002年度我国股票市场财富效应进行了研究，认为我国股市不具有财富效应，而只有替代效应；骆祚炎（2004）利用1992~2002年的数据对中国股市财富效应进行了分析，认为我国股市存在微弱的财富效应，金融资产的边际消费倾向为0.0486；段军山（2005）从传统经济学和行为金融学的角度，采用多元线性回归模型分析了1990~2003年我国股市的财富效应，结论是我国股市财富效应不显著；李玉山和李晓嘉（2006）通过建立ECM模型研究了中国居民证券资产和住房资产的财富效应，结论是：从短期看住房资产的财富效应为负，从长期看住房资产的财富效应为正；赵晓力、马辉和陈守东（2007）分别用1991年第一季度~2005年第一季度和1996年第一季度~2005年第一季度两个阶段的数据分析了消费、收入、房价和股价之间的关系，结论是房价上涨带来了显著的财富效应，1996年之后的股市财富效应是显著的，且房地产市场的财富效应远大于股票市场的财富效应，资产的财富效应随着经济的发展逐渐变强；邹丽萍（2006）分析了房价上涨对经济的宏观和微观影响，认为房地产财富效应会影响居民的消费结构和消费决策，进而影响社会总需求并最终影响宏观经济增长；骆祚炎（2007）利用1985~2005年的年度数据分析我国居民金融资产和住房资产对消费的影响，结论是住房资产的财富效应大于金融资产的财富效应，两种资产的财富效应差别不大，且两种资产的财富效应都较微弱；同样是骆祚炎（2008）利用1985~2006年的年度数据进行分析，得到的结论是，居民金融资产的财富效应超过住房资产的财富效应；林霞和姜洋（2010）利用京、津、沪、渝四个直辖市的城镇居民面板数据进行检验，发现中国股市升值和房价上涨引致的财富效应并不明显，其中房地产的财富效应几乎为零，股票的财富效应为负；乐长根和辜宏强（2011）运用我国的2003~2010年季度数据，使用误差修正模型分别对居民股票资产、储蓄资产、住房资产与消费变动之间的关系进行检验，通过对比发现，股市存在微弱的负财富效应，住房市场的正财富效应相对显著，储蓄资产从短期来看具有负财富效应，在长期则有正财富效应；谢垩（2012）使用中国健康与养老追踪调查数据，首次在微观层面上探究了家庭资产对于消费的影响。研究结果表明：对于拥有自有住房者而言，房产的消费弹性明显大于金融资产的消费弹性。且对于老年家庭而言，金融资产对于消费的影响并不显著；张大永和曹红（2013）使用中国家庭金融微观调查数据，分析了家庭住房资产、金融资产及其他实物资产对消费的影响。结果表明，拥有自有住房与否、住房的价值和金融资产规模等因素都对家庭消费产生显著影响，且住房资产对消费的影响大于金融资产。进一步将金融资产按风险性划分后进行研究，认为无风险金融资产对非耐用品消费产生较大影响，而风险金融资产对耐用品消费影响更大；陈训波与周伟（2013）使用2008年的中国家庭动态跟踪调查数据，分析了我国城镇家庭不同类型家庭财富对消费的影响。认为家庭各类资产对居民消费的影响显著，并且金融资产的边际消费倾向高于房地产资产，家庭人口数量、户主特征等因素也对城镇居民消费产生显著影响。

从前述学者的研究结果可以看出，不论是国内还是国外，资产及其价格变动对居民消费的影响还没有定论，不同时期不同国家和地区以及数据样本的不同都可能导致结论的不同。

2.2　中国居民金融资产配置现状

2.2.1　相关概念界定

1. "居民"与"家庭"

黄家骅（1997）认为，居民是以住户为单位的，在一国从事商品生产与服务，利用获取的收入进行投资与消费的个人群体，是市场经济中的基本主体。"居民"与"家庭"是有区别的，二者在内容和功能上有所不同。"家庭"是社会生活的组织形式，由具有婚姻关系、血缘关系或收养关系而联系在一起的人组成。本书界定：从宏观角度研究资产时使用"居民金融资产"一词，从微观角度研究资产时使用"家庭金融资产"一词。本章以家庭为单位分析中国家庭的金融资产配置状况。

2. 金融资产

金融资产是与实物资产（具有实物形态的资产）相对应的概念，是指单位或个人所有的以价值形态存在的资产。金融资产是以信用关系为特征，以货币流动或资金流通为内容的债权或所有权资产，是一切在金融市场上进行交易、拥有实际价格和未来预估价的金融工具的总称。

3. 居民金融资产

居民金融资产指居民手中持有的金融资产，包括现金、银行存款、债券、股票及其他产权、基金、保险、其他应收应付款等。这些金融资产从载体上看，是家庭持有的各种债权、债务、所有权关系的信托凭证。

4. 金融资产结构

金融资产结构是经济主体在各类金融资产上的持有量与金额资产总量之间的比例关系。通常将某一时期内居民投资于各类金融资产的资金量占总流量资金的比重称为居民金融资产的流量结构，居民金融资产存量结构即一段时间内金融资产流量结构的累积。

2.2.2 居民金融资产的分类

联合国于1993年公布的国民经济核算体系（SNA）中，将金融资产分为以下几类：货币黄金和特别提款权、通货和存款、股票以外的证券（包括金融衍生工具）、贷款、股票和其他权益、保险专门准备金、其他应收或应付账款。张学毅（1999）在《中国居民金融资产表的设计和总算测量所建议的方法》一文中将居民金融资产分为：手持现金、储蓄存款、债券、股票、保险准备金、其他应收和预付款。我国金融统计年鉴中的住户部门金融交易账户的资金流量表，以统计目的出发，将居民金融资产分为：通货、存款、贷款、证券、保险准备金等，并从2005年起增加了证券投资基金份额、证券公司客户保证金。

虽然居民金融资产的分类不完全相同，但其本质是一致的，只是在大类的划分上存在差异。本书依据中国人民银行的统一口径，界定居民金融资产包括以下几类：手持现金（通货）、存款、证券、保险准备金、其他金融资产。其中证券主要由债券、股票以及基金组成。本书在分析我国居民金融资产结构时，将金融资产分为通货、存款、债券、股票、基金、保险准备金、其他金融资产。

（1）通货：是指以现金形式存在于市场流通领域的货币，包括纸币和辅币。

（2）持有现金：主要是为了满足居民的日常交易需求。但是，作为资产的现金不仅不会带来收益，相反还面临由于通货膨胀造成现金贬值等风险。

（3）存款：包括活期存款、定期存款、外汇存款和其他存款，对于住户而言，主要是指定期存款和活期存款。存款为居民金融资产的最重要组成部分，风险最低，而收益也最少。定期存款占居民金融资产的绝大部分，而活期存款可以近似看成通货。根据不同居民的不同实际情况，储蓄目的与方式存在一定差异。在我国，居民储蓄率一直偏高。

（4）有价证券：主要分为债券、股票、基金。债券是指为从社会借债筹措资金，而以票据形式发行的、承诺按一定利率支付利息、并在一定期限偿还本金的债权债务凭证，包括证券债券、金融债券、公司企业债券等。居民在债券的投资上多以国债为主，对于其他类型的债券投资较少。股票是指股份有限公司为筹集公司资本而发行的一种有价证券，用来证明股东的身份和权益，并据以获得股息和红利。基金是将众多分散的投资者的资金汇集在一起，委托投资专家，由其按照一定的策略，统一进行投资管理，为众多投资者谋利，投资者利益共享、风险共担。由此可见，债券、股票、基金在风险和收益等方面都存在差异，股票的收益取决于发行公司的经营效益，是不确定的，因此投资风险也较大。基金采取组合投资方式，可以在一定程度上分散风险，其风险小于股票，收益也更稳定。而国债在三者间风险最小、收益最低。且三者反应的关系不同，债券反映的是债权债务关系，股票反映的是所有权关系，而证券投资基金反映的是信托关系。

（5）保险准备金：指对人寿保险准备金和养恤基金的净权益、保险费的预付款和未结索赔准备金。居民的保险资产包括社会保险和商业性保险。对于保险市场的投资额可用保险储蓄金衡量。

（6）其他金融资产：包括黄金、外汇、理财产品、证券客户保证金等。其中，理财产品在近几年逐渐盛行。理财产品是由商业银行或正规金融机构设计并发行，根据产品合同约定，将募集到的资金投入相关的金融市场，在获取投资收益后，根据合同将收益分配给投资人的一类理财产品。银行理财产品风险较小，但其收益高于定期存款，适合一般居民投资。

2.2.3 居民金融资产的功能

与实物资产相比，金融资产在家庭经济生活中的功能更加丰富，主要体现为以下几点：

1. 交易功能

社会生活的经济交易绝大部分要通过货币来完成，居民购买商品和劳务服务等都要依靠货币性金融资产。这就需要持有现金、活期存款等金融资产来满足日常消费支出的需要。此外，家庭收入也基本为货币形式。

2. 平滑消费功能

居民消费行为的最终目标是实现消费效用的最大化，为此，消费者需要在一生中尽量平衡分配其所占用的资源，使日常消费水平维持稳定。换句话说，消费者应做到消费平滑化。然而，居民的收入并不是确定的。从居民个人的生命周期来看，有工作收入的年份不过三四十年。虽然大多数国家会在居民退休后提供一定数额的养老金，但居民收入水平依然会显著降低。居民在工作前也需要维持基本的生存需要。储蓄恰恰可以解决消费平滑与收入的周期性变化之间的矛盾，即在收入较高的年份进行储蓄，在收入较低或无收入的年份动用储蓄，来实现消费的平滑。而且，在一些特定时期，往往会面临大额的消费支出，如购买住房、耐用品等，这也需要在前期进行储蓄。居民收入还会受到整个国民经济的运行的影响，会随经济发展而大幅提高，也会在经济萧条的年份受到影响而降低。在收入较高时期进行储蓄还可以避免消费受到经济波动的影响。因此，家庭要拥有无风险金融资产来实现消费的平滑。

3. 投资功能

大部分金融资产都会产生一定的收益，尽管这些收益有些是固定的，有些是不确定的。此外，金融资产的价格变动还能够为持有者带来额外的报酬。如股票、金融衍生品等高风险性金融资产会受各种经济因素影响，出现价格飙升的情况，此时投资者会获得丰厚的回报。拥有高风险金融资产的家庭越来越多，投资金融资产已成为家庭投资的重要渠道之一。

4. 风险管理功能

家庭在整个生命周期会面临各种各样的风险。包括：（1）健康风险，即家庭成员疾病、残疾或死亡的风险；（2）失业风险，即家庭成员失去工作的风险；（3）耐用品损失风险，是指房产、车辆等耐用品因意外而遭受损失的风险；（4）金融资产风险，即居民面临的金融资产价格及收益的不确定性的风险。为了规避这些风险，防止家庭蒙受经济损失，居民可以选择积极运用金融工具。例如，购买健康保险、社会保险、财产保险等来规避前三种风险；可以通过调整金融资产的组合，发挥金融工具风险对冲的功用来应对金融资产风险。

5. 遗赠功能

金融资产是居民遗产的重要形式之一，尤其是对于家境殷实的居民，更加青睐将金融资产遗赠后人，以助他们提高生活水平。

2.2.4 中国居民金融资产分配结构及趋势

我国在改革开放以前实行高度集中的计划经济，基本没有私人资产的概念。改革开放以后，我国居民收入陡升，消费欲望也得以释放。之后随着社会经济体制的变革，为了平滑消费，并且随着收入水平的不断提高，我国居民存款数额不断增加。我国金融市场真正兴起是在 20 世纪 90 年代，自此，居民金融资产结构呈现多元化，居民金融资产持有量与日俱增。

表 2 - 1 和表 2 - 2 分别展示了 1998 ~ 2013 年我国居民金融资产的配置情况和各项金融资产占金融资产总额的比重变化。

表 2 - 1　　　　　1998 ~ 2013 年中国居民金融资产存量历年变化　　单位：亿元

年份	通货	存款	债券	股票	基金	保险准备金	其他	合计
1998	9283	59222	1918	3316	–	2042	1397	77178
1999	11151	66502	3534	4192	–	2615	1398	89392
2000	12145	73112	4230	5719	–	3862	1194	100262
2001	13019	83085	4994	6863	–	5018	1401	114380
2002	14338	97337	5873	7499	–	7561	1493	134101
2003	16386	113897	6499	8180	–	10597	1652	157211
2004	17820	129575	6293	8897	1905	14113	1766	180369
2005	19945	150551	6534	7865	2449	18315	3424	209083
2006	22469	171737	6944	17001	5618	22680	5150	251600
2007	25211	181840	6707	51604	29716	27097	13319	335495
2008	28622	228478	4981	20157	17011	37831	5790	342870
2009	31982	268650	2623	47374	8383	46226	5631	410869
2010	37691	315642	2692	56477	7346	52667	22317	494832
2011	42652	363332	1898	59755	7952	59084	16237	550910
2012	45897	422261	4527	61619	11049	72712	29905	647970
2013	49147	478149	8644	62383	11418	85872	43120	738733

表 2 - 2　　　　　　　中国居民各项金融资产比重变化　　　　单位：%

年份	通货	存款	债券	股票	基金	保险准备金	其他
1998	12.03	76.73	2.49	4.30	–	2.65	1.81
1999	12.47	74.39	3.95	4.69	–	2.93	1.56
2000	12.11	72.92	4.22	5.70	–	3.85	1.19
2001	11.38	72.64	4.37	6.00	–	4.39	1.22
2002	10.69	72.58	4.38	5.59	–	5.64	1.11
2003	10.42	72.45	4.13	5.20	–	6.74	1.05

年份	通货	存款	债券	股票	基金	保险准备金	其他
2004	9.88	71.84	3.49	4.93	1.06	7.82	0.98
2005	9.54	72.01	3.13	3.76	1.17	8.76	1.64
2006	8.93	68.26	2.76	6.76	2.23	9.01	2.05
2007	7.51	54.20	2.00	15.38	8.86	8.08	3.97
2008	8.35	66.64	1.45	5.88	4.96	11.03	1.69
2009	7.78	65.39	0.64	11.53	2.04	11.25	1.37
2010	7.62	63.79	0.54	11.41	1.48	10.64	4.51
2011	7.27	61.97	0.32	10.19	1.36	10.08	8.81
2012	6.70	61.66	0.66	9.00	1.61	10.62	9.75
2013	6.65	64.73	1.17	8.44	1.55	11.62	5.84

资料来源：2004～2010 年的居民金融资产存量数据，来源于中国人民银行 2010～2012 年发布的中国金融稳定报告住户部门财务分析部分；其他年份（不包括 2013 年）的数据通过 2004～2010 年的居民金融资产存量数据以及 1999～2014 年的《中国金融年鉴》中居民金融资产流量数据计算得来；2013 年的数据通过 2012 年的数据以及 2015 年第二季度的《中国人民银行统计季报》中居民金融资产流量数据计算得来。

由表 2－1 和表 2－2 可见，我国居民金融资产的变化特征如下：

（1）我国居民资产总量大幅增加，增速较快。为了去除价格变动的影响，本书以 1998 年为基期，对我国历年居民金融资产总量进行平减计算，得到实际居民金融资产总量，如表 2－3 所示：

表 2－3　　　　　　　　中国居民金融资产实际总量表　　　　　单位：亿元

年份	1998	2000	2002	2004	2006	2008	2010	2012	2013
实际	77178.0	101280.5	135602.4	173465.9	234179.6	287548.2	404565.9	489889.9	544356.9

资料来源：来源于表 2－1，CPI 数据来自《中国统计年鉴》（2014）。

可见，在消除价格因素的影响后，我国居民金融资产规模发生了巨大的变化。实际总量从 1998 年的 77178.0 亿元增长到 2013 年的 544351.9 亿元，2013 年的实际总量是 1998 年的 7.05 倍。再将我国 GDP 的实际增长率（使用《中国统计年鉴》公布的消除价格因素影响后的 GDP 计算得来）与居民金融资产增长率进行计算对比，得到图 2－2。

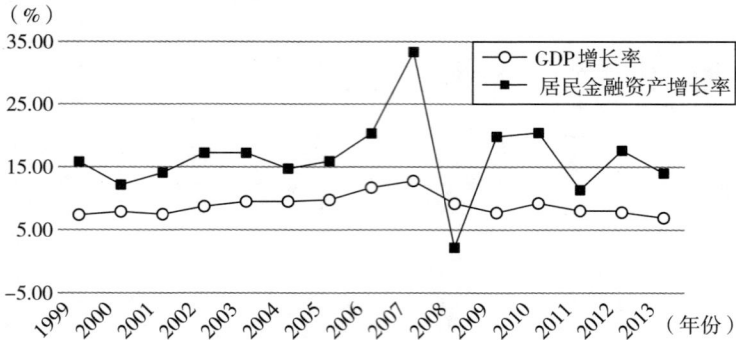

图 2 - 2　我国 GDP 与居民金融资产年增速对比

资料来源：GDP 增长率根据中国统计年鉴公布的实际 GDP 计算得到；居民金融资产增长率根据表 2 - 3 居民金融资产实际总量计算得到。

自 1999 年起，我国居民金融资产的年增长率几乎年年高于同期 GDP 的增长率，2008 年增速放缓是由于金融危机的影响。经计算得出 1999 ~ 2013 年我国金融资产的年平均增长率为 16.42%，比同期 GDP 的年均增长率高 2.76 个百分点。

（2）储蓄存款在居民金融资产中占有绝对比重，现金所占比重较高，但二者占比在逐年下降。储蓄存款一直是我国居民金融资产最主要的部分（比重基本在 60% 以上），这与我国居民大多持有传统观念有关，生活较为勤俭、量入为出；而且居民要面对子女教育、医疗、养老、固定资产等方面的巨大开支，并受到传统金融理念的影响，许多居民更倾向于增加储蓄存款，这可以说是一种预防性储备。在 2013 年储蓄存款所占比重仍然高达 64.73%，但与 1998 年的比重 76.73% 相比，已经下降了 12 个百分点。这有赖于居民消费观念的改变和我国金融投资渠道的逐渐丰富。此外，居民手持现金的比重也在不断下降，从 1998 年的 12.03% 下降到 2012 年的 6.65%。主要原因是我国银行业现代化程度不断提升，服务水平也不断加强，如今居民能够广泛使用自助银行系统和自动取款机，且我国银行卡（储蓄卡、信用卡等）和网上银行等业务也在大力推广。这方便了提现和交易过程，居民无须准备大量现金来满足消费需要。图 2 - 3 和图 2 - 4 分别展示了储蓄存款和通货（手持现金）占比逐年下降的趋势（根据表 2 - 2 数据绘制）。

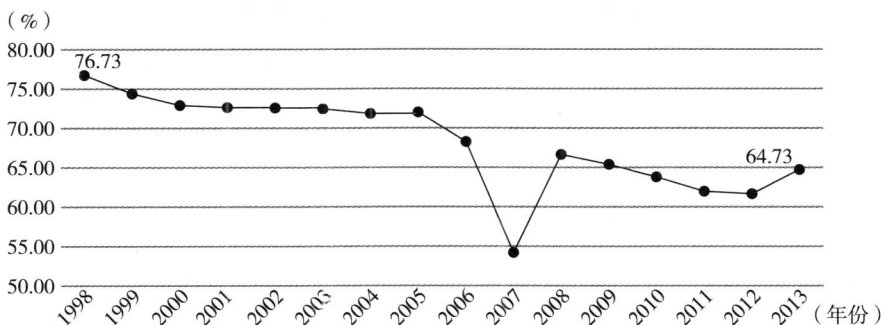

图 2 - 3　储蓄存款占总居民金融资产比重变化

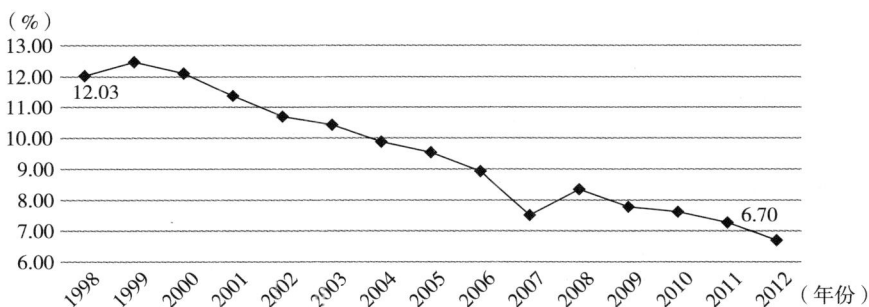

图 2 - 4　手持现金占总居民金融资产比重变化

（3）证券类资产所占比重总体呈上升态势。其中债券占比很低，股票和基金波动增长。债券在居民金融资产中占比一直较低，在 1998 年占比为 2.49%，最高为 2002 年的 4.38%，之后逐年下降，到 2012 年下降到 0.66%，2013 年所占比例有所回升，为 1.17%。股票在居民金融资产中的占比整体呈增长趋势，且波动较大，股票占比从 1998 年的 4.30% 逐步增长到 2007 年的 15.38%。2008 年金融危机导致中国股市的深幅调整，造成了居民对于股票投资的热情急速减退，股票资产在居民资产中所占比重也大幅下降，截至 2013 年股票占比仅为 8.44%。基金在近些年来逐渐兴起，其占居民金融资产的比重变化与股票相似，都是在波动中增长，从 2004 年的 1.06% 增长到 2013 年的 1.55%，其中在 2007 年达到 8.86% 的最高水平。

需要注意的是，表 2 - 2 中从 2010 年开始其他金融资产占比逐渐提高，原因是自 2010 年起，我国代客理财业务开始兴起。但由于 2010 年以前客理财业务还没有盛行，数据难以获取，因此本书将此部分资金纳入其他金融资产中。2010 年我国代客理财资金为 14975 亿元，占居民金融资产总额的 3.03%。由于居民持有的最主要的理财产品为银行理财产品，大家也开始关注银行理财产品对储蓄存款是否存在替代效应。李昌齐（2014）使用长沙市和邵阳市的季度数据，利用 VAR 模型进行研究，认为从短期来看，理财产品对储蓄存款的影响不稳定，但从长期看，存在负向影响；石晓博（2013）利用 G 银行的数据，在微观层面进行分析，认为对具体的银行来讲，若加大银行理财产品的营销力度，能够通过满足客户需求来争揽优质客户，这样理财就会带动本银行的储蓄存款增长。其他观点不再赘述。

（4）保险资产占比稳定上升。2013 年我国居民持有的保险准备金占总居民金融资产的 11.62%，比 1998 年的 2.65% 增长了 9 个百分点。原因在于我国社会保障力度的加大以及居民风险意识的提升。首先，随着社会保障制度的不断完善，社会保险不断从城镇向农村普及；其次，人们逐渐意识到保险的保障作用的重要性，越来越多的人开始购买商业保险，保险逐渐覆盖居民生活的各个角落。图 2 - 5 展示了历年我国居民证券类资产和保险资产占总金融资产比重的变化（根据表 2 - 2 数据绘制）。

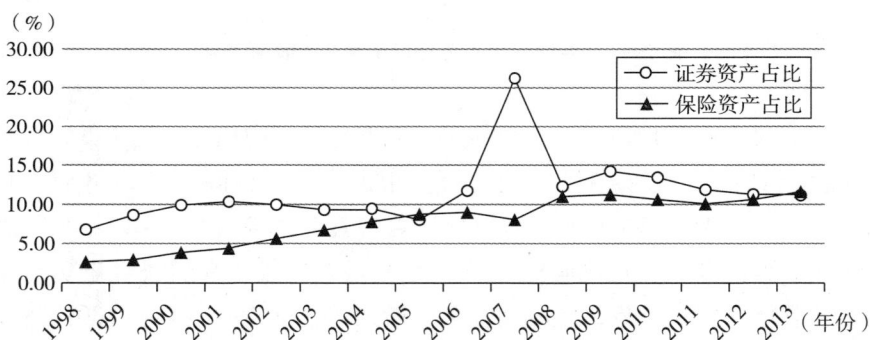

图 2 - 5　证券及保险资产占总居民金融资产比重变化

2.2.5　我国与发达国家居民金融资产结构的比较

表 2 - 4 ~ 表 2 - 7 分别为中国、美国、英国、日本家庭持有的各类金融资产占居民金融资产总额的比例变化表（由于统计单位不同，在此只列出各项占比）。

表2-4　　中国家庭持有的各类金融资产占居民金融资产总额的比例　　单位:%

年份	通货和存款	债券	股票和股权	人寿保险和养老基金储备	其他
1998	88.76	2.49	4.30	2.65	1.81
1999	86.86	3.95	4.69	2.93	1.56
2000	85.03	4.22	5.70	3.85	1.19
2001	84.02	4.37	6.00	4.39	1.22
2002	83.27	4.38	5.59	5.64	1.11
2003	82.87	4.13	5.20	6.74	1.05
2004	81.72	3.49	4.93	7.82	2.04
2005	81.55	3.13	3.76	8.76	2.81
2006	77.19	2.76	6.76	9.01	4.28
2007	61.71	2.00	15.38	8.08	12.83
2008	74.99	1.45	5.88	11.03	6.65
2009	73.17	0.64	11.53	11.25	3.41
2010	71.41	0.54	11.41	10.64	5.99
2011	69.24	0.32	10.19	10.08	10.17
2012	68.36	0.66	9.00	10.62	11.36
2013	71.38	1.17	8.44	11.62	7.39

注：为了方便与其他国家居民金融资产结构的对比，将"通货"和"存款"合并为一项，基金划分到"其他金融资产"中。其他项目与表2-2一致。

表2-5　　　　　　　美国家庭各项金融资产比重　　　　　　单位:%

年份	通货和存款	债券	股票和股权	人寿保险和养老基金储备	其他
1998	12.88	6.85	45.19	29.27	5.81
1999	11.50	6.80	47.84	28.16	5.71
2000	12.89	6.34	45.94	28.65	6.18
2001	14.90	6.10	44.14	28.59	6.26
2002	16.98	6.16	41.90	28.57	6.40
2003	15.65	7.95	41.32	31.60	3.49
2004	15.38	7.96	41.36	31.58	3.72
2005	15.40	7.97	41.39	31.54	3.70
2006	14.08	6.70	46.99	29.00	3.23
2007	14.65	7.59	45.31	28.86	3.59

年份	通货和存款	债券	股票和股权	人寿保险和 养老基金储备	其他
2008	18.97	11.17	38.80	27.13	3.92
2009	16.42	10.87	36.15	33.09	3.48
2010	14.98	10.51	38.08	33.23	3.20
2011	15.87	9.58	37.92	33.28	3.35
2012	15.48	9.17	39.84	32.42	3.09
2013	14.11	8.18	43.74	31.12	2.85

资料来源：FRB（美联储官方网站），FRB：Z.1 Release—Financial Accounts of the United States（1999–2014）。Sectors：Households and Nonprofit Organizations（Levels），即居民部门的资金流量表的存量数据。其中，居民部门包括居民部门及为居民部门提供服务的非营利机构。占比由存量数据计算得到。

表2–6　　　　　　　　　英国家庭各项金融资产比重　　　　　　单位：%

年份	通货和存款	债券	股票和股权	人寿保险和 养老基金储备	其他
1998	21.31	1.73	20.44	53.58	2.93
1999	19.12	1.49	23.84	52.92	2.63
2000	20.28	1.51	23.15	52.19	2.86
2001	23.25	1.56	18.59	53.42	3.18
2002	27.07	1.72	15.24	52.58	3.39
2003	26.96	1.64	15.58	52.53	3.29
2004	27.13	1.42	16.07	52.05	3.33
2005	25.91	1.33	16.27	53.31	3.18
2006	25.93	0.90	15.34	54.89	2.94
2007	26.81	0.72	13.86	55.06	3.55
2008	32.44	0.96	11.28	51.25	4.08
2009	29.07	0.81	14.31	52.32	3.49
2010	28.21	1.36	15.31	51.72	3.40
2011	29.03	1.15	13.32	53.08	3.40
2012	28.60	1.13	13.50	53.40	3.36
2013	27.81	0.72	11.75	56.37	3.35

资料来源：ONS（英国国家统计局网站），United Kingdom Economic Accounts（1999～2014），Financial Balance Sheets：Households and non-profit institutions serving households，占比通过存量数据计算得到。

表 2－7		日本家庭各项金融资产比重		单位：%	
年份	通货和存款	债券	股票和股权	人寿保险和养老基金储备	其他
1998	55.58	1.97	7.25	27.03	8.16
1999	54.17	1.78	9.87	26.40	7.78
2000	54.89	1.98	8.10	27.09	7.94
2001	54.87	1.89	6.53	29.53	7.18
2002	55.21	1.61	5.53	30.04	7.61
2003	54.03	1.59	8.52	28.45	7.40
2004	53.60	2.01	9.15	28.06	7.18
2005	50.54	2.13	12.85	26.51	7.90
2006	49.79	2.41	12.69	26.59	8.52
2007	52.87	2.71	7.70	28.48	8.25
2008	55.20	2.73	5.84	29.28	6.96
2009	54.76	2.61	6.83	28.07	7.72
2010	55.03	2.37	7.08	27.90	7.62
2011	55.50	2.15	7.22	27.79	7.34
2012	54.38	1.90	8.42	27.33	7.97
2013	53.91	1.65	8.90	27.10	8.45

注：（1）数据来源：Bank of Japan（日本银行官方网站），Flow of Funds（1999～2014），占比通过存量数据计算得到；（2）日本统计数据将信托资金单独列出，本书为了方便各国居民金融资产对比，将信托资金包含在其他金融资产中。

根据上述居民金融资产数据，分别做出各国不同类别居民金融资产占比随时间变化的折线图，如图 2－6～图 2－9 所示。

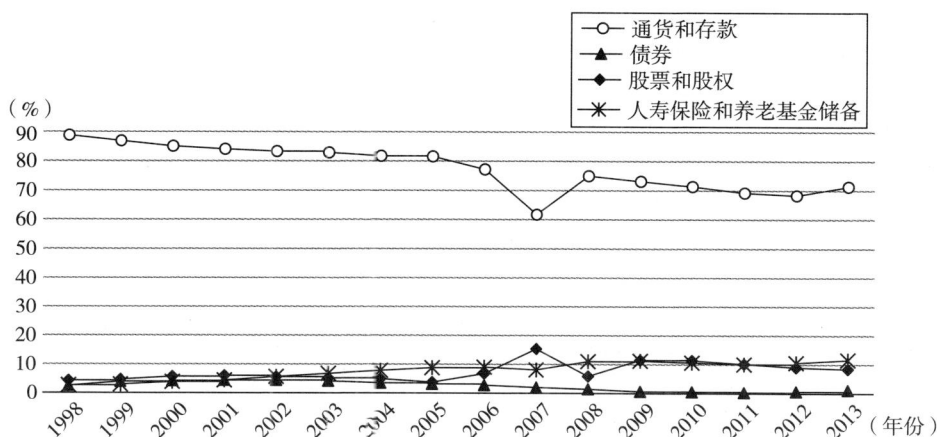

图 2－6　中国各类居民金融资产于总量的占比变化

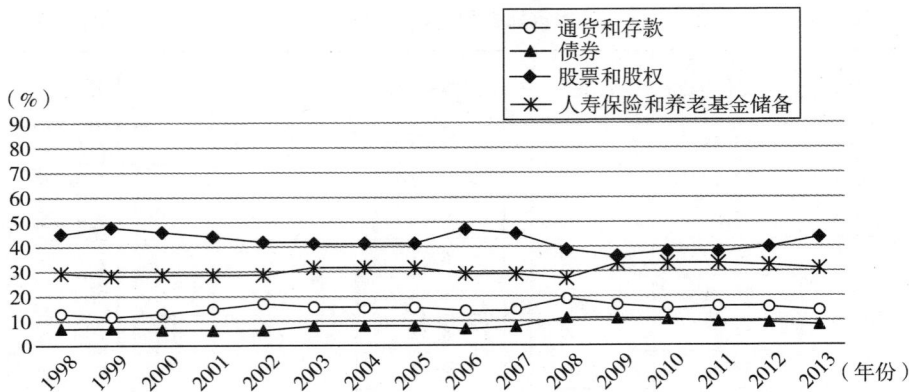

图 2-7 美国各类居民金融资产于总量的占比变化

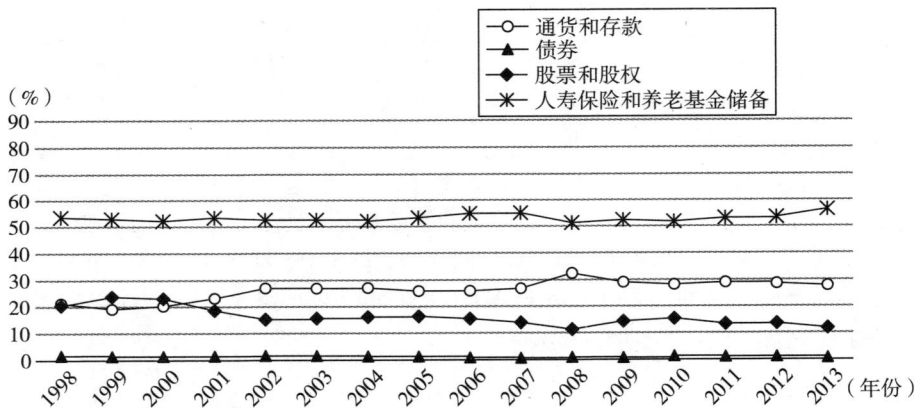

图 2-8 英国各类居民金融资产于总量的占比变化

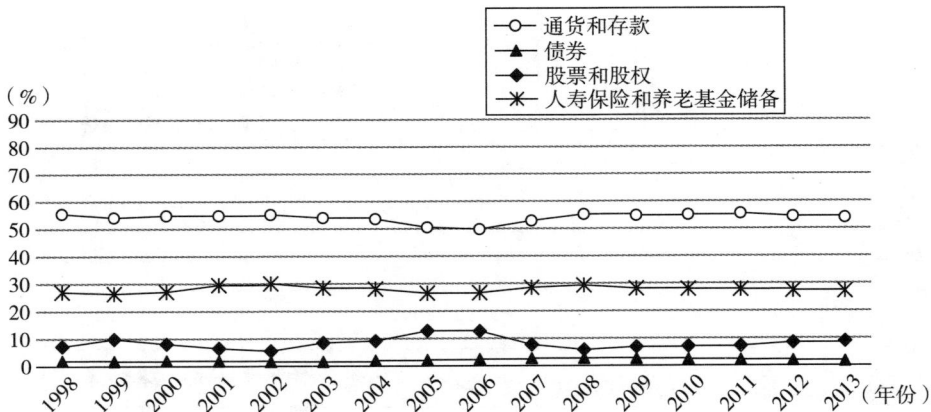

图 2-9 日本各类居民金融资产于总量的占比变化

为了更直观地将各国居民资产结构进行对比，基于各国2013年居民金融资产的数据，得到图2-10。

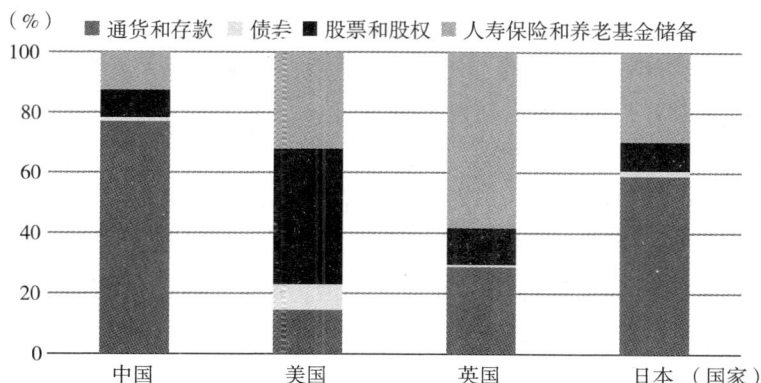

图2-10 2013年各国居民金融资产构成百分比

由图2-10可见，美国、英国、日本在居民金融资产持有量上位居第一的分别为：股票和股权、人寿保险和养老基金储备、通货和存款。通过比较发现，我国居民金融资产的构成与日本较为相似，因为两国的金融系统都是以银行为主导型的，而美国和英国的金融系统是以市场为主导型的。

图2-10显示，与上述发达国家居民金融资产结构对比，我国居民金融资产结构有以下特点：

（1）通货和存款的比重远远大于发达国家。发达国家中通货和存款占比最大的为日本。日本自1998起，通货和存款占比保持在55%左右，波动较小；美国的通货和存款占比最小，1998年为12.88%，之后仅有个别年份超过了15%，2013年占比为14.11%；英国的通货和存款占比高于美国，在其本国居民金融资产持有量中居于第二位，仅次于保险准备金，1998年占比为21.31%，在之后的年份里呈上升趋势，2013年为27.81%。尽管我国的通货和存款占比不断下降，但2013年仍高达71.38%，高于日本，更远远高于美国和英国。

（2）股票和股权所占比重较低。在上述发达国家中，美国的股票和股权占比是最高的，2008年之前一直在45%上下浮动，2008年后，由于受到金融危机的影响，股票和股权占比降至40%以下，在2013年回升到43.74%；英国的股票和股权占比低于美国，在其本国居民金融资产持有量中居于第三位，1998年为20.44%，之后基本呈下降趋势，截至2013

年该占比为 11.75%；日本的股票和股权占比在三个国家中最低，1998 年为 7.25%，2013 年为 8.90%。我国的股票和股权占金融资产的比重明显低于美国、英国，但整体呈上升趋势，且自 2007 年起几乎每一年份该占比都比日本要高，可见我国居民投资股票的热情较高。

（3）我国居民保险金的占比远远低于发达国家。从人寿保险和养老金保险的占比来看，英国最高，自 1998 年起一直保持在 50% 以上，2013 年达到 56.37%，可以说英国居民将超过一半的金融资产投向保险。美国与日本的保险金占比虽然低于英国，但也基本保持在 30% 左右，美国较高于日本。我国居民保险金在总居民金融资产中的占比逐年上升，1998 年为 2.65%，自 2010 年起保持在 10% 以上，但仍远低于发达国家水平。

总之，我国居民资产规模在不断扩大，资产结构也在多元化发展，但与发达国家相比，我国居民金融资产中存款等无风险资产比重过大，说明我国居民投资意识较弱或投资渠道较少，居民从金融资产投资中获得的收益较少。除了上述特点外，还要补充两点无法通过上文数据体现出的特点：（1）我国居民对风险金融资产的投资较为单一，以股票为主，其他资产所占比重都很小。以美国的风险金融资产为例，基金和各类信用产品都占有一定比例。我国居民对风险金融资产的投资较为单一，理财意识不足，盲目追求高收益。（2）我国居民金融资产规模在城乡间差异较大。根据《中国家庭金融调查报告》（2012），分城乡来看，城市居民金融资产均值为 11.20 万元，中位数为 1.65 万元；农村居民金融资产均值为 3.10 万元，中位数为 3000 元，城乡的均值和中位数相差 4 倍左右，说明城乡居民金融资产、贫富差距仍然巨大。

2.3 中国城镇家庭金融资产结构及价值

2.3.1 数据来源与处理

本书使用的数据来源于中国家庭金融调查（China Household Finance Survey，CHFS）2011 年的全国基线调查数据。CHFS 是西南财经大学中国家庭金融调查与研究中心进行的一项全国性调查。该调查是全面系统的入户追踪调查，旨在收集关于家庭金融的微观层次相关信息，包括：人口特征及就业；住房、金融资产；负债和信贷约束；收入及消费；社会保障与保险；被调查者主观风险态度、消费偏好；代际的转移支付等。CHFS 数据针对性较强，拥有我国居民家庭各项金融资产的详细信息，全面客观地反映了当前我国家庭金融的基本状况。且通过与国家统计局数据进行对比，发现 CHFS 调查数据在各方面都与国家统计局公布的数据非常一致，证明了 CHFS 调查数据的高质量，具有全国代表性。

目前可获得最新的 CHFS 数据是 2015 年，但由于 CHFS2015 年家庭金融资产与 2011 年的数据统计相差甚大，考虑到 2011 年数据更具有说服力，因此本书采用 CHFS2011 年数据。CHFS 的 2011 年全国基线调查数据涵盖了全国 25 个省（市、区）、80 个县、320 个社区共 8438 户家庭（其中城镇家庭 5194 户，农村家庭 3244 户），个人信息的样本量为 29463 人。

由于我国农村地区的金融发展比较缓慢，金融环境较为落后，农村家庭投资金融资产的途径受到阻碍，使得拥有金融资产（尤其是风险性金融资产）的样本较少，不具备代表性。因此本书将只使用城镇家庭的数据，对城镇家庭金融资产对消费的影响进行研究。

在数据处理的过程中，首先将一些数据存在缺失值和异常值的家庭剔除，除此之外还根据以下原则对样本进行筛选：（1）为了突出就业群体的家庭金融资产影响，将户主年龄限制在 20～65 岁，其他样本进行剔除；（2）由于部分低收入家庭的收入仅来源于政府补贴，不具备代表性，因此将收入最低的 5% 的家庭剔除。最终，获得有效样本规模为 2560 个。

结合 CHFS 数据，本书在描述性分析和实证分析中所需变量的界定和解释如下：

（1）家庭消费性支出（C）：CHFS 数据将居民支出分为消费性支出、转移性支出、其他支出。其中消费性支出包括食品支出、衣着支出、家庭设备及用品支出、交通通信支出、文教娱乐支出、医疗保健支出、居住支出、杂项支出八大类。以上分类与国家统计局对于消费支出的分类相一致。

（2）耐用品消费（C^D）：耐用品指使用时间较长，至少在 1 年以上的物品，如彩电、冰箱、洗衣机等家庭设备。耐用品支出就是购买这些用品的支出。

（3）非耐用品消费（C^N）：为消费性支出中排除耐用品支出的部分。包括食品、衣着、休闲娱乐等支出。

（4）人均食品支出（C^F）：家庭食品总支出是由上个月家庭的伙食费（包括在外就餐）支出额乘以 12 得到的。人均食品支出为家庭食品总支出与家庭成员数之比。

（5）人均衣着支出（C^C）：家庭衣着总支出为去年被调查者给自己、

配偶以及子女所购买衣服花费的总额。人均衣着支出为家庭衣着总支出与家庭成员数之比。

（6）人均家庭设备及用品支出（C^H）：家庭设备及用品总支出为去年家庭的耐用品（包括彩电、冰箱、洗衣机等花费）支出与购买日常用品（指洗衣粉、肥皂等，不包括食品和衣着支出）之和。其中去年日用品支出用上个月家庭的日用品支出额乘以12得出。人均家庭设备及用品支出为家庭设备及用品总支出与家庭成员数之比。

（7）人均交通通信支出（C^T）：家庭交通通信总支出为去年家庭本地交通支出、通信费（包括电话、网络等花费）以及购买家用交通工具支出之和。其中，去年本地交通支出用上个月家庭本地交通费乘以12得出，去年通信费用上个月家庭通信费乘以12得出。人均交通通信支出为家庭交通通信总支出与家庭成员数之比。

（8）人均文教娱乐支出（C^E）：家庭文教娱乐总支出为去年家庭的文化娱乐支出（包括光盘、影剧票、书报、杂志、网吧、歌舞厅等支出）、教育培训支出以及旅游探亲支出之和。其中，去年文化娱乐支出用上个月家庭文化娱乐支出乘以12得出。人均文教娱乐支出为家庭文教娱乐总支出与家庭成员数之比。

（9）人均医疗保健支出（C^M）：家庭医疗保健总支出为去年家庭的医疗方面的支出（不包括保健支出）与保健支出之和。其中，去年医疗方面的支出用上个月家庭医疗支出乘以12得出。人均医疗保健支出为家庭医疗保健总支出与家庭成员数之比。

（10）人均生活居住支出（C^R）：家庭生活居住总支出由上个月水、电、燃料费、物业管理费、维修等支出乘以12，以及去年的住房装修、维修和扩建费、暖气费加总构成。人均生活居住支出为家庭生活居住总支出与家庭成员数之比。

（11）人均杂项支出（C^S）：家庭杂项总支出为上个月家庭的家政服务支出（包括雇用保姆、小时工、司机等费用）乘以12得到的。人均杂项支出为家庭杂项总支出与家庭成员数之比。

（12）家庭总收入（Y）：包括家庭持久收入和暂时性收入。其中家庭持久收入包括户主及其他家庭成员工资收入、工作补贴，家庭收到的各项政府补贴，从事工商业家庭的营业收入、从事农业生产经营的收入（由于样本为城镇样本，此项收入绝大部分为零）、租房收入、汽车租金收入、存款利息等财产性收入；家庭暂时性收入包括债券收入、股票收入、基金分红和利息收入、金融理财产品收入、非人民币资产收入、黄金资产收入、借出款利息收入等。

（13）家庭金融资产（W^F）：CHFS 数据中金融资产包括以下种类：现金、定期及活期存款、证券、其他金融资产。其中证券主要指债券（包括政府债券、金融债券、公司企业债券）、股票和基金。政府债券主要包括国库券、地方政府债券等。其他金融资产主要指黄金、金融衍生产品、金融理财产品、非人民币资产、借出款等。

（14）广义家庭金融资产（W^{GF}）：由家庭金融资产和社保账户资产组成。

（15）家庭住房资产（W^H）：家庭所有住房现值加总。

（16）其他实物资产（W^{OR}）：包括家庭所拥有的汽车和其他车辆总价值、从事工商业家庭的项目资产（不包括房屋资产）、耐用品总价值、其他资产（游船、私人飞机、古董或古玩、珍稀动植物、珍贵邮票、字画等）。

（17）实物资产（W^R）：为家庭住房资产与其他实物资产的总和。

（18）风险金融资产（W^{RF}）：包括股票、基金、金融债券、公司企业债券、金融衍生产品、金融理财产品、非人民币资产、黄金、借出款等。

（19）无风险金融资产（W^{SF}）：包括通货（手持现金）、活期存款、定期存款、国库券、地方政府债券、股票账户里的现金余额等。

（20）社保账户余额（W^{SS}）：包括养老保险、医疗保险、失业保险、企业年金、住房公积金账户余额。

（21）家庭规模（FS）：指家庭成员数量。

（22）户主年龄（Age）：户主接受调查时的年龄。

（23）户主学历（D1）：虚拟变量，户主学历为大学本科及以上则取值为 1，否则取 0。

（24）户主性别（D2）：虚拟变量，户主性别为男性则取值为 1，否则取 0。

（25）户主婚姻状况（D3）：虚拟变量，户主已婚则取值为 1，否则取 0。

2.3.2　我国城镇家庭基本情况及家庭金融资产现状

表 2 - 8 展示了经过数据处理后，本书中我国城镇居民关键指标的描述性统计。

变量名称	符号表示	均值	标准差	最大值	最小值	国家统计
家庭总消费性支出	C	53675.190	75016.300	1380009.00	1981.00	局公布的
耐用品消费	C^D	1153.480	4928.070	136364.00	0.00	统计数据
非耐用品消费	C^N	52521.710	74209.460	1380009.00	1981.00	
人均消费性支出	C_1	17770.640	31692.940	690004.50	690.67	15160.89
人均食品支出	C^F	6319.630	19592.170	654546.00	0.00	5506.33
人均衣着支出	C^C	1236.020	2170.490	53030.67	0.00	1674.70
人均家庭用品支出	C^H	808.670	2173.830	42547.00	0.00	1023.17
人均交通通信支出	C^T	3253.190	11067.190	213454.00	0.00	2149.69
人均文教娱乐支出	C^E	2432.590	8938.710	272727.00	0.00	1851.74
人均医疗保健支出	C^M	1204.630	3730.540	49800.00	0.00	968.98
人均生活居住支出	C^R	2237.010	5880.350	100708.00	0.00	1405.01
人均杂项支出	C^S	163.960	1315.510	38182.50	0.00	581.26
人均可支配收入	Y_1	22756.020	61548.990	1093000.00	352.86	21809.78
家庭总收入	Y	67023.850	173996.300	2995000.00	2400.00	
金融资产	W^F	88611.980	293519.800	7230000.00	2.50	
人均金融资产	W_1^F	30704.050	108912.600	2102000.00	0.00	
风险金融资产	W^{RF}	30215.190	134791.900	3000000.00	0.00	
人均风险金融资产	W_1^{RF}	10533.650	54004.030	1500000.00	0.00	
无风险金融资产	W^{SF}	58396.790	224641.600	7000000.00	0.00	
人均无风险金融资产	W_1^{SF}	20170.400	79516.230	1576500.00	0.00	
社保账户财富	W^{SS}	23975.050	56717.400	1030100.00	0.00	
住房资产	W^H	713294.300	1079208.000	9800000.00	100.00	
人均住房资产	W_1^H	243399.500	454098.000	8200000.00	25.00	
其他实物资产	W^{OR}	83934.360	390381.300	5428500.00	25.00	
人均其他实物资产	W_1^{OR}	29603.360	171032.500	5077500.00	16.25	
家庭规模	FS	3.460	1.270	12.00	1.00	2.89
户主年龄	Age	43.310	10.120	65.00	20.00	36.87
户主学历	$D1$	0.147	0.354	1.00	0.00	
户主性别	$D2$	0.692	0.461	1.00	0.00	
户主婚姻状况	$D3$	0.908	0.289	1.00	0.00	

注：上表中最后一列数据为我国 2011 年统计年鉴公布的数据；由于本书将年龄限制在 20～65 岁，因此平均年龄一项与统计年鉴数据对比的意义较小，两者差别不予考虑。

表 2 - 8 可见，本书使用的经过处理的 CHFS 数据（城镇部分）中人均消费性支出、人均各项支出、人均可支配收入家庭规模与国家统计局公布的宏观数据较为接近，只有个别项目存在一定差别。其中，人均交通通信支出（3253.19 元）高于国家统计局的统计结果（2149.69 元），人均生活居住支出（2237.01 元）高于国家统计局的统计结果（1405.01 元），而人均杂项支出（163.96 元）明显低于国家统计局的统计结果（581.26元）。其他分项支出与宏观数据相比差别均较小。通过以上的对比可知，本章使用的数据与国家统计局在人均消费性支出和人均可支配收入都具有广泛的一致性，本章数据是具有全国代表性的。

由表 2 - 8 还可发现，从微观角度来看，我国城镇家庭拥有的金融资产均值为 88611.98 元，人均金融资产的均值为 30704.05 元。其中，人均风险金融资产的均值为 10533.65 元，人均无风险金融资产的均值为20170.40 元。可见，平均来看，我国城镇居民人均持有的金融资产中，无风险资产价值几乎为风险金融资产的 2 倍。

2.3.3 不同年龄群体城镇家庭金融资产及其配置

将本书的有效样本按照户主年龄进行分组，分为 20 ~ 34 岁、35 ~ 50岁、51 ~ 65 岁三组①，再将三组的各项关键指标进行描述性分析，便于第2.4 节和第 2.5 节的实证分析，且可以更有针对性地、直接地对数据进行观测，表 2 - 9 为青年组关键指标的描述性统计。

表 2 - 9　　　　　　青年组关键变量描述性统计　　　　　单位：元

变量名称	符号表示	均值	标准差	最大值	最小值
家庭总消费性支出	C	64585.29	98540.23	1380009.00	4539.00
人均消费性支出	C_1	24176.58	47455.30	690004.50	1519.33
人均食品支出	C^F	8673.98	32057.44	654546.00	0.00
人均衣着支出	C^C	1755.73	2331.49	21212.33	0.00
人均家庭用品支出	C^H	1228.13	2983.84	37817.00	0.00
人均交通通信支出	C^T	5074.63	14388.57	179273.00	0.00
人均文教娱乐支出	C^E	3007.92	11938.26	190909.50	0.00

---

① 为了方便区分和精炼表达，在后文中将 20 ~ 34 岁、35 ~ 50 岁、51 ~ 65 岁年龄组分别称为青年组、中年组、老年组。

变量名称	符号表示	均值	标准差	最大值	最小值
人均医疗保健支出	C^M	945. 290	2644. 380	32000. 00	0. 00
人均生活居住支出	C^R	3106. 610	8372. 280	100708. 00	0. 00
人均杂项支出	C^S	294. 240	1425. 170	15879. 67	0. 00
人均可支配收入	Y_1	35818. 910	88195. 150	1093000. 00	533. 33
家庭总收入	Y	94291. 600	228673. 800	2770000. 00	2400. 00
金融资产	W^F	107941. 600	425102. 500	7230000. 00	2. 50
风险金融资产	W^{RF}	27233. 780	95665. 010	1000000. 00	0. 00
无风险金融资产	W^{SF}	80707. 870	378651. 700	7000000. 00	2. 50
社保账户财富	W^{SS}	22305. 600	44522. 740	487700. 00	0. 00
住房资产	W^H	705108. 800	997663. 900	8200000. 00	100. 00
其他实物资产	W^{OR}	119566. 700	479325. 400	5237500. 00	160. 00
家庭规模	FS	3. 190	1. 290	9. 00	1. 00
户主学历	$D1$	0. 291	0. 455	1. 00	0. 00
户主性别	$D2$	0. 645	0. 479	1. 00	0. 00

表 2 - 10 为中年组关键指标的描述性统计。

表 2 - 10　　　　　　中年组关键变量描述性统计　　　　　　单位：元

变量名称	符号表示	均值	标准差	最大值	最小值
家庭总消费性支出	C	54794. 13	75536. 49	1376638. 00	1981. 00
人均消费性支出	C_1	17422. 19	29433. 41	688319. 00	817. 80
人均食品支出	C^F	6163. 91	17451. 95	490908. 00	0. 00
人均衣着支出	C^C	1231. 21	1892. 29	31818. 50	0. 00
人均家庭用品支出	C^H	702. 53	1499. 90	27636. 67	0. 00
人均交通通信支出	C^T	3155. 48	11087. 80	213454. 00	0. 00
人均文教娱乐支出	C^E	2786. 57	9405. 28	272727. 00	0. 00
人均医疗保健支出	C^M	1021. 73	3050. 49	45136. 50	0. 00
人均生活居住支出	C^R	2075. 89	5139. 34	78181. 50	0. 00
人均杂项支出	C^S	152. 37	1403. 18	38182. 50	0. 00
人均可支配收入	Y_1	21811. 05	53591. 27	1015000. 00	433. 33
家庭总收入	Y	68143. 51	167700. 40	2995000. 00	2400. 00
金融资产	W^F	87791. 71	260658. 20	4204000. 00	35. 00
风险金融资产	W^{RF}	33158. 45	137783. 90	3000000. 00	0. 00

变量名称	符号表示	均值	标准差	最大值	最小值
无风险金融资产	W^{SF}	54633.260	176136.400	3153000.00	1.00
社保账户财富	W^{SS}	29863.620	68603.240	1030100.00	0.00
住房资产	W^{H}	695252.600	1073063.000	9700000.00	100.00
其他实物资产	W^{OK}	81456.870	386083.800	5428500.00	25.00
家庭规模	FS	3.470	1.060	9.00	1.00
户主学历	$D1$	0.139	0.346	1.00	0.00
户主性别	$D2$	0.685	0.465	1.00	0.00

表 2 – 11 为老年组关键指标的描述性统计。

表 2 – 11　　　　　　　　老年组关键变量描述性统计　　　　　　　　单位：元

变量名称	符号表示	均值	标准差	最大值	最小值
家庭总消费性支出	C	42320.100	43487.080	424236.00	2072.00
人均消费性支出	C_1	13243.080	14876.170	141412.00	690.67
人均食品支出	C^{F}	4714.500	4160.490	36364.00	0.00
人均衣着支出	C^{C}	818.790	2477.900	53030.67	0.00
人均家庭用品支出	C^{H}	689.520	2528.810	42547.00	0.00
人均交通通信支出	C^{T}	1962.940	6924.430	115070.00	0.00
人均文教娱乐支出	C^{E}	1206.060	2895.030	48849.00	0.00
人均医疗保健支出	C^{M}	1807.180	5383.750	49800.00	0.00
人均生活居住支出	C^{R}	1864.620	4696.370	62304.00	0.00
人均杂项支出	C^{S}	81.460	979.850	19697.00	0.00
人均可支配收入	Y_1	14022.380	47452.010	1034500.00	352.86
家庭总收入	Y	42212.550	124958.900	2069000.00	2400.00
金融资产	W^{S}	74458.360	216670.000	2413000.00	17.00
风险金融资产	W^{kF}	26403.980	154473.600	2370000.00	0.00
无风险金融资产	W^{SF}	48054.380	122790.000	1545000.00	17.00
社保账户财富	W^{SS}	12816.850	29471.820	220100.00	0.00
住房资产	W^{H}	758421.200	1154525.000	9800000.00	100.00
其他实物资产	W^{OR}	59898.000	307785.600	5285000.00	100.00
家庭规模	FS	3.660	1.580	12.00	1.00
户主学历	$D1$	0.048	0.214	1.00	0.00
户主性别	$D2$	0.748	0.434	1.00	0.00

通过表2-9～表2-11可以看出：

（1）无论是家庭还是人均消费性支出的均值[①]，都是老年组最低，青年组最高。从家庭总消费性支出来看，青年组、中年组、老年组的均值分别为64585.29元、54794.13元、42320.10元，从人均消费性支出来看，青年组、中年组、老年组的均值分别为24176.58元、17422.19元、13243.08元。

（2）从各分项支出来看，除人均医疗保健支出以外的其他人均分项支出，都是青年组最高，中年组次之，老年组最低。从人均医疗保健支出来看，青年组、中年组、老年组分别为945.29元、1021.73元、1807.18元，青年组最少，且老年组的人均医疗保健支出明显高于另两组。这个结果符合实际。

（3）无论是家庭总收入还是人均可支配收入，都是青年组最高，老年组最低。

（4）对于总金融资产，青年组最高，中年组次之，老年组最低，但中年组拥有更多的风险金融资产。从无风险金融资产来看，三组的均值分别为80707.87元、54633.26元、48054.38元。而从风险金融资产来看，三组的均值分别为27233.78元、33158.45元、26403.98元。可见，尽管青年组的金融资产总量最高，但中年组在风险金融资产拥有量上高于另外两组。

（5）从住房资产来看，青年组与中年组相近，老年组最高。

可见，不同年龄组家庭的收入、消费、所持有的金融资产的数量和等级存在明显差别，在证实分析部分有必要按年龄分组来进行讨论。

2.4　中国城镇家庭金融资产对家庭消费影响的计量分析

2.4.1　模型设定

莫迪利亚尼的生命周期理论认为，消费不仅与当前收入有关，还与消费者拥有的财富有关，用线性模型可表示为：

$$C = \alpha_0 + \alpha_1 Y + \alpha_2 A + \varepsilon \qquad (2-2)$$

[①]　此部分总结均使用均值进行分析，下文不再强调均值。

其中，C 为消费，Y 为可支配收入，A 为资产，α_1、α_2 为常数。

由于中国城镇家庭资产既包括金融资产，又包括非金融资产如住房资产、非住房实物资产等，我们考虑到不同资产对家庭消费具有不同的作用，将模型（2－2）扩展为模型（2－3），模型（2－3）中对各个变量取对数（除控制变量 X 外），目的是消除数据的异方差和偏态影响：

$$\ln C_i = \beta_0 + \beta_1 \ln Y_i + \beta_2 \ln W_i^{GF} + \beta_3 + \ln W_i^H + \beta_4 \ln W_i^{OR} + \sum \beta_k X_i + \varepsilon_i$$

$$(2-3)$$

其中，i 代表不同的家庭，C_i 代表第 i 个家庭的消费性支出。Y_i 代表第 i 个家庭可支配收入；W^{GF} 代表家庭金融资产（广义的），W^H 代表家庭住房资产；W^{OR} 代表除住房资产外的其他实物资产；X 为控制变量，包括户主年龄、学历、婚姻状况以及家庭规模等。

为了考察金融资产对不同收入水平家庭消费的影响，我们拟采用分位数回归模型进行分析，具体分位数回归模型如式（2－4）所示：

$$\ln C_i^{(q)} = \beta_0^{(q)} + \beta_1^{(q)} \ln Y_i + \beta_2^{(q)} \ln W_i^{GF} + \beta_3^{(q)} \ln W_i^H + \beta_4^{(q)} \ln W_i^{OR} + \beta_5^{(q)} FS_i +$$
$$\beta_6^{(q)} D_{1i} + \beta_7^{(q)} D_{2i} + \beta_8^{(q)} D_{3i} + \varepsilon_i \qquad (2-4)$$

其中，q 代表不同的分位点，本书共设置 5 个分位点，分别为：$q = Q10$，$Q30$，$Q50$，$Q70$，$Q90$[①]。$i = 1, 2, \cdots, 2\,560$，代表不同的个体；$\beta_0^{(q)}$ 为截距项；$\beta_1^{(q)}$、$\beta_2^{(q)}$、$\beta_3^{(q)}$、$\beta_4^{(q)}$ 分别代表家庭可支配收入、家庭金融资产（广义的）、住房资产、其他实物资产每增加 1%，家庭消费性支出增加的百分比；FS、$D1$、$D2$、$D3$ 分别代表家庭规模、户主学历、户主性别、户主婚姻状态；$\beta_5^{(q)}$、$\beta_6^{(q)}$、$\beta_7^{(q)}$、$\beta_8^{(q)}$ 分别代表家庭规模、户主学历、户主性别、户主婚姻状态对家庭消费的影响。

考虑到有无住房对家庭消费可能会有显著影响，本书将所有样本分为有住房家庭（样本量为 2560 个）和无住房家庭（样本量为 328 个）分别做分位数回归，以判断住房资产对家庭消费的影响程度。

2.4.2　有房家庭消费支出的分位数模型估计及影响结果分析

根据式（2－4）对模型进行估计，有房家庭的回归结果如表 2－12

---

①　分位数回归是针对因变量进行分位，在本书中因变量为消费，高分位点即代表高消费。由于消费与收入具有高度相关性，因此我们在解释时，将高消费家庭等同于高收入家庭。本书将 Q10、Q30、Q50、Q70、Q90 分位点的家庭分别称为：最低收入家庭、较低收入家庭、中等收入家庭、较高收入家庭、高收入家庭。Q10 和 Q30 分位点统称低收入家庭，Q70 和 Q90 分位点统称高收入家庭。

所示。

表 2 - 12   有房家庭消费支出的分位数模型估计结果

变量	Q10	Q30	Q50	Q70	Q90	斜率相等检验 P 值与 F 值
β_0	4. 491 *** (16. 880)	5. 126 *** (31. 460)	5. 340 *** (35. 900)	5. 820 *** (33. 170)	6. 557 *** (21. 970)	
LnY	0. 176 *** (7. 170)	0. 163 *** (7. 370)	0. 148 *** (8. 060)	0. 141 *** (9. 480)	0. 100 *** (4. 160)	2. 250 0. 061
LnW^{GF}	0. 093 *** (4. 760)	0. 081 *** (8. 170)	0. 075 *** (9. 630)	0. 061 *** (8. 120)	0. 056 *** (3. 950)	2. 310 0. 055
LnW^{H}	0. 120 *** (4. 370)	0. 106 *** (6. 520)	0. 101 *** (9. 290)	0. 083 *** (9. 670)	0. 062 *** (2. 950)	1. 030 0. 388
LnW^{OR}	0. 089 *** (4. 370)	0. 084 *** (5. 370)	0. 116 *** (8. 820)	0. 155 *** (10. 900)	0. 224 *** (10. 270)	7. 700 0. 000
FS	0. 032 ** (2. 190)	0. 065 *** (3. 810)	0. 071 *** (4. 990)	0. 056 *** (6. 180)	0. 039 ** (1. 980)	2. 350 0. 052
$D1$	0. 097 *** (2. 740)	0. 103 *** (3. 500)	0. 095 *** (3. 200)	0. 089 * (1. 650)	0. 050 (0. 650)	0. 090 0. 984
$D2$	− 0. 166 *** (− 4. 260)	− 0. 074 *** (− 3. 530)	− 0. 039 ** (−2. 090)	0. 012 (0. 430)	0. 027 (0. 340)	5. 140 0. 000
$D3$	0. 108 *** (3. 020)	0. 212 *** (4. 290)	0. 136 *** (3. 570)	0. 084 (1. 140)	0. 034 (0. 350)	2. 810 0. 024
R^2	0. 254	0. 256	0. 254	0. 247	0. 247	

注:（1）系数下方括号内的值为 t 统计量，*** 、** 、* 分别表示在 1%、5%、10% 的显著水平下显著。（2）斜率相等检验的 F 值越大或 p 值越小，则越拒绝斜率相等的原假设。例如：p 值小于 0.1，代表可以在 10% 的显著性水平上拒绝原假设，认为分位数回归系数不完全相等（显著不同）。下同。

图 2 - 11 直观地描绘了有住房家庭的所有自变量对因变量在不同分位点上的影响程度，下面我们对估计结果进行分析。

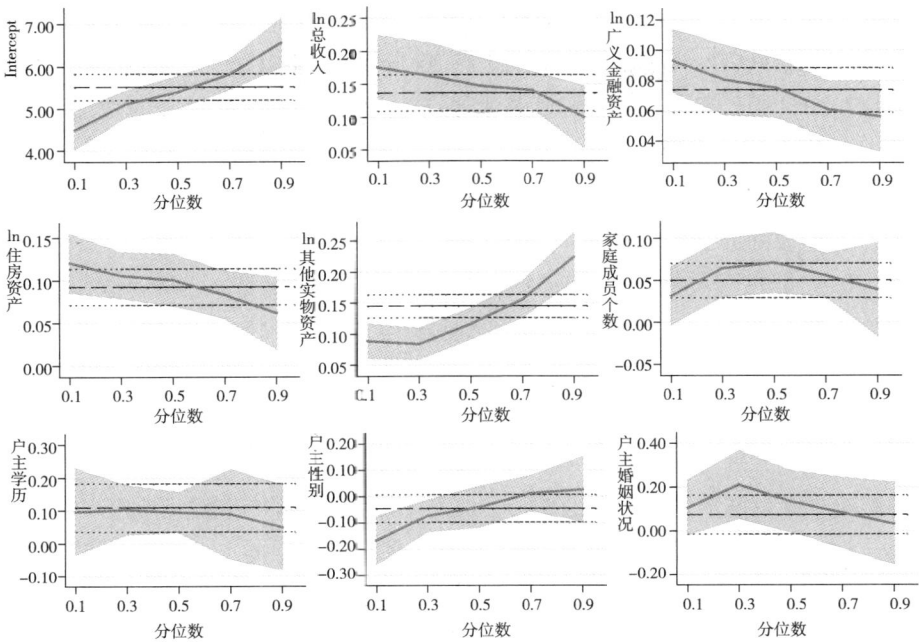

图 2 – 11　有房家庭消费支出的分位数回归结果

（1）家庭金融资产显著影响家庭消费，并随着金融资产的增加，影响程度逐步下降。由表 2 – 12 可见，金融资产的消费弹性在 Q10、Q30、Q50、Q70、Q90 五个分位点上分别为 0.093、0.081、0.075、0.061、0.056，且都在 1% 的显著水平下显著为正，说明有房家庭消费明显与家庭金融资产有关，从数量上看，收入水平越低的家庭对财富越敏感，收入水平越高的家庭，财富对家庭消费的影响越小。

（2）住房资产显著影响家庭消费，且住房资产对消费的弹性大于金融资产对消费的弹性，随着住房资产的增加，住房资产对家庭消费的影响程度逐步下降。住房资产对于消费支出的弹性在 Q10、Q30、Q50、Q70、Q90 五个分位点上分别为 0.120、0.106、0.101、0.083、0.062，在 1% 的显著水平下显著为正，说明不论高收入还是低收入家庭的消费支出都与其所拥有的住房价值显著正相关，越是低收入的家庭，住房价值对消费的影响越强烈。与金融资产相比，无论哪一类收入群体，其家庭消费都受住房价值的影响更大。中国城镇有房家庭的住房价值均值为 71 万多元，远高于金融资产均值 8 万多元的水平，因此，我们认为，住房资产的保障作用对消费的影响明显大于金融资产对消费的促进作用。

（3）家庭可支配收入是影响家庭消费的关键因素，家庭的收入消费弹性随收入的增加而减小。所有变量中，消费的收入弹性最大，在 Q10、Q30、Q50、Q70、Q90 五个分位点上分别为 0.176、0.163、0.148、0.141、0.100，且都在 1% 的显著水平下显著为正。随着收入的增加，家庭消费的收入弹性渐次变小，这正如凯恩斯消费理论所述，人们在收入增加时，一般会倾向于增加消费，但是消费增加的幅度小于收入增加的幅度，也即边际消费倾向随着收入的增加而减少。

（4）非住房类实物资产对家庭消费的影响高于预期，且随着非住房类实物资产的增加，其对家庭消费的影响随之增加。非住房类实物资产大致包括汽车、相机、空调或奢侈品等众多耐用品以及字画等艺术品，这类资产对家庭消费的影响比我们预期的要大，在 Q10、Q30、Q50、Q70、Q90 五个分位点上分别为 0.089、0.084、0.116、0.155、0.224，仅次于收入对消费的影响，并且随着家庭收入的增加，其对家庭消费的影响随之增加。

随着人们生活水平的不断提高，家庭在满足了"吃、穿、住"等基本生存性消费之后，消费结构开始向"行""娱乐休闲"方向发展。中高收入家庭更多地进入购车、旅游、文化等消费。汽车、相机、空调或奢侈品等耐用消费品通常具有耗损性，家庭拥有这类商品越多，基于该类商品的支出越多，因而估计结果中非住房实物资产消费随家庭收入的增加而增加的现象正是中高收入家庭消费结构升级的表现。

（5）中等收入家庭的消费支出受家庭规模的影响大于低收入和高收入家庭。家庭规模对家庭消费的影响在五个分位点上均显著为正，其中在 Q50 分位点的系数最大，为 0.071，总体呈现倒 U 形影响。消费支出与家庭成员人数呈正相关毋庸置疑，人数越多，消费越多。对于中等收入家庭来说，家庭人员增加，相应的消费支出必然增加。例如，家庭多一个孩子，相应的食物、服装、教育等支出也相应增加。但对于高收入家庭来说，家庭成员增加多出的开支对家庭总体消费的影响不大，换言之，增加一个人的开支在家庭总消费中的比例相对较小；对于低收入家庭来说，也许多一个孩子的投资仅限于多了基本的生存性消费，占总体家庭消费的比例也不大。因此表现出家庭规模对家庭消费的影响呈现倒 U 形影响。

（6）户主学历对最高收入家庭的影响不显著，对其他收入水平家庭的影响差别不大。估计结果显示，户主学历高的家庭其消费支出也高，这是由于学历高一般伴随着收入水平高，相应地消费水平也高。但对于特别高收入的家庭来说，其收入水平或者由于创业或者由于机遇或者由于继承等原因，其学历水平已不是影响消费的主要因素。

（7）中低收入的男性户主家庭消费低于女性户主家庭，高收入家庭的户主性别对家庭消费影响不显著。这是我们根据模型估计结果得出的一个有趣的结论。户主性别对家庭消费的影响在 Q10、Q30、Q50 分位点均显著为负，系数分别为 - 0.166、- 0.074、- 0.039（在 Q70、Q90 分位点上则不显著），即男性户主低收入家庭的消费比女性户主低收入家庭的消费少 16.6%，次低收入和中等收入男户主家庭相对女户主家庭少消费 7.4% 和 3.9%。

在中国传统中，家庭户主通常为男性，户主为女性的家庭更多为离异和未婚家庭。近年来随着女性社会地位和经济地位的提高，一部分高收入女性也成为家庭户主。在高收入家庭，户主性别不影响家庭消费容易理解，但在中低收入家庭中，我们认为产生前述现象可能有两个主要原因：第一，女性户主如果离异，她很可能需要进入下一段婚姻，在这期间就需要保持一定的"面子"消费，并且不需要为下一段婚姻积累资金。而如果是离异的男性户主，他为了下一段婚姻则更可能需要积累资金，节俭消费，因此离异的女性户主消费高于离异的男性户主。第二，如果家庭户主为女性，传统而言，她应该是家庭住房的拥有者，若她又处于中低收入水平，很可能意味着她的家庭住房是靠相对有钱的娘家资助的，在有外来经济资助的情况下，其家庭消费支出与同样情况的男户主家庭会更高。

（8）正常婚姻状态对中低收入家庭的消费具有促进作用，对高收入家庭影响不显著。估计结果显示，户主婚姻状态对家庭消费的影响在 Q10、Q30、Q50 分位点上分别为 0.108、0.212、0.136（在 Q70、Q90 分位点上不显著），也就是说，婚姻状态正常的中低收入家庭的消费水平要高于离异、未婚的家庭，而高收入家庭则不受户主婚姻状态的影响。婚姻状态正常的中低收入家庭一般来说收入来自夫妻双方，高于离异或未婚家庭，其消费支出也会随之增加，从数据上看，消费增加在 10% ~20%。

2.4.3 无房家庭消费支出的分位数模型估计及影响结果分析

根据式（2 - 4）对模型进行估计，无房家庭的回归结果如表 2 - 13所示。

表 2 - 13   无房家庭消费支出的分位数模型估计结果

变量	Q10	Q30	Q50	Q70	Q90	斜率相等检验 P 值与 F 值
β_0	5.341 *** （10.480）	5.521 *** （11.260）	5.871 *** （11.420）	6.461 *** （18.170）	6.022 *** （9.170）	
LnY	0.179 *** （2.880）	0.227 *** （3.470）	0.197 *** （3.850）	0.173 *** （5.400）	0.200 *** （3.090）	0.330 0.855

变量	Q10	Q30	Q50	Q70	Q90	斜率相等检验 P 值与 F 值
LnW^{GF}	0.086 **	0.099 ***	0.081 ***	0.102 ***	0.134 ***	0.670
	(2.130)	(3.510)	(3.650)	(5.400)	(4.240)	0.610
LnW^{OR}	0.124 **	0.096 ***	0.131 ***	0.103 ***	0.150 ***	1.070
	(2.320)	(2.820)	(3.510)	(3.880)	(3.360)	0.372
FS	0.160 **	0.107 ***	0.097 ***	0.091 ***	0.104 ***	0.590
	(3.560)	(3.950)	(3.750)	(2.690)	(2.760)	0.671
$D1$	0.213 **	0.061	0.153	0.224 ***	−0.085	2.150
	(1.950)	(0.820)	(1.150)	(2.970)	(−0.500)	0.074
$D2$	−0.058	−0.125 *	−0.100	−0.054	0.005	0.280
	(−0.470)	(−1.670)	(−1.050)	(−0.660)	(0.030)	0.889
$D3$	0.007	0.104 *	0.197 **	0.162 **	0.013	0.700
	(−0.050)	(1.650)	(2.180)	(1.990)	(0.080)	0.593
R^2	0.356	0.303	0.278	0.283	0.324	

图 2 – 12 直观地描绘了无房家庭的所有自变量对因变量在不同分位点上的影响程度，总体上看，与有房家庭相比，各自变量对无房家庭消费的影响呈现不规律变化，下面我们对估计结果进行分析。

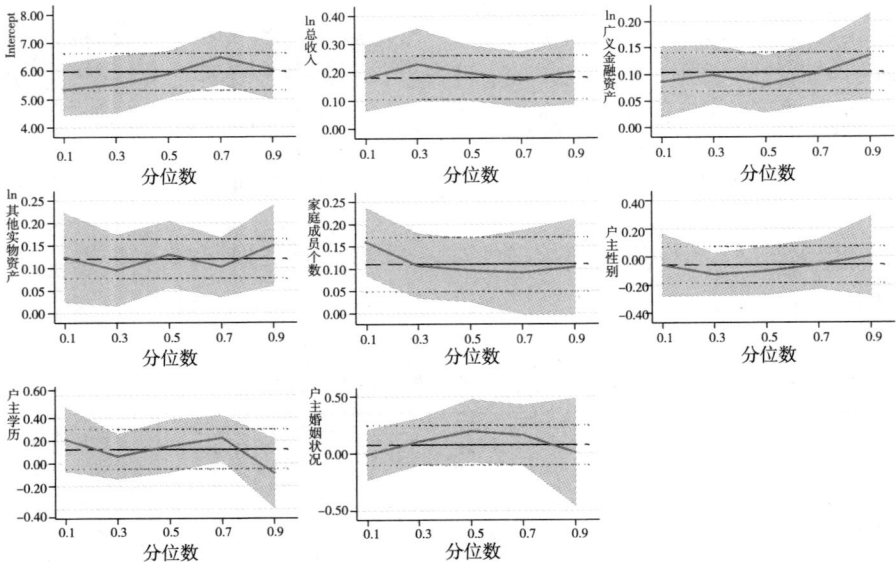

图 2 – 12 无房家庭消费支出的分位数回归结果

（1）家庭金融资产显著影响家庭消费，高收入无房家庭对金融资产相对更敏感。由估计结果可见，消费支出的金融资产弹性在Q10、Q30、Q50、Q70、Q90五个分位点上分别为0.086、0.099、0.081、0.102、0.134，且都显著为正，说明无房家庭消费同样与家庭金融资产有关。样本数据显示，有房家庭的平均收入和平均金融资产比无房家庭分别高出23%和50%，也即中国的无房家庭通常是收入相对较低的家庭，无房家庭中的高收入家庭最有可能购房，这类家庭必须攒钱购房，所以消费对财富最敏感。

（2）家庭可支配收入是无房家庭消费最重要的影响变量。与其他变量相比，无房家庭的消费收入弹性最大，且明显高于有房家庭的消费收入弹性，在Q10、Q30、Q50、Q70、Q90五个分位点上分别为0.179、0.227、0.197、0.173、0.200。但无房家庭的消费与收入之间没有呈现明显的由收入引起的变化，甚至高收入家庭的弹性相对较大。这也是因为无房家庭大部分属于相对低收入家庭，没有足够的资金用于购房和消费，对收入敏感。

（3）非住房类实物资产对无房家庭消费的影响较大。非住房类实物资产对无房家庭消费的影响在Q10、Q30、Q50、Q70、Q90五个分位点上分别为0.124、0.096、0.131、0.103、0.150，仅次于收入对消费的影响，但影响程度并未随着家庭收入的变化呈规律性变化。

总体来看，无房家庭与有房家庭的消费支出都受收入、实物资产、金融资产的影响，但影响强度确有不同。有房家庭的消费支出与我们对现实的认知更相符合，而无房家庭中不同收入水平家庭的各个变量系数没有呈现规律变动。从模型对各变量不同分位点上的系数斜率相等检验结果可以看出，不同分位点上的系数（D1除外）都不能拒绝斜率相等的假设，也即各分位点上的系数斜率可以认为没有显著差异。虽然无房家庭的收入有高低之分，但由于普遍收入较低、金融资产较少，又都没有住房资产，因此无房家庭普遍需要节俭开支、压缩消费、攒钱买房，总体上他们处于同一消费水平，属于同一种消费群体。

2.4.4 无风险金融资产、风险金融资产对有房家庭消费支出的影响分析

广义的居民金融资产包括居民金融资产和社保账户资产。居民金融资产包括通货（手持现金）、存款、证券、其他金融资产。其中证券主要指债券（包括政府债券、金融债券、公司企业债券）、股票和基金，政府债券主要包括国库券、地方政府债券等。其他金融资产主要指黄金、金

融衍生产品、金融理财产品、非人民币资产、借出款、股票账户现金余额等。这些金融资产中，通货、存款、国库券、地方政府债券、股票账户现金余额基本没有风险，而股票、基金、金融债券、公司企业债券、金融衍生产品、金融理财产品、非人民币资产、黄金、借出款等则具有或大或小的风险。

为了研究城镇家庭消费受金融风险资产和无风险资产的影响程度，本章将广义的家庭金融资产进一步细分为无风险金融资产、风险金融资产、社保账户余额，建立我国城镇家庭金融资产对消费影响的分位数回归模型（由于我国大部分城镇居民都拥有住房，本章所有样本中拥有住房的家庭占 88.6%，因此本章只考虑了风险金融资产和无风险金融资产对有房家庭消费支出的影响），模型形式如式（2-5）所示：

$$\ln C_i^{(q)} = \alpha_0^{(q)} + \alpha_1^{(q)} \ln Y_i + \alpha_2^{(q)} \ln W_i^{SF} + \alpha_3^{(q)} \ln W_i^{RF} + \alpha_4^{(q)} \ln W_i^{SS} + \alpha_5^{(q)} \ln W_i^{H} +$$
$$\alpha_6^{(q)} \ln W_i^{OR} + \alpha_7^{(q)} \times FS_i + \alpha_8^{(q)} \times D_{1i} + \alpha_9^{(q)} \times D_{2i} + \alpha_{10}^{(q)} \times D_{3i} + \varepsilon_i$$
$$(2-5)$$

其中，$\alpha_2^{(q)}$、$\alpha_3^{(q)}$、$\alpha_4^{(q)}$ 分别代表家庭消费的无风险金融资产 W^{SF}、风险金融资产 W^{RF}、社保账户余额 W^{SS} 的弹性。其他变量与参数的解释与式（2-4）相同。

模型（2-5）的分位数回归结果如表 2-14 所示。

表 2-14　无风险金融资产、风险金融资产对有房家庭消费支出的分位数回归

变量	Q10	Q30	Q50	Q70	Q90	斜率相等检验 P 值与 F 值
α_0	4.789 *** (18.230)	5.308 *** (31.110)	5.672 *** (25.000)	6.003 *** (26.330)	6.795 *** (18.520)	
LnY	0.170 *** (5.930)	0.163 *** (8.240)	0.140 *** (7.800)	0.134 *** (7.380)	0.105 *** (3.960)	0.88 0.474
LnW^{SF}	0.059 *** (4.210)	0.055 *** (7.470)	0.043 *** (4.820)	0.029 *** (3.160)	0.018 (1.480)	4.30 0.002
LnW^{RF}	0.004 (1.070)	0.007 *** (3.110)	0.008 *** (2.820)	0.011 *** (2.580)	0.016 *** (3.810)	1.65 0.160
LnW^{SS}	0.027 *** (5.030)	0.018 *** (5.630)	0.016 *** (5.480)	0.009 *** (2.650)	0.001 (0.240)	2.52 0.040
LnW^{H}	0.115 *** (4.750)	0.105 *** (6.710)	0.104 *** (8.290)	0.090 *** (7.480)	0.064 *** (2.650)	0.90 0.465

变量	Q10	Q30	Q50	Q70	Q90	斜率相等检验 P 值与 F 值
LnW^{OR}	0.085 *** (4.450)	0.089 *** (7.200)	0.117 *** (9.510)	0.162 *** (10.710)	0.231 *** (15.650)	26.94 0.000
FS	0.0492 *** (2.610)	0.06889 *** (4.670)	0.0743 *** (5.000)	0.0609 *** (3.630)	0.0281 * (1.480)	1.35 0.248
$D1$	0.0984 ** (2.140)	0.0747 * (1.610)	0.0886 ** (2.330)	0.0943 * (1.680)	0.0670 (0.660)	0.10 0.982
$D2$	−0.1349 *** (−3.330)	−0.0696 *** (−2.880)	−0.0307 * (−1.770)	0.0143 (0.510)	0.0212 (0.400)	2.40 0.048
$D3$	0.111 *** (2.620)	0.158 *** (3.100)	0.124 ** (2.360)	0.053 (0.930)	0.019 (0.230)	0.77 0.543
R^2	0.254	0.253	0.253	0.246	0.248	

图 2 - 13 描绘了模型（2 - 5）中各个自变量在不同分位点上的系数变化。

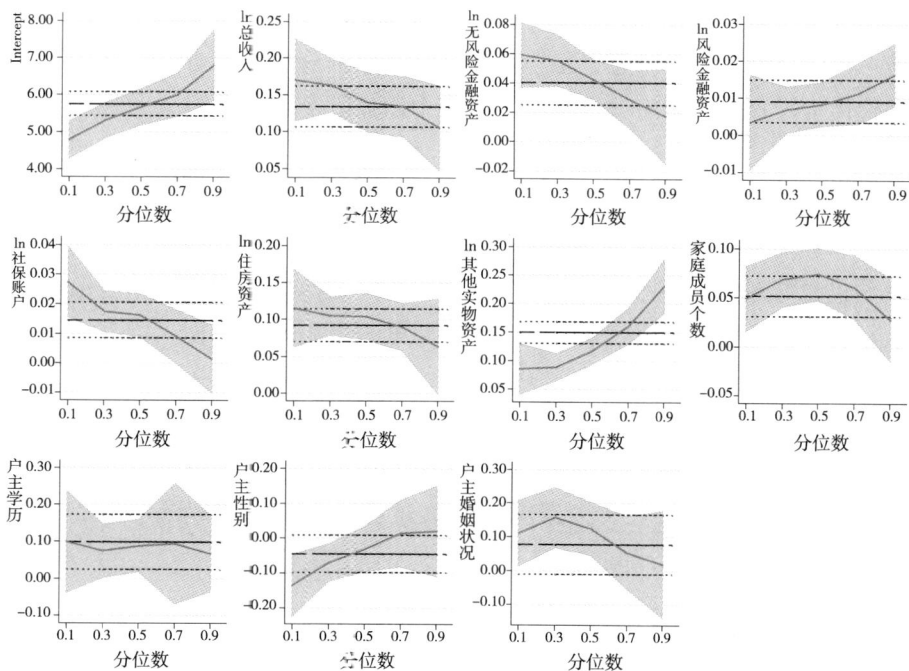

图 2 - 13 无风险金融资产、风险金融资产对家庭消费支出的分位数回归结果

将图 2 - 11 和图 2 - 13 相同变量的系数变化进行比较可以发现，将广义金融资产划分为无风险金融资产、风险金融资产、社保账户余额后，估计的系数基本不变，趋势则完全没有改变，说明模型是非常稳健的。这里，我们仅分析家庭无风险金融资产、风险金融资产、社保账户余额对家庭消费的影响。

（1）无风险金融资产对家庭消费影响最大，且其弹性系数随收入的增加而减少。三种金融资产从估计系数大小上看，无风险金融资产对家庭消费性支出的影响最大，随着家庭收入水平的提高，无风险资产对家庭消费的影响程度渐次减小。但对于最高收入 10% 的家庭来说则影响不显著。从描述性统计分析可以看出，中国城镇家庭无风险资产大致是风险资产的 2 倍，且低收入家庭无风险资产配置的比例更高①，而高收入家庭风险资产的配置比例更高，上述结论正是消费理论和中国家庭金融资产配置状况决定的，低收入家庭无风险金融资产对消费的保障作用更明显。

（2）风险金融资产对家庭消费性支出的影响微弱，收入越高，家庭消费的风险金融资产弹性越大。在家庭金融资产配置结构中，高收入家庭更倾向于配置风险金融资产，其数量更多、比例更高、种类也更丰富。本章的估计结果与实际情况完全相符。青年组和老年组最低收入 10% 的家庭消费对风险金融资产不敏感，最可能的情况是这部分家庭没有或仅有极少的风险性金融资产。随着收入的增加，三个组家庭消费的风险金融资产弹性均渐次增大，在中年组最高收入的 10% 家庭中，其风险资产对家庭消费的影响最高，弹性为 1.64% 。

（3）社保账户余额对消费的影响随家庭收入的增加而减弱。社保账户余额包含养老保险、医疗保险、失业保险、企业年金、住房公积金的账户余额。对于低收入家庭来说这是一笔不可忽视的财富，即使目前不能直接使用，但仍是可以预期的个人财富，对稳定当前消费具有重要作用。而对于高收入家庭来说，其家庭收入支付当前消费绰绰有余，社保账户余额不会对当前消费有任何影响。从估计结果来看，社保账户余额对老年组消费的影响更大，对青年组则影响不显著，本章的估计结果正反映了这种现实。

---

① 在 20% 低收入家庭中，风险资产占家庭金融资产的 20.9% ，在 20% 高收入家庭中，风险资产占家庭金融资产的 38.9% 。

2.5 老年家庭金融资产对家庭消费影响的计量分析

2.5.1 建立年龄分段回归模型

对于处于不同生命周期的家庭来说，家庭金融资产对于消费性支出的影响会存在差别。因此，将本书的有效样本按照户主年龄分为青年组、中年组、老年组，比较老年家庭与其他年龄家庭的影响效应及其差异。按年龄分组的回归模型如式（2-6）所示[①]：

$$\ln C_{li}^{(q)} = \omega_{l0}^{(q)} + \omega_{l1}^{(q)} \ln Y_l + \omega_{l2}^{(q)} \ln W_l^{SS} + \omega_{l3}^{(q)} \ln W_l^{SF} + \omega_{l4}^{(q)} \ln W_l^{RF} + \omega_{l5}^{(q)} \ln W_l^H +$$

$$\omega_{l6}^{(q)} \ln W_l^{OR} + \omega_{l7}^{(q)} \times FS_l + \omega_{l8}^{(q)} \times D_{l1} + \omega_{l9}^{(q)} \times D_{l2} + \varepsilon_l \quad (2-6)$$

其中 $l = 1$，2，3，分别代表青年组、中年组、老年组。变量及参数的解释参照第 2.3.1 节。由于进行了分组，每组的样本量减少，因此将分位点调整为 $q = Q20$，Q50，Q80。青年组、中年组、老年组的分位数回归结果如表 2-15 ~ 表 2-17 所示：

表 2-15　　　　　　　　　　青年组的估计结果

变量	Q20	Q50	Q80	斜率相等检验 P 值与 F 值	OLS 回归结果
ω_{11}	5. 4471 ***	5. 8091 ***	5. 9563 ***		5. 7522 ***
	(12. 20)	(7. 77)	(6. 30)		(14. 00)
$\ln Y_1$	0. 0856 ***	0. 1061 ***	0. 1525 ***	1. 34	0. 1269 ***
	(2. 43)	(2. 44)	(2. 49)	0. 2636	(3. 56)
W_1^{SS}	− 0. 0018	0. 0134 **	0. 0056	2. 16	0. 0047
	(− 0. 20)	(1. 93)	(0. 35)	0. 1167	(0. 63)
W_1^{SF}	0. 0415 **	0. 0558 ***	− 0. 0091	2. 53	0. 0335 *
	(1. 90)	(2. 63)	(− 0. 25)	0. 0809	(1. 84)
W_1^{RF}	− 0. 0027	0. 0014 *	0. 0106 *	0. 50	0. 0066 *
	(− 0. 36)	(0. 86)	(0. 91)	0. 6038	(1. 07)
W_1^H	0. 1143 ***	0. 0751 **	0. 0790 *	0. 50	0. 0739 **
	(2. 91)	(2. 27)	(1. 80)	0. 6066	(2. 49)
W_1^{OR}	0. 0561 ***	0. 2897 ***	0. 2483 ***	1. 16	0. 2099 ***
	(5. 35)	(8. 01)	(4. 80)	0. 3132	(8. 40)

---

① 由于使用普通最小二乘法估计模型时，户主婚姻状况（ $D3$ ）在三个分组模型中均不显著，因此在本节将自变量中的"户主婚姻状况"一项剔除。

变量	Q20	Q50	Q80	斜率相等检验 P 值与 F 值	OLS 回归结果
FS_1	0.0561 **	0.0589 ***	0.0484 *	0.03	0.0507 **
	(2.26)	(3.00)	(1.60)	0.9668	(2.21)
D_{11}	0.1382 **	0.0092	−0.0753	1.81	0.0283
	(2.38)	(0.10)	(−0.66)	0.1651	(0.45)
D_{21}	−0.1350 *	−0.1154 *	−0.1199	0.04	−0.1252 **
	(−1.72)	(−1.84)	(−1.13)	0.9563	(−2.22)
Obs.	533	533	533	533	
R^2	0.2290	0.2476	0.2551	0.4357	

注：（1）系数下方括号内的值为 t 统计量，***、**、* 分别表示在 1%、5%、10% 的显著水平下显著；（2）斜率相等检验的 F 值越大或 p 值越小，则越拒绝斜率相等的原假设。例如：p 值小于 0.1，代表可以在 10% 的显著性水平上拒绝原假设，认为分位数回归系数不完全相等（显著不同）；（3）Obs. 为样本量；（4）最后一列为 OLS 回归的估计结果。加入 OLS 回归结果是为了方便观察各个自变量对不同年龄组消费影响大小的区别，便于进行模型分析，OLS 回归的估计系数代表自变量对因变量影响的均值。

图 2-14 描绘了青年组模型中各个自变量在不同分位点下的系数变化。

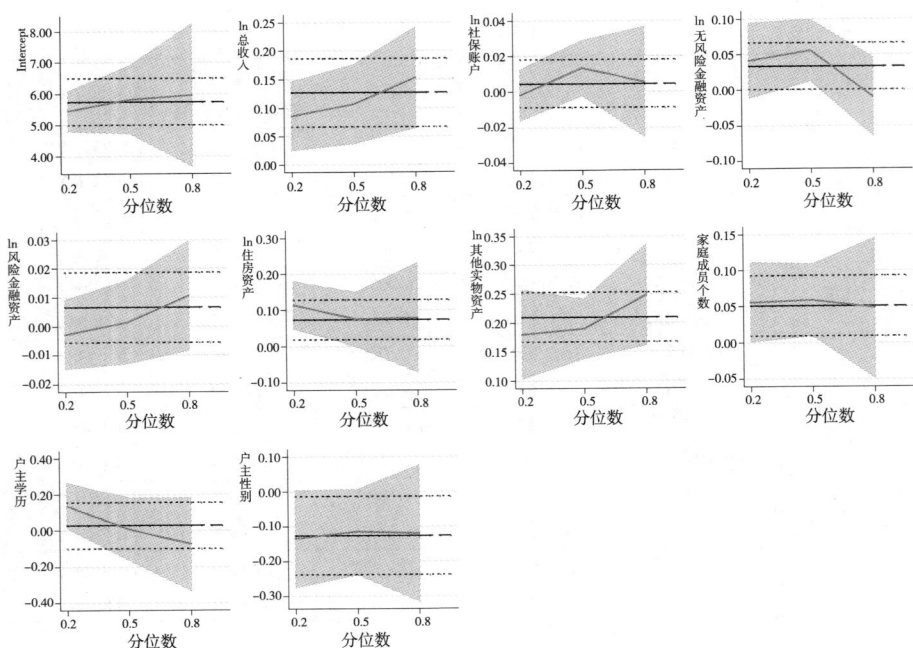

图 2-14 各个自变量在不同分位点对青年组家庭消费性支出的影响变化

表 2 – 16 中年组的估计结果

变量	Q20	Q50	Q80	斜率相等检验 P 值与 F 值	OLS 回归结果
ω_{21}	5.6061 *** (16.96)	6.1361 *** (19.32)	6.6975 *** (19.02)		6.1738 *** (23.82)
$\ln Y_2$	0.1269 *** (3.26)	0.1289 *** (4.46)	0.1010 *** (2.80)	0.82 0.4412	0.1119 *** (4.70)
W_2^{SS}	0.0211 *** (3.27)	0.0145 *** (3.25)	0.0122 ** (2.29)	0.88 0.4152	0.0139 *** (3.27)
W_2^{SF}	0.0609 *** (3.71)	0.0507 *** (6.71)	0.0087 (0.62)	5.40 0.0046	0.0417 *** (3.74)
W_2^{RF}	0.0090 ** (1.94)	0.0110 *** (2.56)	0.0164 *** (3.49)	0.90 0.4077	0.0104 *** (2.51)
W_2^{H}	0.1074 *** (4.87)	0.0876 *** (4.62)	0.0738 *** (2.91)	0.97 0.3793	0.0838 *** (4.89)
W_2^{OR}	0.0843 *** (4.61)	0.1020 *** (5.57)	0.1835 *** (6.22)	6.33 0.0018	0.1437 *** (9.58)
FS_2	0.0709 *** (4.96)	0.08352 *** (4.26)	0.0546 ** (1.96)	0.89 0.4113	0.0574 *** (3.11)
D_{12}	0.0757 (1.17)	0.1529 *** (0.004)	0.2531 *** (3.67)	2.68 0.0686	0.1528 *** (2.81)
D_{22}	– 0.0400 (– 0.79)	0.01319 (0.29)	0.1033 ** (2.15)	2.68 0.0692	0.0169 (0.48)
Obs.	1379	1379	1379	1379	1379
R^2	0.2359	0.2542	0.2463		0.4064

注：（1）系数下方括号内的值为 t 统计量，*** 、** 、* 分别表示在 1%、5%、10% 的显著水平下显著；（2）斜率相等检验中 F 值越大或 p 值越小，则越拒绝斜率相等的原假设。例如：p 值小于 0.1，代表可以在 10% 的显著性水平上拒绝原假设，认为分位数回归系数不完全相等（显著不同）；（3）Obs. 为样本量；（4）最后一列为 OLS 回归的估计结果。

图 2 – 15 描绘了中年组模型中各个自变量在不同分位点下的系数变化。

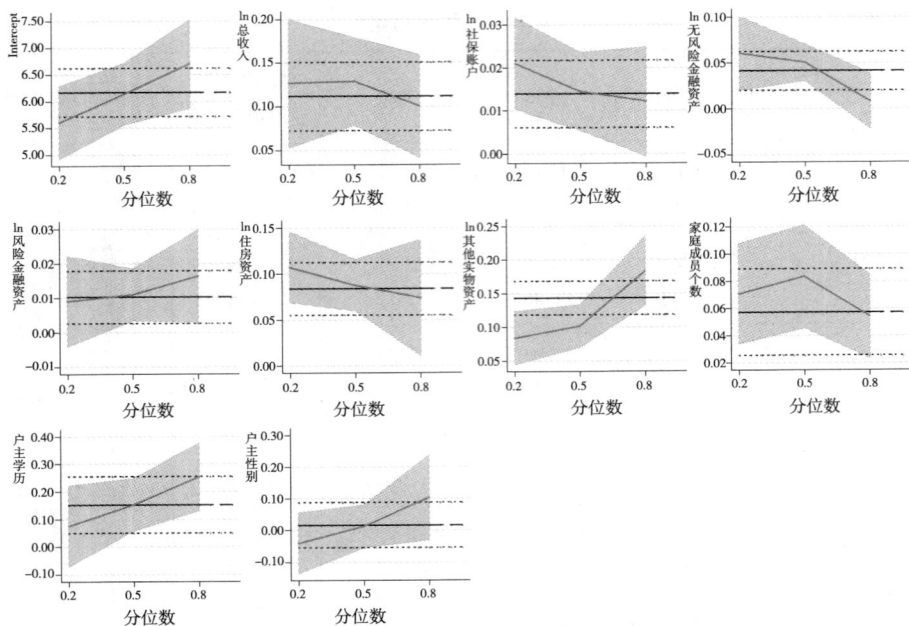

图 2 - 15　各个自变量在不同分位点对中年组家庭消费性支出的影响变化

表 2 - 17　　　　　　　　　老年组的估计结果

变量	Q20	Q50	Q80	斜率相等检验 P 值与 F 值	OLS 回归结果
ω_{31}	4. 2021 *** （10. 03）	5. 3399 *** （10. 22）	6. 0523 *** （9. 91）		5. 4504 *** （16. 43）
$\ln Y_3$	0. 1623 *** （2. 72）	0. 1350 *** （2. 71）	0. 1329 *** （2. 56）	0. 27 0. 7621	0. 1305 *** （4. 33）
W_3^{SS}	0. 0324 *** （4. 11）	0. 0238 *** （2. 65）	0. 0143 * （1. 79）	1. 61 0. 2008	0. 0243 *** （3. 75）
W_3^{SF}	0. 0462 *** （2. 91）	0. 0205 （1. 08）	0. 0362 ** （1. 95）	1. 22 0. 2962	0. 0420 *** （2. 88）
W_3^{RF}	- 0. 0029 （- 0. 39）	0. 0066 （0. 92）	0. 0084 * （0. 89）	1. 05 0. 3505	0. 0045 （0. 73）
W_3^H	0. 2153 *** （5. 72）	0. 1581 *** （5. 11）	0. 1078 *** （4. 37）	5. 77 0. 0033	0. 1390 *** （5. 53）
W_3^{OR}	0. 0464 * （1. 74）	0. 1042 *** （4. 67）	0. 1482 *** （4. 37）	4. 46 0. 0119	0. 1124 *** （4. 97）

变量	Q20	Q50	Q80	斜率相等检验 P 值与 F 值	OLS 回归结果
FS_3	0.0709 ***	0.0766 ***	0.0674 **	0.12	0.0668 ***
	(2.91)	(3.22)	(2.32)	0.8846	(3.71)
D_{13}	0.0776	0.1509	0.2365	0.98	0.1672
	(0.54)	(0.74)	(1.27)	0.3768	(1.45)
D_{23}	−0.0287	0.0097	−0.0377	0.20	−0.0517
	(−0.39)	(0.21)	(−0.42)	0.8207	(−0.92)
Obs.	648	648	648	648	648
R^2	0.2828	0.2651	0.2270		0.4304

注：（1）系数下方括号内的值为 t 统计量，*** 、 ** 、 * 分别表示在 1%、5%、10% 的显著水平下显著；（2）斜率相等检验的 F 值越大或 p 值越小，则越拒绝斜率相等的原假设。例如：p 值小于 0.1，代表可以在 10% 的显著性水平上拒绝原假设，认为分位数回归系数不完全相等（显著不同）；（3）Obs. 为样本量；（4）最后一列为 OLS 回归的估计结果。

图 2-16 描绘了老年组模型中各个自变量在不同分位点下的系数变化。

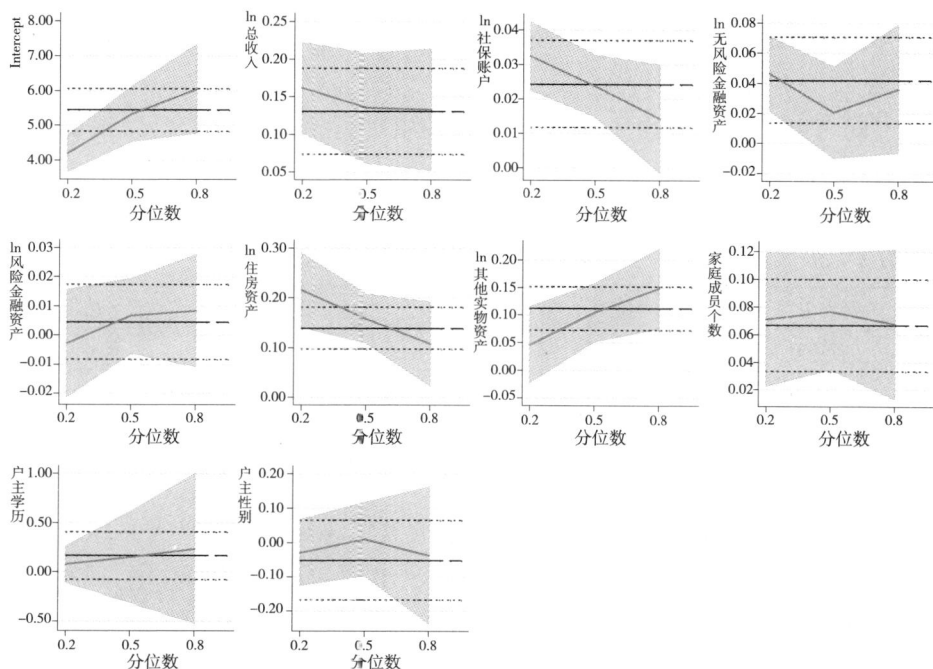

图 2-16　各个自变量在不同分位点对老年组家庭消费性支出的影响变化

2.5.2 模型结果分析

由年龄分组模型可见，金融资产对于老年家庭与影响与青年家庭和中年家庭不同：

1. 无风险金融资产对老年组和中年组家庭消费支出的影响大于对青年组家庭的影响

首先，无风险金融资产对于三个年龄组来说，都是对其消费影响最大的金融资产类型，且三组的无风险金融资产弹性系数均随分位点的增大而减小。其次，从表2-9~表2-11的结果对比可见，无风险金融资产对老年组和中年组家庭的消费性支出影响相近，两组的OLS回归中无风险金融资产的弹性系数分别为0.0417、0.0420，大于青年组的0.0335，且在分位数回归的Q80分位点不显著。

2. 风险金融资产对老年组的消费性支出影响不显著

由图2-13~图2-15可见，家庭消费性支出对风险金融资产的弹性在三组中均随分位点的增大而上升（其中青年组的该弹性系数在Q20分位点不显著，老年组的该弹性系数在前两个分位点均不显著），即对三个年龄段的家庭来说，风险金融资产都对高消费家庭影响更大。根据OLS回归的结果，老年组风险金融资产的弹性系数仅为0.0045，且不显著意味着老年组家庭很少拥有风险金融资产，风险金融资产对老年家庭消费影响不大。

对三组家庭的人均风险金融资产一项进行描述性分析，结果如表2-18所示。

表2-18　　　　　　　　分组的人均风险金融资产描述性统计

所在组别	均值	标准差	最大值	最小值
青年组	10154.11	35125.23	333333.30	0
中年组	11506.07	58327.18	1500000.00	0
老年组	8776.44	57179.54	1185000.00	0

从表2-18可见，中年组家庭拥有的人均风险金融资产要高于另两组，尤其高于老年组。这与我们的普遍认识相符，即一般情况下，老年人的风险容忍度较低，相比年轻人更倾向于风险回避，会减少对风险金融资产的投资；此外，老年组家庭在风险金融资产增加的时候，会更加谨慎地选择是否提高消费这是造成老年组风险金融资产弹性系数小的原因，甚至

对于老年组的低消费（低收入）家庭来说，风险金融资产对于家庭消费性支出几乎没有影响。而中年组相对风险容忍度更高，又有较高的理财意识且资金更充足，因此在三组中风险金融资产对中年组的重要性最大，当中年组家庭的风险金融资产增加时，消费性支出增加的比例高于另两组。

3. 社保账户余额对老年组的消费性支出影响最大

由图 2-13~图 2-15 可见，家庭消费性支出对风险金融资产的弹性在三组中均随分位点的增大而降低，且由 OLS 回归结果得知，社保账户余额对老年组家庭的影响最大。总体来看，在其他条件不变的情况下，老年组家庭的社保账户余额每增加 1%，其家庭消费性支出将随之增加 0.0243%，高于中年组的 0.0139% 和青年组的 0.0047%（青年组没有通过显著性检验）。这说明，社保账户对低消费（低收入）家庭的影响大于中高消费（中高收入）家庭，且社保账户给老年人带来的保障作用大于另两个年龄组，社保账户余额对青年组家庭消费性支出影响不显著。

4. 住房资产对老年组家庭消费性支出的影响更大

由图 2-13~图 2-15 可见，住房资产的分位数回归弹性系数变化趋势与社保账户余额相似，都是随着分位点的增大而降低，这与第2.4节的总样本分位数回归的结果一致，表明住房资产对低消费（低收入）家庭的消费影响更大。此外，在三组 OLS 回归中，老年组的住房资产弹性系数最大，说明住房资产对老年家庭的消费性支出影响更大。

5. 收入对老年组家庭的消费性支出影响最大

首先，从分组的 OLS 回归结果可见，青年组、中年组、老年组家庭的消费性支出对家庭总收入的弹性分别为 0.1269、0.1119、0.1305，即从均值来看，总收入对老年组家庭的消费性支出影响最大，对中年组家庭影响最小。这可能是由于中年组家庭面临着子女教育、赡养父母等生活压力，因此在收入增加时会进行储蓄、金融资产的投资等（表 2-12 也可见中年组家庭对于金融资产投资比较积极），而不会贸然地迅速增加消费性支出。对于老年组来说，此时收入较为稳定，生活中面临的不确定小较小，收入的消费弹性系数也较为稳定。

其次，通过三组的分位数回归结果和图 2-13~图 2-15 可以看出，中年组和老年组的总收入弹性系数随分位点的增大而降低，这与第2.4节的总体样本分位数回归的结论一致，在此不再赘述。而对于青年组，总收入弹性系数随分位点的增大而上升。在 Q20 分位点，该弹性系数仅为 0.0856；在 Q80 分位点，上升到 0.1525。换言之，对于青年组中的低消费（低收入）家庭，家庭总收入上升 1%，其消费性支出只会随之增加

0.0856%。随着消费等级的上升,收入对消费的影响作用以较快速度增加。关于青年组低消费家庭的收入消费弹性系数明显偏小的结果,很可能与我国正处于经济转型阶段有关。在转型过程中,住房、医疗等方面的改革给不同年龄段家庭带来的影响是不同的,年轻家庭尤其是低收入家庭,更容易受到未来收入、支出等不确定性的影响。因此,尽管从均值来看,青年组的收入消费弹性大于中年组,青年组低消费(低收入)家庭的收入消费弹性系数却远远小于中年组低消费家庭,体现出最为保守的消费行为,随着青年组收入水平的提高,这种情况得以缓解。

2.6 结 论

1. 老年家庭的收入、资产、消费均低于中青年家庭

从数据来看,城镇老年家庭的收入、金融资产、消费分别为42212.55元、74458.36元、42320.1元,低于中年家庭,尤其低于青年家庭。主要原因来自社会经济发展、经济结构调整、改革开放引致的个人和经济、社会变迁不确定性的增强。改革开放以来,中国经济持续增长,人民收入不断增加,老年人的收入水平低于年轻人,退休职工低于在职员工;通货膨胀导致积累的财富缩水,因而金融资产低于中年、青年对照组。老年人除医疗保健支出高于中年组和青年组以外,食品、衣着、家庭用品、交通通信、文教娱乐、居住、杂项支出均低于中年组和青年组,尤其是衣着、交通通信、文教娱乐支出。

2. 老年家庭住房资产高于中青年家庭

住房作为不动产,是居民资产财富相当重要的组成部分,住房价格的上涨会引起个人财富的上升,而个人财富的变动也会对居民消费产生影响。中国住房制度变迁及商品住宅价格上涨有一个剧烈的变化过程,老年家庭的住房资产高于中青年家庭,主要源于福利分房的累积以及商品住宅价格上涨效应。住房是老年家庭稳定生活和消费的重要保障,也是老年群体安享晚年的物质财富保障。

3. 稳定的收入和财富是城镇老年家庭消费的保障

家庭收入、无风险金融资产、稳定的住房以及稳定的社保资金是老年家庭消费支出最倚重的保障,本书实证分析支持了这一结论。相对于中年家庭和青年家庭,老年家庭抚养子女的压力减轻,职场竞争减弱,回归更基本的生存性需求,虽然收入不高,但稳定是第一需求,因此,政府和社会对老年人的关爱应该更多体现在老有所依、老有所养的基本保障方面。

4. 风险金融资产对老年家庭的消费影响不显著

风险金融资产对城镇家庭消费支出的影响小于无风险金融资产，尤其对于老年家庭来说，风险类金融资产（包括股票、基金、理财）对消费支出影响不显著。验证了老年人是风险厌恶群体，他们更追求稳定安逸的生活。

第3章 家庭财富代际转移与老年家庭消费决策

随着社会的发展及经济生活、医疗水平的不断提高，中国人均寿命逐渐上升，但受到严格的计划生育影响，中国人口生育率持续下降，这些因素加快了中国的人口老龄化进程。据全国人口第六次普查的最新数据显示，中国60岁及以上的人口占全国总人口的比重为13.26%，其中65岁及以上人口也已占到8.87%，比2000年人口普查时上升了1.19%。然而，尽管我国经济自改革开放以来经历了四十多年的高速增长，但是我国依然是一个中等收入的发展中国家，据统计数据显示，2014年我国人均国民总收入在世界上排名为94，因此我国正面临一个"未富先老"的困境。

随着巨大的人口红利逐渐转换为养老压力，我国面临的养老现实情况也不容乐观，国家正积极应对养老难题，政策制定也更加关注老年人的养老、医疗、保险等问题。然而，老年人养老的首要问题是"老有所养，老有所依"，也就是老年人养老模式的选择。在我国目前一般有家庭养老、养老机构养老和老年人独居这三种情况，而养老机构养老目前还不健全与完善，因此在短期内，老年人的养老将更多地依靠家庭养老。此外，我国目前的养老保障体系虽然有所完善，但仍然不健全，目前我国的养老保障体系仍然是低水平的，并以保基本为主要目标。因此，目前来看，家庭养老与中国正式的养老保障体系将在很长一段时间内共存，并且相互补充，共同担负老年人养老的任务。

在传统的道德观念中，父母在年轻时有抚养照顾子女的责任，而子女在父母年老时有赡养老人的责任与义务，"尊老爱幼"作为中华民族的一种传统美德，依然具有很强的道德规范作用，子女对父母的赡养义务同时还受法律制度的保障。这种传统的孝道观念在现代社会仍具有很强的作用，现在很多人依然信奉"养儿防老"的思想，将子女的赡养作为养老的主要方式。家庭养老是国家养老福利政策制定中考虑的重要组成部分，是国家养老保障制度的重要组成部分，受到法律制度的支持。事实上，在当代中国，子女确实是老年父母主要的依靠，大部分老年人在年老后选择与子女住在一起，并由子女照顾，度过生命的最后一段时光。因此，传统的家庭养老模式在现在依然有重要的作用，子女对父母的代际支持依然存在并具有重要的作用。

然而，随着改革开放的深化，中国社会的人口、文化和经济情况发生了很大变化，相应地，中国的经济结构、女性的社会地位、养老保障福利等都发生了变化，这种变化使得传统意义上的家庭代际转移模式也发生了改变，从而老年人与子女的代际关系将表现得更为复杂。一方面，计划生育政策的强制执行使得中国独生子女家庭增多，生育率水平下降，这使得代际转移的重心向下移动，成年子女依然获得父母的代际支持；另一方面，国家养老保障制度逐步建全、老年人福利待遇水平也逐渐提高，很多中老年人在退休后仍然有固定的收入来源，并且一些老年人在退休后依然工作，因此老年人往往能够通过自己的能力养老，并不需要依靠子女来养老，甚至在老年时依然对子女进行经济上的支持，即所谓的子女"啃老"的现象；此外，随着社会节奏的加快，子女工作、买房、抚养下一代的压力增大，并且社会人口流动规模也逐渐增大，因此子女与父母间的交流频率降低，不管是生活照料、看望还是经济支持，子女对父母的支持虽然仍然存在，并作为子女对父母赡养的一种体现，但都相应减少，相反，对父母经济和劳务方面的依赖却加深。总之，子代与父代之间的代际关系与传统的代际关系相比发生了一定的变化，这种来自家庭微观结构特征的变化对社会、国家政策的制定都会产生深远的影响。

针对目前父代与子代扑朔迷离的代际关系，对中国现在的老年人而言，他们与子代的代际关系到底呈现什么样的特点，是子女受益还是父母受益？儿子与女儿相比，哪个对父母的代际转移更多？子女对父母的代际支持是出于何种动机？这些问题都是值得深思与调查分析的。父代与子代的代际关系可以通过双方经济、物品的交流，以及双方照看时间、相互间情感支持等指标来衡量，其中双方经济、物品的交流是代际关系的一个很好的衡量因素。本章立足于现有的数据，分析中老年家庭与子女间的代际财富转移情况，挖掘现在中老年家庭与子女间的财富交流动机，从而折射出当今社会家庭养老及老年群体消费的现状，为我国的养老及消费政策提供可靠的来自微观数据的证据。

3.1 家庭财富代际转移的国内外研究综述

3.1.1 国外研究现状

家庭代际关系是经济学、社会学研究的一个热点问题，而家庭间财富的代际转移是家庭代际关系的核心问题，国外关于父代与子代的代际关系研究由来已久，研究内容也很广泛，涉及家庭代际财富转移的影响因素、转移动机以及国家养老金、老年人福利是否对家庭代际财富转移有挤出作用，主要从微观家庭视角出发，探讨家庭内部的代际财富转移关系的现状、动机及这种关系对国家养老政策的影响。此外，关于父代与子代之间的代际转移还涉及代际时间转移的研究，即分析老年人对孙子女的日常照料情况、影响因素、社会价值，发掘老年人对孙子女照料的经济价值，探讨这项照料对妇女劳动力的影响等。

1. 家庭内部代际财富转移影响因素分析

对家庭内部代际财富转移影响因素的研究主要考察性别、年龄、教育水平、收入水平、健康状况、子女数量、居住方式、文化观念等方面。其中收入水平是父母对子女的财富转移与子女对父母财富转移的重要影响因素之一，弗兰克（Frank，2002）研究发现，高收入水平的子女对父母的财富转移更多，而低收入水平的子女对父母更多地提供日常照料、情感慰藉等的支持。他还认为，父母的收入水平越低，所接受的子女的经济支持越多。相反，孙（Sun，2002）通过考察中国家庭的代际转移情况发现子女对父母的代际财富转移与父母的收入水平没有关系。

李（Lee，2003）发现女儿对父母的代际联系要高于儿子对父母的代际联系，然而，埃德伦德（Edlund，1999）通过对韩国的数据进行分析，发现父母对儿子的代际财富转移要更多，相应地儿子在父母年老时提供更多的支持与关怀。

克莱尔（Claire，2008）通过比较发达国家与发展中国家的代际关系，发现在发展中国家，父母年龄越大对子女的依赖程度越高，需要的经济支持越多。李（1997）认为父母的受教育程度与父母对子女的代际支持有正相关关系，反过来，受教育程度高的子女对父母的代际财富转移也高。

孙（2002）的研究发现，与年龄较小的父母相比，年龄较大的父母身体健康状况要差一些，因此他们得到更多的子女帮助；反过来，如果子女的经济状况或者健康状况不太好时，他们对父母的代际支持相应地也会少一些。他也研究了子女数量对父代与子代之间的代际转移的影响，研究发现，父母所获得的代际转移与子女的数量呈正相关，然而，每个子女对父母的代际转移却不对等，甚至有些家庭中一部分子女并没有为父母提供任何方面的帮助。

总之，家庭代际财富转移受多方面因素的影响，而相同的影响因素对代际财富转移的影响也不尽相同，具体到不同的国家、不同的人群都不相同。

2. 父代与子代之间代际转移动机研究

除了考察家庭代际财富转移的影响因素，学者还研究了父代与子代之间代际财富转移的内在动机。现有的文献关于代际财富转移的动机主要集中于无私动机假说与交换动机假说。无私动机假说是由贝克尔（Becker，1974）提出的，他认为可以把家庭看作一个小的经济单位，该经济单位的主要目标是使得家庭利益最大化。

交换动机假说是由考克斯（Cox，1987）提出的，该假说认为家庭内部代际支持是为了换取相应的回报，父母对子女的代际转移是为了换取子女对父母年迈时的照料，而子女对父母的代际转移是为了获得父母对子女家庭的照料，例如对孙子女的照看等。

在实证研究中，麦加里（McGarry，1995）运用美国健康与养老数据，发现美国父母对子女的财富转移受无私动机所驱动，即父母对收入低的子女给予更多的经济帮助；李（1998）的研究表明，子女对父母的财富转移受无私动机所驱动，父母的需求越多，子女给予的帮助越多。而考克斯等（1998）通过对秘鲁的研究发现，父母对子女的财富转移受交换动机所驱动，目的是为了获得子女相应的回报。

然而，一些学者的研究却发现，父母与子女之间的代际转移动机并不简单地服从交换动机或利他动机，很多情况下是由交换动机与利他动机所共同驱动的。如雪松（Cheolsung，2008）通过研究韩国子女与父母之间的代际转移的数据发现，父代与子代之间的代际转移中同时存在交换动机与无私动机，当父母收入较低时，子女对父母的代际财富转移更多地是由无私动机所驱动，而当父母的收入较高时，子女对父母的代际财富转移更多地是由交换动机所驱动。到目前为止，国外对代际转移动机的研究还没有一个明确的解释，更多是通过微观调查分别讨论不同类别转移的影响机制。

3. 父代与子代之间的代际时间转移研究及其他研究

除了对父代与子代之间代际财富转移关系的研究，国外的研究还涉及时间转移关系的研究，即研究祖父母对孙子女的照料，这种照料相当于父代对子代的时间转移，这种照料具有很高的社会效益。

梅（Mui，2010）和卡迪亚（Cardia，2003）的研究表明，父母对孙子女的照料能够提高成年子女劳动供给，降低成年子女照顾孙子女的成本，蕴含着巨大的社会价值。

此外，一部分研究考察代际转移与国家养老机制的关系，分析国家的养老保障制度是否对家庭内的代际转移有挤出作用，从而对政策制定者提供微观家庭的证据。

3.1.2　国内研究综述

国外关于代际关系的研究主要采用定量研究的方法，而国内关于代际关系的研究则既有定性研究又有定量研究。一部分学者以我国的国情为基础，主要进行定性研究，从具体的实际情况出发，寻找代际关系的规律特点，而另外一部分学者参考国外的研究方法，对我国的代际关系进行了定量研究，两种研究相互补充、共同完善，填补了我国代际关系研究的空缺。

总体来讲，与国外相比，我国家庭代际关系的研究以代际财富转移影响因素的分析居多，而在代际财富转移中，大多只讨论了子女对父母的代际财富转移，而忽略了父母对子女的代际财富转移的研究。而具体到代际财富转移的动机、代际时间转移的分析及成果还不多，有少部分学者还分析了父母照顾孙子女对父母健康状况、认知功能的影响。

1. 家庭内部代际财富及时间转移影响因素分析

对家庭代际财富转移影响因素的研究发现，父母自身的特征变量、子女层面的特征变量、家庭、社会经济情况均会对家庭代际转移产生影响。张文娟和李树茁（2004）研究发现，经济状况较好、与老人同住的子女对父母提供经济支持的比例较大，而父母的独立经济收入水平越高、身体状况越好，子女对父母的经济支持越少。

胡仕勇和刘俊杰（2013）研究发现，农村成年子女更倾向于给父母经济支持，大部分农村家庭子女对父母的代际经济支持能够满足父母的生活所需，仍有少数存在经济支持不足的情况，并且发现子女性别对子女对父母的经济支持没有显著作用。

丁志宏（2014）研究发现，大部分城市家庭中父母与子女间没有经济交往，社会保障政策对代际支持有挤出效应，并发现子女的经济状况、教育水平、排行和居住距离对于父母间的代际经济支持数量有显著影响。陶涛（2011）通过研究家庭及生育状况研究调查数据发现，我国农村女儿对父母的经济支持可能性更大，但是儿子对父母经济支持的力度更大。

此外，还有一部分学者研究了中国家庭代际时间支持，主要研究父母帮忙照顾孙子女的情况，即父母对子女家庭的时间支持。孙鹃娟和张航空（2013）研究发现，低龄、身体健康、受过良好教育、经济条件居中的老年更有可能照顾孙子女，农村老年人比城镇老年人照顾孙子女的程度更高。

2. 我国家庭代际转移动机研究

目前关于中国家庭代际转移动机的研究发现，中国家庭代际财富转移存在交换动机，即代际财富转移主要是为了获得相应的回报。王跃生（2008）从理论上分析了我国家庭间的代际关系，认为我国家庭间的代际关系既存在传统的抚养—赡养关系，也存在交换关系。

陈皆明（1998）通过分析河北省保定市的社会调查数据，发现中老年父母与子女间存在广泛的资源交换，父母对子女的财富转移与子女抚养父母间存在一定的因果关系。江克忠等（2013）运用微观调查数据检验了子女对父母代际转移的动机，研究发现子女对父母的代际财富转移受交换动机所驱动。

孙鹃娟和张航空（2013）的研究发现，老年人对子女家庭的时间支持，即老年人帮助照看孙子女与子女是否在经济上给予父母帮助没有关系，老年人照顾孙子女更多是由无私动机所驱动，是家庭中利他主义的一种体现。

因此，目前对我国家庭代际转移动机的研究暂时没有一个定论，大部分学者认为我国家庭代际转移的动机不能仅仅认为由交换或无私动机所驱动，可能两者都会对家庭代际转移产生一定的影响。

3. 我国养老政策对子代与父代之间代际财富转移的影响

由于家庭代际支持，尤其是子代对父代这种向上的代际支持是我国家庭养老的一种主要表现形式，与社会养老保障共同构成我国养老的两大重要力量，因此还有一些学者研究这两者之间的关系，探讨国家的养老保险、养老政策是否会挤出家庭养老支出，从而为政策制定提供一定的参考。

范辰辰和李文（2015）研究发现，农村老人参加新型农村社会养老保险制度对代际转移具有挤出效应，但是传统的养老文化依然具有很大的影响力，这在一定程度上削弱了新农保的挤出效应。陈华帅和曾毅（2013）的研究发现，新农保对家庭代际经济支持有显著的挤出作用，该政策对老人的子女有利，减轻了农村子女的养老负担。程令国等（2013）研究发现，新农保对我国农村传统的养老模式产生了一定的影响，提高了参保老人与子女分开居住的可能性。

3.1.3 国内外文献的评述

国外学者对家庭代际转移的研究比较深入，既有宏观层面的研究，又有微观层面的研究，研究方法、内容也比较细致，但是对代际支持的研究目前还没有一个统一的定论。

近年来，我国对代际转移的研究也逐渐增多，研究方法与研究角度也变得多样化，但仍有许多方面的研究尚且不多，比如代际转移动机的研究及代际时间转移的研究。而关于代际财富转移的研究中以研究子女对父母财富转移的情况居多，而研究父母对子女财富转移的情况较少，少部分研究单独讨论了农村与城镇的情况，但将农村与城镇代际财富转移进行对比的研究还不多。

本书使用全国健康与养老追踪调查数据库（CHARLS），分析了中国家庭内部代际财富转移的情况，不仅分析了子女向父母的代际财富转移的情况，还分析了父母向子女家庭的代际财富转移的影响因素。此外，将父母这一群体分为农村人口、农民工、城镇人口这三类，对这三类人群进行对比分析，从而在对比中发现城乡间代际财富转移的区别，有助于国家分别对不同的群体制定不同的养老政策。

3.2 中国家庭代际财富转移的现状分析

3.2.1 数据来源

本章研究所采用的数据来自中国健康与养老追踪调查（China Health and Retirement Longitudinal Study，CHARLS）2013 年全国追踪数据库[①]，

---

① CHARLS 于 2011 年正式启动，每两年追踪调查一次，数据对学术界公开，调查问卷、抽样过程、调查实施等具体情况可以通过其官方网站了解：http：//charls. ccer. edu. cn/zh－CN。

该数据库对中国 45 岁及以上的老年人家庭进行了追踪调查，具有丰富的个人和家户信息，为研究人口老龄化问题提供了全面的数据。该数据库中包含本章所需要的中老年人与子代之间的代际支持数据，包括受访者对其父母（上一代）的经济支持与对其子女（下一代）的经济支持，以及受访者对孙子女提供的时间照料、子女与受访者之间的情感交流等数据，为本章研究提供了高质量的微观数据。其中 2013 年的全国追踪数据库中共含有 28 个省（市、区），450 个村级或城镇单位中 10803 户家庭的调查数据。

下面是对数据的几点说明：

第一，该数据库是以家庭为单位的，记录了受访者与其配偶共同收到或给予子女的经济支持，因比本文的受访者是指受访者与其配偶，即受访者所在的家庭。

第二，在中国存在"隔代亲"的现象，即父母往往对子女的孩子进行经济转移，而且部分孙子女已经有能力对受访者进行经济转移，若不考虑孙子女与受访者的经济交往，往往会高估或低估经济转移，因此本文将受访者与孙子女之间的代际转移也考虑在内，并将子女的研究对象扩大为子女家庭，即受访者对子女家庭之间的代际财富转移。

第三，本文的经济支持包含过去一年之内定期与不定期的钱与物支持之和，并将物的支持以当年的物价水平折合计算为一定的财力支持，并统一记为经济支持，其口包含经济支持：生活费、水电费、电话费、房贷或房租及其他费用等，物的支持：粮食、蔬菜水果、衣服等其他物品。

第四，受访者与子女家庭之间的财富转移主要针对不与父母住在一起的孩子而言，但实际数据中也包含与父母共同居住的子女家庭与受访者之间的代际财富转移关系，因此，本文对这两种情况都进行了考虑。

第五，数据库中包含了受访者或配偶每周对孙子女的照看时间及过去一年中照看的周数，因此这里将每周照看时间与一年中照看的周数相乘，计算出受访者与配偶一年中对孙子女的照看时间。

3.2.2 中国家庭代际支持的基本情况汇总

CHARLS 数据库以中老年人（包括其配偶）为主要受访者，调查了他们对父辈（包括受访者与其配偶的健在父母亲）与子代（包括受访者子女与孙子女）在经济与时间上的转移，表 3-1 列出了受访者与其父母及子女的代际交流情况。

表 3 - 1　　　　　　　受访者与其父母和子女的代际转移

代际转移类型	代际转移模式	均值	样本数	所占百分比(%)
与健在父母的经济往来	提供经济帮助	1175.53 元/年	698	79.59
	接受经济帮助	892.79 元/年	43	4.90
与子女家庭的经济往来	提供经济帮助	2429.96 元/年	1356	29.26
	接受经济帮助	1912.44 元/年	3503	75.59
对健在父母的照看时间	照看时间	3400.519 小时/年	724	22.48
对孙子女的照看时间	照看时间	1427.472 小时/年	161	32.59

1. 中国家庭代际转移呈现向上转移的特征

从表 2 - 1 很容易发现，中国代际转移呈现向上转移的特征。其中受访者对父辈提供的经济帮助与子女对受访者提供的经济帮助比例均达到 75% 以上，这说明传统的代际支持模式仍然发挥着很大的作用，子女仍然履行对父母的赡养义务，其中受访者给予父母的经济帮助接近 80%，这表明父母的年龄越大，给予父母经济支持的比例将越高，说明在中国传统的"孝道"仍然被人们认可与接受，这从侧面反映了家庭养老仍然是一种主要的不可或缺的养老模式。

2. 年轻一代的"啃老"现象要比老一代严重

受访者对子女家庭提供经济帮助的比例接近 30%，而且提供经济帮助的年平均值达到 2430 元，高于接受子女经济帮助的均值 1912 元。这种现象在受访者与其父母这一辈中是相反的，即受访者在与上一代人的代际转移中，受访者给予其父母的经济帮助要大于所接受的经济帮助，而在与下一代人的代际转移中，受访者给予子女的经济帮助要大于从子女那里获得的经济支持。当然这种现象是由数据造成的，因为受访者健在父母人数已经很少，并且年岁已高，因此对受访者的经济支持很少，属于净代际支持的接受方。但是这种现象也从侧面反映了当前一种普遍的社会现象，即随着社会生活节奏的加快，子女对老年人的经济帮助不能像传统模式中那样频繁，而且随着养老保险覆盖范围的扩大，很多老人可以以自己的工资和退休金为经济来源，甚至会对刚工作的子女给予经济上的支持，即现在社会中出现的"啃老族"，一般将父母对成年子女的这种经济支持的现象称为"逆反哺"现象。

3. 中老年人照顾父辈的时间更长，而照顾孙辈的比例更高

通过受访者对父辈与孙辈照看时间的对比发现，受访者与其配偶上一年对父辈的平均照顾时间为 3401 小时，对孙辈的平均照顾时间为 1427 小时，对父辈的照顾时间要比对孙辈照顾时间的 2 倍还多。这说明在父辈与孙辈之间，受访者更倾向于将有限的时间分配到父母身上。然而对父辈的照顾的比例为 22%，要比对孙辈的照顾比例低 10 个百分点，这说明受访者在日常对孙辈提供照顾的现象更普遍，但对年老父母的照顾时间更长。

由于我们主要讨论的是中老年人与子代之间的代际财富转移情况，因此中老年人与父辈的代际转移仅仅作为一个参考，并不深入探讨研究，下面分析受访者与子代之间的代际财富转移情况。

3.2.3　代际财富转移与受访者特征变量的关系

父代与子代之间相互的代际财富转移的可能性与转移规模与父代的特征变量有很大的联系，表 3 - 2 为受访者特征变量对受访者与子女间代际转移的影响分析，分别计算了父母对子女财富转移、子女对父母财富转移的转移样本数量、财富转移均值与转移样本占总样本的比例。通过分析转移均值与转移样本占总样本的比例可以发现家庭内部代际财富转移的一些内在规律，从而对现在家庭代际财富转移的现状有更进一步的了解。下面为对表 3 - 2 的分析结论。

1. 受访者年龄与代际财富转移关系

从表 3 - 2 中可以看出，受访者年龄越大，给予子女家庭财富转移的比例越少，而接受子女家庭财富转移的比例越多。特别地，受访者年龄在 55 ~ 65 岁时，对子女财富转移的比例高达 40%，转移均值达到 3120 元，约占这一年龄段受访者平均收入的 22%，而受访者在 75 ~ 100 岁时，对子女财富转移的比例仅为 14%，低于平均转移比例 29%，这与生命周期理论是相符合的，当受访者处于 55 ~ 65 岁时，恰好是子女结婚、事业刚起步阶段，对子女的财富转移包括帮助子女购买婚房、彩礼，部分家庭包括给予子女生活费等形式，这一阶段属于父母对子女财富转移较大的时段，而随着年龄的增长，父母逐渐完成了抚养子女并帮助其完婚的时期，并且收入来源也越来越少，从而给子女的财富转移逐渐减少，接受子女财富转移的比例提高。

表 3 - 2　　　受访者特征变量对受访者与子女间代际转移的影响分析

受访者特征变量	父母对子女的财富转移			子女对父母的财富转移			总样本
	转移样本	转移均值	转移占比	转移样本	转移均值	转移占比	
	（个）	（元/年）	（%）	（个）	（元/年）	（%）	（个）
年龄							
55～65	737	3119.50	39.95	1337	2683.42	72.47	1845
65～75	494	1315.16	26.19	1458	1646.71	77.31	1886
75～100	125	2770.12	13.84	708	1003.73	78.41	903
婚姻状况							
已婚并与配偶同居	862	3005.07	32.48	1986	2122.25	74.83	2654
其他	494	1426.42	24.95	1517	1637.76	76.62	1980
教育水平							
文盲	361	1212.12	21.53	1307	1265.11	77.94	1677
小学及以下	580	1801.03	29.59	1484	1935.26	75.71	1960
初中及以上	415	4368.32	41.62	712	3053.17	71.41	997
户口类型							
农村户口	1012	1813.44	26.89	2901	1625.07	77.09	3763
非农业户口	344	4243.68	39.49	602	3297.24	69.12	871
居住地区							
城镇	492	3263.21	35.70	979	2913.36	71.04	1378
乡村	864	1955.47	26.54	2524	1524.21	77.52	3256
收入水平							
低收入	199	1258.05	20.45	749	1702.68	76.98	973
中收入	768	1429.80	27.31	2176	1654.50	77.38	2812
高收入	389	5004.07	45.82	578	3155.34	68.08	849
孩子个数							
独生子女	54	6772.59	60.67	54	5990.74	60.67	89
非独生子女	1302	2249.85	28.65	3449	1848.59	75.89	4545
退休情况							
退休	302	4009.14	41.14	496	3185.02	67.57	734
未退休	1053	1979.31	27.06	3003	1703.63	77.16	3892
父母是否健在							
没有健在父母	1008	2192.78	27.19	2857	1826.82	77.07	3707
有健在父母	348	3116.96	37.54	646	2291.09	69.69	927

受访者特征变量	父母对子女的财富转移			子女对父母的财富转移			总样本
	转移样本	转移均值	转移占比	转移样本	转移均值	转移占比	
	（个）	（元/年）	（%）	（个）	（元/年）	（%）	（个）
自评健康							
健康	1009	2641.24	33.00	2343	2096.14	76.62	3058
不健康	347	1815.60	22.02	1160	1541.40	73.60	1576
是否有养老金							
有养老金	1250	2333.94	29.29	3243	1918.60	75.98	4268
没有养老金	101	3662.57	29.71	238	1909.54	70.00	340
父母是否照顾孙子女							
照顾孙子女	357	3240.61	45.36	510	3480.95	64.80	787
不照顾孙子女	651	1933.47	26.36	1887	1520.76	76.40	2470

注：（1）转移占比＝转移数量/总样本；（2）父母对子女的财富转移数据与子女对父母的财富转移数据是相互独立的，因此两者样本数量加起来不等于右边总样本数。

需引起注意的是，子女对父母财富转移的数量随着父母年龄的增长而减少，而转移的比例随着父母年龄的增长而增多。其中，在父母年龄为55～65岁时，子女对父母财富转移的数量为2883元，约占父母收入均值的19%，而当父母年龄为75～100岁时，子女对父母的财富转移数量为1004元，约占父母收入均值的11%。这种现象的发生可能由于当受访者老年后，基本的消费减少，而国家基本养老政策全面覆盖使得广大老年人可以得到基本养老金，受访者更多需要的是子女提供的日常照料，因此子女对父母财富转移减少。但遗憾的是，本书所使用的数据库中没有关于子女对父母日常时间照料的数据，因此无法进行求证。

2. 父母婚姻、教育水平、收入与代际财富转移

受访者已婚并与配偶同居时，对子女的财富转移的比例与转移均值均大于其他情况，而接收子女财富转移的比例略低于其他情况，接收子女财富转移的均值大于其他情况，这说明已婚并与配偶同居的受访者更容易给子女家庭财富转移，而离异、丧偶等其他情况的受访者更容易得到子女家庭的财富转移。

随着受访者教育水平的提高，受访者对子女家庭财富转移的比例与均值均逐渐增大，而子女对父母财富转移的比例逐渐减少。这是由于较高的教育水平往往伴随着较高的收入水平，从而给予子女家庭的财富转移较多。而子女对教育水平较低的受访者更有可能给予经济支持，说明子女对父母的代际转移由无私动机所驱动。

但是存在另一个奇怪的现象，子女虽然对教育水平低的父母更有可能给予代际财富转移，但是给予父母财富转移的数量却随着受访者教育水平的提高而增加，即父母的收入水平越高，经济状况越好，得到子女财富转移的数量反而越多。这个问题值得深思。一方面，因为子女对父母的财富转移还受交换动机的影响，父母给予子女的财富转移越多，子代与父代经济交流越多，越促进子代孝敬父代；另一方面，因为父代的收入水平与子代的收入水平之间具有传递性，即父代的收入水平会通过子女的受教育程度、家庭环境等因素传递给子女，从而使子女的收入水平也处于较高的水平，这样子代与父代之间的财富转移也较多。

受访者收入水平与代际财富转移的关系同受访者教育水平与代际财富转移的关系类似，这是因为教育往往通过提高个人技能、思维能力、社会关系等途径提高收入水平，从而教育水平较高的受访者，收入水平也往往较高，具体关系见图3-1。

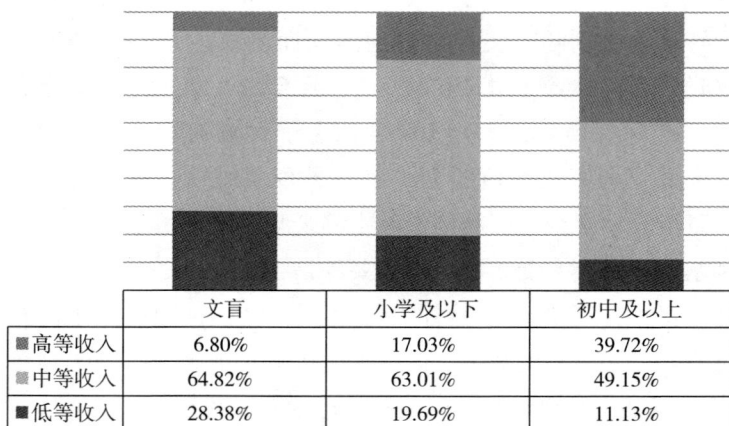

	文盲	小学及以下	初中及以上
■高等收入	6.80%	17.03%	39.72%
▨中等收入	64.82%	63.01%	49.15%
■低等收入	28.38%	19.69%	11.13%

图3-1　受访者教育水平与收入水平的关系

3. 户口类型、居住地区与代际财富转移的关系

由表3-2可知，户口类型、居住地区与代际财富转移的关系相似，并且它们与代际财富转移的关系同收入与代际财富转移的关系相似。整体表现为：农村受访者对子女财富转移的比例与数额均小于城镇受访者，而农村受访者接受子女财富转移的比例要大于城镇受访者，但数额小于城镇

受访者。

4. 是否为独生子女与代际财富转移的关系

本章所考虑的中老年人年龄均为 55 岁以上，而我国开始实行计划生育政策为 1983 年，样本中受访者在计划生育政策实行时年龄均在 25 岁以上，很多受访者已经结婚，因此样本中独生子女家庭很少，仅仅有 89 户，占总样本的 2%。尽管如此，这些独生子女家庭却与非独生子女家庭在代际财富转移上显示出很大的不同。

由表 3 - 2 发现，独生子女家庭受访者给予子代代际转移的比例高达 61%，而年财富转移均值也达到 6773 元，远远高于非独生子女家庭。这是由于独生子女家庭中，父代只需要抚养一个孩子，经济压力要小于需要抚养多个子女的家庭，因此给予子女的经济支持往往要多。而对于非独生子女家庭，父代有多个子女，分摊到每个子女的经济支持就相对较少。

在受访者接受子女的财富转移的比例与均值上，独生子女家庭给予父母经济支持的比例比非独生子女家庭低 15 个百分点，而经济支持的均值却高 4242 元。这是由于独生子女家庭的受访者抚养一个孩子的经济压力要小一些，从而在生命周期的前期中有较多的财富积累，因此需要子女经济支持的比例要小一些。此外，虽然独生子女家庭经济支持的均值要远远高于非独生子女家庭，但是注意到本章的数据是父母与子女的匹配数据，那么对于非独生子女家庭，受访者往往不止接受一个子女的经济支持，因此实际上受访者接受所有子女经济支持的均值与独生子女家庭相比并没有相差很大。这个现象从另一方面反映了独生子女家庭子女养老的负担要重于非独生子女家庭。

5. 自评健康与代际财富转移的关系

自评健康为"健康"的受访者给予子女代际转移的比例与均值均大于自评健康为"不健康"的受访者，这是符合逻辑的。健康的父母往往精力更充沛，工作时间、收入水平更高，并且医疗支出少，因此给予子女的经济支持要多于不健康的父母。

但是数据显示，子女给予健康的父母经济支持的比例与数值均大于不健康的父母，这一点与已有的逻辑不相符。出现这种情况，至少有以下两方面原因：一是得到的数据为自评健康，本身具有很强的主观性，数据的可靠性有待考证，并且自评健康并不等于不患病，因此与子女给予的经济支持关系不是很大；二是子女是否给予父母经济支持具有一定的交换动机，健康状况良好、收入较高的父母往往能够给予子女更多的支持，从而相应地得到子女的经济支持也越多，而健康状况差、收入较低的父母得到的经济支持可能较少。

6. 父母是否照顾孙子女与代际财富转移的关系

数据显示，照顾孙子女的父母给予子女经济支持的比例及经济支持数额远大于不照顾孙子女的父母。这是因为在父母帮忙照顾孙子女时，往往会增加自己的额外支出，或者以各种形式补贴孙辈，从而变相增加了对子女的经济支持。此外，虽然照顾孙子女的父母得到子女经济支持的比例略低于不照顾孙子女的父母，但是得到的经济支持的数额却远大于不照顾孙子女的父母得到的经济支持。这印证了子女对父母的代际经济支持在很大程度上由交换动机所主导，父母对子女提供经济或者时间的支持往往能够获得子女更多的回报。

7. 其他变量与代际财富转移的关系

由于受访者父母是否健在与受访者年龄有很大的关系，受访者年龄越大，父母健在的可能性越小，所以父母是否健在对代际财富转移的关系与受访者年龄与代际财富转移的关系相似，这里不再赘述。数据显示，父母是否有养老金对代际财富转移的概率与金额影响不大，这有可能是因为养老金不会对代际财富转移产生影响，即不存在养老金对代际财富转移的"挤出效应"与"挤入效应"。

最后，数据中退休受访者人数为734人，仅占总样本比例的16%，这可能是由于样本中农村户口人口比例很大，而农村户口人口中大部分人没有固定的工作，收入来源主要依靠农业及外出打工，他们游离于体制之外，对他们而言不存在是否退休一说，因此导致样本中退休人口占比很少，不符合实际情况，因此本书不再讨论退休与代际财富转移的关系。

3.2.4 代际财富转移与受访者子女特征变量的关系

父代与子代之间相互的代际财富转移的可能性与转移规模还与子代的特征变量有很大的联系，表3-3为受访者子女特征变量对受访者与子女间代际转移的影响分析，分别计算了父母对子女财富转移、子女对父母财富转移的转移样本数量、财富转移均值与转移样本占总样本的比例。通过分析转移均值与转移样本占总样本的比例可以发现家庭内部代际财富转移的一些内在规律，从而对现在家庭代际财富转移的现状有更进一步的了解。

表3－3 受访者子女特征变量对受访者与子女间代际转移的影响分析

受访者特征变量	父母对子女的财富转移			子女对父母的财富转移			总样本
	转移样本	转移均值	转移占比	转移样本	转移均值	转移占比	
	（个）	（元/年）	（%）	（个）	（元/年）	（%）	（个）
性别差异							
男	785	2619.36	32.11	1706	2295.97	69.78	2445
女	571	2169.57	26.08	1797	1548.33	82.09	2189
年龄							
20～35岁	488	3605.82	38.95	889	2342.52	70.95	1253
35～50岁	798	1724.43	27.39	2271	1889.04	77.93	2914
50～77岁	70	2263.56	14.99	343	952.66	73.45	467
婚姻状况							
已婚并与配偶同居	1245	1527.29	28.85	3264	1926.30	75.63	4316
其他	111	2512.44	34.91	239	1723.12	75.16	318
教育水平							
小学及以下	465	975.43	21.93	1608	1050.43	75.85	2120
初中及以上	891	3189.06	35.44	1895	2643.89	75.38	2514
户口类型							
农村户口	944	1735.22	26.33	2721	1437.27	75.90	3585
非农业户口	412	4012.63	39.28	782	3565.82	74.55	1049
收入水平							
低等收入	462	1705.20	24.19	1370	1094.86	71.73	1910
中等收入	569	2141.56	30.64	1440	1448.65	77.54	1857
高等收入	325	3965.15	37.49	693	4492.43	79.93	867
子女是否与父母同住							
与父母同住	179	1875.91	41.06	239	2312.41	54.82	436
不与父母同住	1177	2514.22	28.04	3264	1883.15	77.75	4198
子女常住地							
与父母住在同村或同社区	559	1761.96	28.58	1332	1513.60	68.10	1956
本县市的其他村或社区	459	2580.29	29.88	1256	1395.36	81.77	1536
外省等	338	3330.57	29.60	915	3202.83	80.12	1142

注：（1）转移占比＝转移数量/总样本；（2）父母对子女的财富转移数据与子女对父母的财富转移数据是相互独立的，因此两者样本数量加起来不等于右边总样本数。

1. 子女性别与代际财富转移的关系

由表3-3发现，受访者对儿子经济支持的比例与金额均要高于女儿，但女儿对受访者经济支持的比例要高于儿子，财富转移数额却低于儿子。这表明，尽管一直宣扬男女平等、"生男生女都一样"等思想，但实际上由于一些社会经济原因，父母对儿子的经济支持的概率与力度依然高于女儿。但是反过来，在父母养老上，女儿却比儿子给予父母更频繁的经济、物质上的支持，而儿子给予父母经济支持的比例虽然要比女儿小，但是对父母经济支持的数额却远高于女儿，说明在父母养老过程中，女儿给予的支持更频繁，儿子给予的经济支持额度更大。从这一点来看，传统的"养儿防老"的思想依然有其存在的道理。

2. 子女年龄、收入、教育水平与代际财富转移的关系

父母对子女的财富转移集中于20～35岁的子女中，这与父母年龄在55～65岁之间给予子女的财富转移最多相对应。因为20～35岁是子女普遍的结婚生育年龄，并且工作事业刚刚起步，加上社会经济压力较大，因此得到父母更多的经济支持。子女对父母的经济支持力度在其年龄为20～35岁时最多，支持的比例在35～50岁最多。这种现象有可能是因为子女对父母的经济支持更多的由交换动机所驱动，子女给予父母的经济支持与从父母那里得到的经济支持呈正相关。而支持比例在35～50岁最多，这可能是由于子女在这个年龄段属于精力最旺盛、工作能力最强、收入最高的一段生命历程，因此给予父母经济支持的比例较高，而随着子女年龄的增大，健在父母数减少，并且父母的身体状况、自理能力变差，需要子女给予父母其他方面更多的支持，比如日常照料、精神慰藉等的照顾。

子女收入水平越高，父母对子女的财富转移的比例与数额越多，子女对父母的财富转移的比例与数额也越多。对于子女对父母财富转移的情况很容易理解，因为子女收入水平越高，越有能力给予父母经济支持，从而越可能给予父母经济支持。但是父母对子女财富转移的情况却与人们主观认知的情况不同，传统的认知情况告诉我们，父母应该对收入水平差的子女给予的帮助最多。但实际数据却显示，子女收入越高，越有可能得到父母的经济帮助，这种现象可能是由于收入水平高的子女往往生活在大城市，生活压力大，从而需要父母给予更多的支持；另外这种现象也从侧面反映了父母对子女的经济支持可能也由交换动机所驱动，父母对收入水平高的子女给予更多的经济支持，这样作为回报便会得到子女更多的经济支持。

子女教育水平与收入同代际财富转移的关系极为相似，具有相同的表现规律。这是由于教育水平与收入水平有很强的相关性，从而二者对财富转移的影响呈现出相同的表现形式。

3. 婚姻状况、户口与财富转移的关系

父母对已婚并与配偶同居的子女给予的经济支持要低于其他情况，这表明在我国父母仍然把子女是否结婚作为他们生命中的重大任务，子女是否已婚是父母对子女财富转移的一个分割点。而子女对父母的财富转移却不受子女是否已婚的影响，婚姻之于子女对父母经济支持的影响并不大。

父母对非农业户口的子女给予经济支持的比例与金额更多，而非农业户口的子女对父母经济支持的力度更大。说明整体上来讲，非农业户口的子女与父母间经济交流更多，而非农业户口的子女更多地居住在城镇，说明城镇子女与父母间的代际经济互动要比农村频繁。

4. 其他变量与代际财富转移的关系

数据表明，同不与父母一起居住的子女相比，父母对与其共同居住的子女给予经济支持的比例更大，而子女对与其一起居住的父母经济支持的比例要低于平均水平。这一点很容易理解，与子女共同居住的父母会增加日常支出或对孙子女的经济转移，因而增加了给予子女经济支持的可能性，而子女由于在日常生活中承担了照顾父母的角色，从而减少了对父母经济支持的比例。

但是经济支持的金额却有相反的变化，不与父母同住的子女得到经济支持的金额更多，但他们给予父母经济支持的金额却更少，这一点不容易解释，却从另一方面反映了父母对子女经济支持也由利他动机所驱动，不全由于交换动机使然。与父母同住的子女由于在日常生活中对父母提供照料而给予父母更多经济和物质的支持。

子女的常住地离父母越远，父母给予子女经济支持的可能性越大，金额越多；反过来，子女常住地离父母远的子女给予父母经济支持的可能性更大，经济支持的数额也越大。可能的原因是子女常住地离父母越远，日常照料等情感交流越少，从而双方互相增加经济支持来弥补日常照料的缺失，这一点对常住地离父母很远的子女非常适用。

3.3 代际转移动机理论和代际转移现状分析的计量模型

3.3.1 中国家庭代际转移动机理论

1. 代际转移定义[①]

代际转移的英文为"intergenerational transfer"，通常指代际的物质、经济、时间与情感的交流，这里的"代际"指父代与子代之间双向的代际转移情况，即父代对子代向下的转移与子代对父代向上的转移。随着养老问题的突出，代际转移也逐渐成为经济学、社会学、心理学和文化人类学等不同学科的研究对象，并且得到了丰富的研究成果。从行为主义的角度来讲，代际转移的理论研究可以划分为以下两个领域：代际转移动机的理论研究和代际转移行为的理论研究，本书重点考察代际转移动机理论。

根据"抚养—赡养"理论，通常情况下父母在子女未成年时有抚养子女长大、为子女提供接受教育的机会等义务，而成年子女在父母年老后有赡养老人的义务和责任，因此从广义上来讲，父代与子代之间的代际转移在父代的一生当中都存在。然而，狭义上来讲，由于子代在年幼时不具有对父代提供物质与经济转移的能力，因此子代与父代之间双向并且频繁的代际转移在中老年父母与成年子女之间比较常见。本书的代际转移主要指成年子女与中老年父母之间的代际交流情况，并且由于所获得的数据中仅仅包含较全面的财富转移情况，而关于时间与情感转移的数据不全面，因此重点讨论父代与子代之间的代际财富转移情况。

2. 无私动机理论

无私动机理论，又称为利他主义解释论，该动机理论重点关注代际转移中的贡献和付出，是由美国著名人口经济学家贝克尔（Becker，1974）提出的。这种代际转移动机理论认为，代际的转移主要基于利他主义动机，并且主要与转移接受方的收入水平有关。家庭代际转移的目的是通过分配和管理家庭资源使得整个家庭的利益达到最大化。根据无私动机理

---

① 刘晋飞. 农村子女对父母的家庭代际转移研究 [D]. 武汉：华中科技大学博士学位论文，2012：3 – 11.

论，收入水平较低的父母往往会得到更多的子女帮助，而父母对下一代的代际转移则更倾向于帮助那些收入水平较差的子女。

这种无私动机理论与我国传统提倡的孝道理念相契合，将家庭看成一个经济单位，代际转移是家庭内部资源重新配置、整合的一种方法。父母与成年子女之间的代际转移将使得家庭资源流向最需要的那一方。父母对成年子女的帮助与成年子女对父母的财富转移照料是由家庭成员之间的情感为纽带而产生的相互之间的无私帮助。

3. 交换动机理论

交换动机理论又称为交换主义解释论，该动机理论是考科斯（Cox，1987）在贝克尔模型的基础上提出的，该理论强调：转移提供方对转移接受方提供财力、物力、时间劳务等转移的原因是为了从转移接受方取得相应的回报，这种回报有可能是暂时的财力、物力的支付，也可能是寻求长期的合作关系，以便在未来得到一定的回报。

具体到家庭的代际转移来看，子女对父母经济、物、时间、情感的照料是为了回报父母的养育之恩，部分子女对父母的代际转移是为了回报或者得到父母对其的日常劳务帮助或照看孙子女的付出。相反地，父母对成年子女的帮助或者支持（包括照看孙子女）是为了在年迈时能够获得子女的经济支持和生活照料。

国内学者一开始对交换动机理论的研究不多，认为这种理论功利性太强，将父代与子代之间的血肉之情完全用经济学的理性思维来考虑不妥。但近年来研究情况逐渐改变，这种动机理论也逐渐被学者认可，只不过在国内学者的研究中，发现我国家庭代际转移的动机中既存在无私动机，又存在交换动机。

4. 无私动机与交换动机的界定

本书中对中国家庭代际财富转移的动机进行了验证，验证采用了考科斯（1987）提出的判断标准。考科斯认为，可以通过判断代际转移规模与转移接受方收入水平的关系来判断代际转移的动机。如果代际转移的规模与转移接受方收入呈正相关时，则认为代际转移由交换动机所驱动；而如果代际转移规模与转移接受方收入呈负相关时，则既有可能是交换动机，也有可能是无私动机。这个判断方法还要辅以其他的条件，即无论代际转移是受交换动机还是无私动机的驱动，代际转移发生的概率均与转移接受方的收入呈负相关，与转移提供方收入水平呈正相关。

3.3.2 代际转移现状分析的计量模型简介

1. Probit 模型[①②]

在家庭代际转移的研究中，父母是否对子女进行财富转移的选择与子女是否对父母进行财富转移的选择均有两种情况，即转移与没有转移，因此被解释变量为只有两种情况的虚拟变量，一般将这种模型称为二值选择模型。对于二值选择模型，一般采用的估计方法为 Logit 模型和 Probit 模型，这两种方法都可以估计被解释变量为二值选择的情况，本书的研究采用 Probit 模型进行研究。下面介绍 Pobit 模型的计量模型与估计方法。

使用 Probit 模型研究家庭代际财富转移可能性计量模型的公式如下：

$$y_i^{*[h]} = X_i^{[h]} \alpha^{[h]} + \varepsilon_i^{[h]} \tag{3-1}$$

$$y_i^{[h]} = \begin{cases} 1 & \text{如果} \quad y_i^{*[h]} > 0 \\ 0 & \text{如果} \quad y_i^{*[h]} \leq 0 \end{cases} \tag{3-2}$$

其中，$i = 1, 2, \cdots, N^{[h]}$，表示第 i 个样本，$N^{[h]}$ 为样本个数；$h = 1, 2$，[③] $h = 1$ 表示父母对子女进行财富转移，$h = 2$ 表示子女向父母进行财富转移；$y_i^{*[h]}$ 是不可观测的潜变量，从二值选择模型的微观基础来讲，$y_i^{*[h]}$ 可以概括为行为的净收益，即进行财富转移的净收益，从而如果进行财富转移的净收益大于 0，则选择进行财富转移，即 $y_i^{[h]} = 1$，反之，则 $y_i^{[h]} = 0$；$y_i^{[h]}$ 是二值变量，表示父母与子女家庭间是否有代际财富转移；$X_i^{[h]}$ 为解释变量集，且 $X_i^{[h]} = (X_{1i}^{[h]}, X_{2i}^{[h]}, \cdots, X_{qi}^{[h]})$，表示父母与子女的特征变量，其中 q 为解释变量个数；$\alpha^{[h]} = (\alpha_0^{[h]}, \alpha_1^{[h]}, \cdots, \alpha_q^{[h]})'$ 为系数向量；$\varepsilon_i^{[h]}$ 为误差项，且 $\varepsilon_i^{[h]} \sim N(0,1)$。

Probit 模型是在线性概率模型的基础上发展来的，线性概率模型直接把二值变量 y_i 作为被解释变量，用最小二乘法进行估计，这样估计得到的误差项具有异方差性，从而估计得到的参数估计值不再有效，虽然加权最小二乘法能够修正异方差，但是加权最小二乘法无法保证预测值 $\hat{y}_i$ 在（0，1）之内。因此对线性概率模型进行了一些变换，主要是引入了 y_i^* 这个不

---

① 高铁梅. 计量经济分析方法与建模 [M]. 第2版. 北京：清华大学出版社，2009. 219 - 228.

② 陈强. 高级计量经济学及 Stata 应用 [M]. 第2版. 北京：高等教育出版社，2010. 169 - 179.

③ 下文的推导过程中为了书写方面，统一将 [h] 省去，但实际上 y_i^*，y_i，X，α，ε 都带上角标以区分父母对子女的财富转移与子女对父母的财富转移。

可观测的潜变量，并将模型变形为式（3-1）、式（3-2）的形式，从而得到本节要讨论的 Probit 模型。

对 Probit 模型的估计采用极大似然估计法，具体说明如下：

首先，被解释变量 y_i 在解释变量 X_i 给定的条件下，其条件概率分别为：

$$P(y_i = 1 \mid X_i) = P(y_i^* > 0) = P(\varepsilon_i > -X_i\alpha) = 1 - \Phi(-X_i\alpha) = \Phi(X_i\alpha) \tag{3-3}$$

$$P(y_i = 0 \mid X_i) = P(y_i^* \leqslant 0) = P(\varepsilon_i \leqslant -X_i\alpha) = \Phi(-X_i\alpha) = 1 - \Phi(X_i\alpha) \tag{3-4}$$

其中，$\Phi(\cdot)$ 为标准正态分布的分布函数，下同。

其次，由条件概率可以得到相应的似然函数为：

$$L = \prod_{y_i=0} [1 - \Phi(X_i\alpha)] \prod_{y_i=1} [\Phi(X_i\alpha)] = \prod_{i=1}^{N} [\Phi(X_i\alpha)]^{y_i} [1 - \Phi(X_i\alpha)]^{1-y_i} \tag{3-5}$$

对式（3-5）两边同时取对数，得到对数似然函数为：

$$\ln L = \sum_{i=1}^{N} \{ y_i \ln \Phi(X_i\alpha) + (1 - y_i) \ln [1 - \Phi(X_i\alpha)] \} \tag{3-6}$$

对式（3-6）两边分别对参数 α 求偏导，从而可以得到对数似然函数（3-6）取最大值的一阶条件：

$$\frac{\partial \ln(L)}{\partial \alpha} = \sum_{i=1}^{N} \left[\frac{y_i \varphi(X_i\alpha)}{\Phi(X_i\alpha)} + (1 - y_i) \frac{-\varphi(X_i\alpha)}{1 - \Phi(X_i\alpha)} \right] X_i = 0 \tag{3-7}$$

其中，$\varphi(\cdot)$ 为标准正态分布的概率密度函数。

在已知样本值时，求解式（3-7）就可以得到未知参数 α 的极大似然估计值，但是式（3-7）是非线性的，需要用迭代法进行求解。

需要注意的是，Probit 模型的中系数 α 的估计值不能被解释为被解释变量对因变量的边际影响，其意义只能从正负值来判断。如果为正，表明解释变量越大，因变量取 1 的概率越大；如果为负，表明解释变量越大，因变量取 0 的概率越大。

2. Tobit 模型①②

对父母与子女间代际转移规模的研究中，被解释变量为父母对子女代

① 高铁梅. 计量经济分析方法与建模［M］. 第 2 版. 北京：清华大学出版社，2009. 219 - 228.

② 陈强. 高级计量经济学及 Stata 应用［M］. 第 2 版. 北京：高等教育出版社，2010. 223 - 249.

际财富转移的规模或子女对父母代际财富转移的规模。该被解释变量不同于一般的连续变量，因为样本中一部分人并没有进行财富转移，因此转移规模为 0，这样被解释变量是由一个离散点与一个连续分布组成的混合分布，对这种情况如果使用 OLS 估计，无论使用整个样本还是去掉离散点后的子样本，都不能得到一致的估计。一般的解决方法是采用 Tobit 模型与 Heckman 两步法进行估计，本书采用 Tobit 模型来估计转移规模的影响因素。下面具体介绍 Tobit 模型的计量模型与估计方法。

使用 Tobit 模型研究代际财富转移规模影响因素的计量模型如下：

$$w_k^{*[h]} = Z_k^{[h]} \beta^{[h]} + \mu_k^{[h]} \tag{3-8}$$

$$w_k^{[h]} = \begin{cases} w_k^{*[h]}, \text{如果 } w_k^{*[h]} > 0, \\ 0, \text{如果 } w_k^{*[h]} \leq 0 \end{cases} \tag{3-9}$$

其中，$k = 1,2,\cdots,M^{[h]}$，表示第 k 个样本，$M^{[h]}$ 为样本个数；$h = 1,2$，[①] $h = 1$ 表示父母对子女进行财富转移，$h = 2$ 表示子女向父母进行财富转移；$w_k^{*[h]}$ 是假设的不可观测潜变量，且仅当 $w_k^{*[h]} > 0$ 时有意义，表示财富转移规模，而 $w_k^{*[h]}$ 的所有负值被定义为 0；$w_k^{[h]}$ 为实际因变量，表示子女与父母间财富转移的规模；$Z_k^{[h]} = (Z_{1k}^{[h]}, Z_{2k}^{[h]}, \cdots, Z_{sk}^{[h]})$，表示解释变量集，即父母与子女的特征变量，其中 s 为解释变量个数，$\beta^{[h]} = (\beta_0^{[h]}, \beta_1^{[h]}, \cdots, \beta_s^{[h]})'$ 为系数向量；$\mu_k^{[h]}$ 为误差项，对解释变量 $Z_k^{*[h]}$ 的条件分布近似于正态分布 $N(0, \sigma^2)$。

下面考查这种情况下的总体回归函数 $E(w_k \mid Z_k)$。首先，先计算满足" $w_k > 0$ "条件子样本的条件期望 $E(w_k \mid Z_k; w_k > 0)$：

$E(w_k \mid Z_k; w_k > 0) = E(w_k^* \mid Z_k; w_k^* > 0)$ [②] $= E(Z_k\beta + \mu_k \mid Z_k; Z_k\beta + \mu_k > 0) = Z_k\beta + E(\mu_k \mid Z_k; Z_k\beta + \mu_k > 0) = Z_k\beta + E(\mu_k \mid Z_k; \mu_k > -Z_k\beta)$

$$= Z_k\beta + \sigma E(\frac{\mu_k}{\sigma} \mid Z_k; \frac{\mu_k}{\sigma} > \frac{-Z_k\beta}{\sigma})$$

$$= Z_k\beta + \sigma \cdot \lambda(-Z_k\beta/\sigma) \tag{3-10}$$

其中，

$$\lambda(-Z_k\beta/\sigma) = \frac{\varphi(-Z_k\beta/\sigma)}{1 - \Phi(-Z_k\beta/\sigma)} \tag{3-11}$$

---

① 下文的推导过程中为了书写方面，统一将 [h] 省去，但实际上 w_k^*，w_k，Z_k，β，μ_k 都带上角标以区分父母对子女的财富转移与子女对父母的财富转移。

② 给定 $w_k > 0$，必然有 $w_k = w_k^*$

其中，$\lambda(-Z_k\beta/\sigma)$ 表示反米尔斯比率。这样，在使用子样本进行回归时，由于忽略了非线性项 $\sigma \cdot \lambda(-Z_k\beta/\sigma)$，导致扰动项与解释变量 Z_k 相关，故 OLS 估计是不一致的。

对于整个样本，总体回归函数为：

$$E(w_k \mid Z_k) = 0 \cdot P(w_k = 0 \mid Z_k) + E(w_k \mid Z_k; w_k > 0) \cdot P(w_k > 0 \mid Z_k)$$
$$= E(w_k \mid Z_z; w_k > 0) \cdot P(w_k > 0 \mid Z_k) \tag{3-12}$$

其中，

$$P(w_k > 0 \mid Z_k) = P(w_k^* > 0 \mid Z_k) = P(Z_k\beta + \mu_k > 0 \mid Z_k) = P(\mu_k > -Z_k\beta \mid Z_k)$$
$$= P(\frac{\mu_k}{\sigma} > -\frac{Z_k\beta}{\sigma} \mid Z_k) = 1 - \Phi(-Z_k\beta/\sigma) = \Phi(Z_k\beta/\sigma)$$

$$\tag{3-13}$$

因此，

$$E(w_k \mid Z_k) = E(w_k \mid Z_z, w_k > 0) \cdot P(w_k > 0 \mid Z_k) = \Phi(Z_k\beta/\sigma)[Z_k\beta +$$
$$\sigma \cdot \lambda(-Z_k\beta/\sigma)] \tag{3-14}$$

式（3-14）是解释变量 Z_k 的非线性函数。如果使用最小二乘法（OLS）对整个样本进行线性回归，其非线性项将被纳入扰动项中，导致不一致的估计。

因此，本节使用 Tobin（1958）提出的方法，使用极大似然法来估计这个模型。在本节的数据情况下，$w_k > 0$ 时的概率密度依然不变，而 $w_k \leqslant 0$ 时的分布却被挤到一个点 "$w_k > 0$" 上了。即有：

$$f(w_k) = \frac{1}{\sqrt{2\pi\sigma^2}}\exp\left\{-\frac{1}{2}(\frac{w_k - Z_k\beta}{\sigma})^2\right\} = \frac{1}{\sigma}\varphi(\frac{w_k - Z_k\beta}{\sigma})$$

$$\tag{3-15}$$

$$P(w_k = 0 \mid Z_k) = 1 - P(w_k > 0 \mid Z_k) = 1 - \Phi(Z_k\beta/\sigma)$$

$$\tag{3-16}$$

因此，该混合分布的概率密度函数可以写为：

$$f(w_k \mid Z_k) = [1 - \Phi(Z_k\beta/\sigma)]^{I(w_k=0)} [\frac{1}{\sigma}\varphi((w_k - Z_k\beta)/\sigma)]^{I(w_k>0)}$$

$$\tag{3-17}$$

其中，$I(\cdot)$ 为示性函数（indicator function），即如果括号里的表达式为真，取值为 1；反之，取值为 0。因此，可以写出整个样本的似然函数，即：

$$L = \prod_{w_k=0}[1 - \Phi(Z_k\beta/\sigma)] \prod_{w_k>0}[\frac{1}{\sigma}\varphi((w_k - Z_k\beta)/\sigma)] \tag{3-18}$$

求解似然函数（3.18）的最大值，即可求得未知参数 β 的估计值，从而可以知道每个解释变量对因变量的边际影响。

3.3.3 变量选取及数据处理

本书将研究范围界定于中老年人，主要分析中老年家庭与其成年子女间的代际转移情况，因此以年龄在 55 岁及以上的中老年人为研究对象，考虑到收入为 0 的子女无法对父母进行经济上的代际转移，因此选取年龄在 18 岁以上、不再读书的子女并且有收入的子女为研究对象。经过将数据库中受访者与其子女的信息相匹配，允许一个受访者与多个子女相匹配，从而形成了受访者与子女信息的匹配记录。经数据的整理筛选后，共收集到 4634 组符合条件的受访者与子女的匹配数据样本。

1. 被解释变量

受访者与子女间的代际关系一般通过双方在经济、时间及情感间的支持与交换的关系来体现，由于数据库中关于双方在时间与情感交流的数据不全面，因此，本书主要以受访者与子女之间财富的代际转移为研究对象。这样选择的被解释变量为 $y_i^{[h]}, w_k^{[h]}(h=1,2)$，其中 $y_i^{[h]}$ 为一个二值变量，表示父母与子女家庭间是否有代际财富转移，有记为 1，没有记为 0；$w_k^{[h]}$ 为一个离散点与一个连续分布组成的混合变量，表示父母与子女家庭间的代际财富转移规模，如果有转移，则记为财富转移的规模，没有则记为 0；h 表示代际财富转移的方向，$h=1$ 表示父母向子女家庭的财富转移，$h=2$ 表示子女向父母家庭的财富转移。

2. 解释变量

已有的研究表明，代际支持与父母和子女的特征变量有关，如父母年龄、健康状况或收入水平等，子女的性别、婚姻与收入等。因此，在检验父代与子代之间代际关系时考虑如下变量。

1）受访者特征变量。

（1）自然状况：性别（1 为男性，0 为女性）、年龄、婚姻状况（1 为已婚并与配偶同居，0 为其他）。

（2）教育水平：由于调查数据中 55 岁以上的人大部分出生于 20 世纪 60 年代以前，这部分人群青年时期处于中华人民共和国成立初期，对教育的重视程度不够并且教育制度还不太成熟，因此大部分人的教育水平都处于小学以下。考虑到这些因素，这里将教育水平合并为三类：1 为文盲，2 为小学及以下，3 为初中及以上学历。

（3）户口类型：1 为农业户口，0 为非农业户口（户籍改革后的统一居民户口按改革前户口类型划分）。

（4）居住地区：1 为城镇，0 为农村；其中城镇包含城区、城乡结合区、镇中心区、镇乡结合区、特殊区域，农村包含乡中心区与村庄。

（5）收入水平：采用 2013 年家庭的年收入作为收入变量，为连续变量。考虑到收入的偏态分布，为了消除极值的影响，这里采用收入的对数值。在描述性分析中，为了更清晰地分析不同收入阶层受访者的代际转移，将受访者分为低收入水平（收入排名前 20%）、中等收入水平（收入排名居中的 60%）与高收入水平（收入排名最高的 20%）。

（6）退休状况：1 为退休，0 为未退休。这里的退休包括办理退休或内退与办理了退职手续两种。

（7）是否有养老金：1 为有养老金，0 为没有养老金。这里的养老金包括政府机关和事业单位退休金、企业职工基本养老保险、企业补充养老保险、农村养老保险、商业养老保险等多种保险形式。

（8）健康状况：1 为健康，0 为不健康。这里采用调查问卷中的自评健康等级得到，将自评健康等级为极好、很好、好、一般记为健康，自评健康等级为不好的部分记为不健康。

2）受访者子女的特征变量

（1）自然状况：子女年龄、性别、婚姻状况、户口类型、子女孩子个数的处理与受访者的类似。

（2）教育水平：随着时代的变迁和社会的进步，中国人口的平均教育水平也发生了变化，受访者子女的教育水平要比其父母那一代人口的教育水平高，教育水平为文盲所占的比例减少，而初中及以上所占的比例增大。根据样本的特点，将子女的教育水平合并为两类：1 为小学及以下，2 为初中及以上。

（3）是否与父母同住：1 为与父母同住，0 为不与父母同住。这里与父母同住表示住在同一个家里，包括经济上独立与经济上不独立两种情况。

（4）子女常住地：1 表示与父母住在同村或同社区，2 表示住在本县市的其他村或社区，3 表示住在外省或国外等情况。

（5）收入水平：数据库中没有关于子女收入的详细数据，只有表示子女和子女配偶收入的等级分类，共 11 类，这里按照 2013 年人均收入水平将这 11 类收入分为 3 类，即低收入、中等收入、高收入。

3.4 父母对子女家庭代际财富转移概率与规模分析

本节建立了父母与子女家庭间代际财富转移的计量模型，对父母向子女家庭代际财富转移的可能性与规模的影响因素进行分析，从而挖掘父母对子女家庭进行财富转移的现状与动机，揭示在现在的社会经济环境下，父母对成年子女的经济支持表现出哪些特征。

进一步，考虑到城乡中老年人的特征不同，所表现出的代际转移情况有所差别，因此本节还分别对城乡中老年人使用了 Probit 与 Tobit 模型来对比分析城乡中老年人对子女家庭经济支持的差别，从而有利于政策制定者针对不同的情况采取不同的家庭养老政策。

此外，由于本节的研究着重考察父母对子女家庭的代际财富转移现状，因此，在应用第 3.3 节介绍的代际转移现状分析的计量模型时 h 始终取 1。

3.4.1 父母对子女家庭代际财富转移概率与转移规模的计量模型

结合本章第 3.3 节给出的代际财富转移现状分析的计量模型，现建立父母对子女家庭代际财富转移的 Probit 模型如下：

$$y_i^{*[1]} = X_i^{[1]} \alpha^{[1]} + \varepsilon_i^{[1]} , \qquad i = 1,2,\cdots,N^{[1]} \tag{3-19}$$

$$y_i^{[1]} = \begin{cases} 1 & \text{如果} \quad y_i^{*[1]} > 0 \\ 0 & \text{如果} \quad y_i^{*[1]} \leqslant 0 \end{cases} \tag{3-20}$$

其中 $N^{[1]}$ 为样本个数；$y_i^{[1]}$ 是二值变量，表示父母对子女家庭是否进行代际财富转移，上标 [1] 表示代际财富转移的方向为父母对子女家庭，下同；$y_i^{*[1]}$ 为不可观测的潜变量；$X_i^{[1]}$ 为解释变量集，且 $X_i^{[1]} = (X_{1i}^{[1]}, X_{2i}^{[1]}, \cdots, X_{qi}^{[1]})$，表示父母与子女的特征变量。

父母对子女家庭代际财富转移的 Tobit 模型如下：

$$w_k^{*[1]} = Z_k^{[1]} \beta^{[1]} + \mu_k^{[1]} , \quad k = 1,2,\cdots,M^{[1]} \tag{3-21}$$

$$w_k^{[1]} = \begin{cases} w_k^{*[1]}, \text{如果 } w_k^{*[1]} > 0, \\ 0, \text{如果 } w_k^{*[1]} \leqslant 0 \end{cases} \tag{3-22}$$

其中，$M^{[1]}$ 为样本个数；$w_k^{[1]}$ 为实际因变量，表示父母对子女家庭代际财富转移的规模，上标 [1] 表示代际财富转移的方向为父母对子女家庭，下同；$w_k^{*[1]}$ 为不可观测的潜变量；$Z_k^{[1]}$ 为解释变量集，且 $Z_k^{[1]} = (Z_{1k}^{[1]},$ $Z_{2k}^{[1]}, \cdots, Z_{sk}^{[1]})$，表示父母与子女的特征变量。

表 3-4 为父母对子女家庭代际财富转移计量模型的估计结果，其中给出了父母对子女家庭代际财富转移的概率与规模影响因素。通过与描述性分析相比，发现不是所有的影响因素都显著，不显著的影响因素已经剔除。

表 3-4　　　　父母对子女家庭代际财富转移的模型回归结果

变量		父母对子女家庭的财富转移			
		Probit 模型		Tobit 模型	
		估计值	p 值	估计值	p 值
父母特征变量	年龄	-0.034 ***	0.000	-259.910 ***	0.000
	收入	0.137 ***	0.000	942.020 ***	0.000
	独生子女	0.395 **	0.019	3989.838 ***	0.000
	健康	0.186 ***	0.000	1238.242 ***	0.005
	照顾孙子女	0.171 ***	0.005	1507.873 ***	0.001
子女特征变量	男	0.095 *	0.069	967.710 **	0.020
	已婚并与配偶同居	-0.216 **	0.020		
	初中及以上	0.209 ***	0.000	1188.202 ***	0.008
	农村户口			-2129.092 ***	0.000
	低收入			-92.449	0.836
	高收入			919.555 *	0.081
	与父母同住	0.215 ***	0.004		
	常数项	0.470	0.107	2713.028	0.258
模型检验	Pseudo R^2	0.1019		0.018	
	LR 检验			414.860	0.000
	Wald 统计量	364.56	0.000		
样本	样本个数	3257		3257	

注：***、**、* 分别表示在 1%、5%、10% 的显著性水平下显著。

下面是通过对表 3-4 的回归结果进行分析得出的结论：

1. 父母年龄、健康程度会影响对子女财富转移情况

父母年龄越大，对子女财富转移到可能性越小，并且父母年龄每增长一岁，对子女家庭的财富转移将减少260元。这是由于父母的年龄越高，稳定的经济收入来源越少，并且随着父母年龄增大，子女也大都完成了结婚这一人生大事，事业收入也逐渐稳定，从而父母对其财富转移也越少。

表3-4显示，健康的父母更有可能对子女进行财富转移，并且与不健康的父母相比，健康的父母对子女财富转移的规模要多1238元。这也符合实际情况，身体越健康，父母的精力将越充沛，并且医疗支出越少，从而更有可能对子女进行财富转移。

2. 父母对子女财富转移可能性由父母的收入水平决定，对高收入水平子女家庭的财富转移更多

表3-4显示，父母的收入越多，对子女家庭财富转移的概率越大，并且收入每增加1%，对子女财富转移量便增加942元。而子女收入水平对父母向子女家庭财富转移的可能性没有影响，但高收入水平的子女家庭得到的转移规模更大，平均而言，比低收入水平的子女家庭得到的转移数量要多920元。

这说明，总体来看父母对子女家庭的财富转移实际上更多的由无私动机所驱动，父母是否对子女家庭进行财富转移与子女的收入水平关系不大。高收入水平的父母经济实力更强，给予子女家庭财富转移的能力更大，从而越有可能进行家庭内部的资源再分配，将父代的财富向子代转移。这说明父代向子代进行财富转移是一个普遍的社会现象，无论家庭富有还是贫穷，父母都希望尽自己最大的可能来帮助子女。这从另一方面说明，我国当前的中老年人即便收入水平提高，也不会全部用来进行消费使自己的效用水平提高，而是会转移到子代，提高子代在社会中的竞争力。这从侧面佐证了一些学者的研究，即国家惠及老年人的一些政策往往真正的受益者是老年人的子女。

然而，与人们普遍的认识不同的是，收入水平高的子女反而得到更多的财富转移。按照无私动机理论来解释，家庭内部的财富转移往往流向最需要的那个子女，那么父母应该对收入水平低的子女给予更多财富转移才符合理论。这说明仅仅由无私动机理论解释中国家庭代际财富转移还不全面，家庭代际财富转移还受交换动机的影响。一方面，可能是收入水平高的子女往往生活在较大的城市，购房支出较大，生活压力较收入水平低的子女高，从而得到了父母更多的经济支持；另一方面，可能是收入水平高的子女给予父母的经济支持更多，从而相应地得到了父母更多的经济支持。

3. 父母对子女的财富转移偏向于儿子

表 3 - 4 显示，父母对儿子家庭财富转移的概率要大于女儿家庭，并且对儿子家庭财富转移要比对女儿家庭财富转移多 968 元。这说明中国传统的思想与风俗在现在仍然成立，老一辈人认为儿子是自己家人，而女儿出嫁以后便进入了另一个家族，并且父母往往有帮助儿子完婚的责任，因此无形中对儿子的照顾要高于女儿。此外，父母与儿子共同居住的可能性要大于女儿，数据中与儿子共同居住的父母所占的比例为 84%，而与女儿同住的父母所占的比例仅仅为 16%，共同居住也可能使得父母对子女家庭付出更多。

4. 独生子女家庭中父母对子女家庭的财富转移可能性、规模更大

独生子女家庭中，父母对子女家庭财富转移的概率更大，并且与非独生子女家庭相比，父母对独生子女家庭的财富转移要多 3990 元。这说明，在独生子女家庭中，父代财富向子代转移的现象更明显。非独生子女家庭中，由于有多个子女，因此父代对子代的财富转移会分摊到每个子女，相应的每个子女得到的财富转移都要少一些。

5. 农村户口的子女家庭得到父母的财富转移数量要少一些

与非农村户口的子女相比，子女为农村户口的家庭得到的财富转移要少 2129 元。由于子女的户籍往往跟随父母的户籍，因此子女为农村户口的家庭其父母的户口往往也为农村户口，这样表 3 - 4 的结果说明农村与城镇代际财富转移情况有很大的差别。生活在农村的子女生活成本低、子女负担较小，而其父母的收入也往往较少，因而农村父代对子代的代际转移要少。基于该结论，本书对农村与城镇的代际转移情况在本章后两小节中有更详细的讨论。

6. 父母照顾孙子女、子女与父母同住都会促使父母对子女家庭进行财富转移

父母照顾孙子女能够促使对子女家庭的财富转移，表 3 - 4 显示，照顾孙子女的受访者要比不照顾孙子女的受访者对子女家庭的财富转移多 1508 元。说明父母帮助照顾孙子女往往会增加父母的额外经济支出，这种经济支出可能以对孙子女进行补贴的形式支出。

子女与父母同住也会增加父母对子女进行财富转移的概率，这可能是由于与子女同住的父母通过财富转移来回报子女的日常照料，或者是与子女同住的父母往往会增加对孙子女的补贴，从而增加了对子女家庭的代际财富转移。

3.4.2 农村、农民工、城镇中老年人对子女家庭的代际财富转移概率分析

由上面的分析可知，子女户口对父母向孩子的代际财富转移会产生影响，因此本章进一步分析城乡家庭代际财富转移的特点和影响因素。此外，本章所采用的数据中农村户口的人数所占比例很大，因此回归结果说明的问题更贴近农村的情况，加之我国存在城乡二元结构，农村与城镇的情况存在很大的差别，因此本章根据中老年人的户口类型与居住地点将中老年人分为三类：第一类为农村人口（户口类型为农业户口并且居住地为农村）；第二类为农民工（户口类型为农业户口，居住地为城镇）；第三类为城镇人口（户口类型为非农业户口，居住地为城镇），然后分别对这三类不同的受访者群体建立相应的回归模型。

城乡中老年人群体对子女家庭代际财富转移的 Probit 模型为：

$$y_i^{*[1d]} = X_i^{[1d]} \alpha^{[1d]} + \varepsilon_i^{[1d]} \ , \ i = 1,2,\cdots,N^{[1d]} \qquad (3-23)$$

$$y_i^{[1d]} = \begin{cases} 1 & \text{如果} \quad y_i^{*[1d]} > 0 \\ 0 & \text{如果} \quad y_i^{*[1d]} \leqslant 0 \end{cases} \qquad (3-24)$$

其中，上式中的 1 仍表示父母对子女的转移；$d = 1,2,3$，分别表示农村人口、农民工、城镇人口，$N^{[1d]}$ 为相应的样本个数；$y_i^{[1d]}$ 是二值变量，表示父母对子女家庭是否有代际财富转移；$y_i^{*[1d]}$ 为不可观测的潜变量；$X_i^{[1d]}$ 为解释变量集，且 $X_i^{[1d]} = (X_{1i}^{[1d]}, X_{2i}^{[1d]}, \cdots, X_{qi}^{[1d]})$，表示父母与子女的特征变量。

对不同的中老年人群体分别建立上述 Probit 模型，来分析不同中老年人群体对子女家庭代际财富转移概率的情况，具体结果见表 3-5。

表 3-5 　　　农村、农民工、城镇中老人对子女家庭代际庭财富
转移概率的 Probit 模型回归结果

	变量	全部样本	农村	农民工	城镇
父母特征变量	年龄	-0.034 ***	-0.041 ***	-0.035 ***	
	小学及以下				0.544 **
	初中及以上				0.685 ***
	收入	0.137 ***	0.136 ***	0.125 ***	0.202 ***
	独生子女	0.395 **	0.853 ***		
	健康	0.186 ***	0.138 **		0.832 ***
	照顾孙子女	0.171 ***	0.158 **		0.496 ***

变量		全部样本	农村	农民工	城镇
子女特征变量	男	0.095 *	0.128 **		
	已婚并与配偶同居	− 0.216 **	− 0.226 **		
	初中及以上	0.209 ***	0.201 ***		
	与父母同住	0.215 ***		0.610 ***	0.714 ***
	本县市的其他村或社区			0.137	
	外省等			0.259 *	
	常数项	0.470	1.033 ***	0.660	− 3.612 ***
检验	Pseudo R²	0.1019	0.1056	0.0804	0.1348
	Wald 统计量	364.56 ***	238.37 ***	54.95 ***	74.9 ***
样本	样本个数	3257	2192	697	445

注：*** 、** 、* 分别表示在 1%、5%、10% 的显著性水平下显著。

以下为分析结果：

1. 城镇中老年人对子女家庭的代际财富转移概率不受年龄的影响，但受学历的影响

表 3 − 5 显示，年龄在城镇中老年人对子女家庭的代际财富转移概率模型中并不显著，这说明年龄并不是影响城镇中老年人对子女家庭代际财富转移概率的主要影响因素。这是由于城镇中许多人口都有固定的工作，在退休后有退休金或者养老金作为固定的收入来源，因此收入并没有显著的下降，甚至许多城市的中老年人在退休后仍然参加工作赚取两份工资，为子女提供有力的支持。此外许多城镇中老年人的子女面临买房的压力，而父母成为子女寻求帮助的主要对象，这些原因致使年龄并不是中老年人是否向子女家庭进行财富转移的主要影响因素。

学历成为城镇中老年人是否对子女家庭进行财富转移的主要影响因素，并且学历水平越高，对子女财富转移的可能性越大。这是因为受访者学历水平的高低往往与受访者的收入水平相关，从而学历成为影响转移概率的主要因素。

2. 三种中老年群体向子女家庭代际财富转移概率都受收入水平的影响

不管哪类中老年群体，收入水平都会影响到转移概率，这说明不管城镇还是农村，中老年人的收入水平均是影响是否对子女家庭进行财富转移的主要因素。父母是否对子女家庭进行财富转移除了与子女的需要有关，还与父母的能力有正相关关系。

3. 农村中老年人对子女家庭代际财富转移概率受子女性别、婚姻状况、教育水平与子女数量的影响，但城镇中老年人不存在这种情况

农村的中老年人对儿子进行代际财富转移的概率要高于女儿，这说明我国农村子女的性别观念更重，儿子更受到父母的青睐，从而得到更多的财富转移。父母对已婚子女家庭的代际财富转移概率要小于其他情况。这说明在农村，子女结婚后父母对子女的财富转移减少，原因是结婚后的子女开始独立生活，并进入生命周期中收入增加的阶段，因此子女结婚后父母给予的经济支持显著减少。而教育水平高的子女反而得到父母更多的经济支持，这是由于教育水平高的子女往往在城市生活，面临买房等压力，因此反而需要父母更多的经济支持。在农村，独生子女家庭得到父母财富转移的概率更大，但是在城镇不存在这种情况，这是由于农村居民的人均收入较城镇居民要少，农村有一个子女的家庭父母的经济负担要小，更有可能给予子女经济支持。

4. 农民工对子女家庭的财富转移概率不受是否照顾孙子女的影响，但受子女常住地的影响

农民工是我国社会的一个特殊群体，这部分人的户口在农村，但是进入城镇在第二、第三产业充当劳动力。回归显示，是否帮助子女照顾孙子女与其对子女财富转移的概率不产生影响，反而子女常住地会对转移概率产生影响，其中父母对居住在外省的子女给予经济支持的比例更大。这可能是由于居住在外省的子女往往生活在大城市，这部分子女学历更高，并且面临买房的压力，生活节奏更快，因此他们的生活压力较与父母生活在一起的子女更大，需要父母更多的经济支持。

3.4.3 农村、农民工、城镇中老年人对子女家庭的代际财富转移规模分析

与第 3.4.2 节类似，考虑到我国存在城乡二元结构以及本章所采用数据的特征（农村人口所占比例很大），本节针对不同的中老年人群体分别建立 Tobit 模型，以分析城乡中老年人群体对子女家庭代际财富转移规模的现状与差异。

城乡中老年人群体对子女家庭代际财富转移的 Tobit 模型为：

$$w_k^{*[1d]} = Z_k^{[1d]} \beta^{[1d]} + \mu_k^{[1d]} , \ k = 1,2,\cdots,M^{[1d]} \qquad (3-25)$$

$$w_k^{[1d]} = \begin{cases} w_k^{*[1d]}, \text{如果 } w_k^{*[1d]} > 0, \\ 0, \text{如果 } w_k^{*[1d]} \leqslant 0 \end{cases} \qquad (3-26)$$

其中，上式中的 1 仍表示父母对子女的转移；$d = 1,2,3$，分别表示农村人口、农民工、城镇人口，$M^{[\cdot d]}$ 为相应的样本个数；$w_k^{[1d]}$ 为实际因变量，表示父母对子女家庭财富转移的规模；$w_k^{*[1d]}$ 为不可观测的潜变量；$Z_k^{[1d]}$ 为解释变量集，且 $Z_k^{[1d]} = (Z_{1k}^{[1d]}, Z_{2k}^{[1d]}, \cdots, Z_{sk}^{[1d]})$，解释变量为父母与子女的特征变量。

对城乡中老年人群体分别建立 Tobit 模型，得到的回归结果见表 3 – 6。

表 3 – 6　　　　农村、农民工、城镇中老人对子女家庭代际财富
转移规模的 Tobit 模型回归结果

变量		全部样本	农村	农民工	城镇
父母特征变量	年龄	− 259. 910 ***	− 302. 662 ***	− 145. 637 ***	
	小学及以下				5346. 484 *
	初中及以上				6195. 477 **
	收入	942. 020 ***	793. 539 ***	651. 899 ***	2131. 699 ***
	独生子女	3989. 838 ***	3960. 543 **		4591. 304 **
	健康	1238. 242 ***	803. 114		6024. 202 ***
	照顾孙子女	1507. 873 ***	1491. 742 ***		4589. 506 ***
子女特征变量	高收入	919. 555 *	1884. 850 ***		
	与父母同住			2019. 108 **	
	本县市的其他村或社区			1776. 693 ***	
	外省等			1661. 517 **	
	男	967. 710 **		1185. 793 **	
	初中及以上	1188. 202 ***	1532. 469 ***		
	农村户口	−2129. 092 ***			
	低收入	− 92. 449	− 218. 445		
检验	Pseudo R²	0. 018	0. 0168	0. 0152	0. 0133
	LR 检验	414. 860 ***	228. 86 ***	72. 05 ***	63. 17 ***
样本	样本个数	3257	2192	697	445

注：***、**、*分别表示在 1%、5%、10% 的显著性水平下显著。

以下为分析结果：

1. 城镇中老年人对子女家庭的代际财富转移规模不受年龄的影响，但受学历的影响

表 3 – 6 显示，与全部样本回归情况相比，学历是影响城镇的中老年人对子女家庭财富转移规模的主要因素之一，而年龄不再显著。与学历水

平为文盲的受访者相比，小学及以下学历水平的受访者对子女的财富转移规模要多5346元，而初中及以上学历水平的受访者对子女的财富转移规模要多6195元，学历水平越高，对子女家庭的转移规模也越大，并且该变量构成了城镇父母向子女家庭代际财富转移规模影响最大的一个因素。

2. 收入对中老年人向子女家庭进行财富转移规模的影响程度不同

表3-6显示，受访者收入每增加1%，农村受访者对子女家庭的代际财富转移量增加794元，而城镇受访者对子女家庭的代际财富转移量增加2132元，农民工对子女家庭的代际财富转移量增加652元。城镇受访者对子女家庭财富转移量随着收入水平的提高增加的量更大，这主要是由于城镇受访者收入要比农村受访者收入多，从而同样增加1%，但是增加的金额更多，这样更有能力给予子代财富转移。

3. 独生子女变量对父母向子女代际财富转移规模有显著影响，且影响程度很大

表3-6显示，独生子女是影响农村父母向子女家庭代际财富转移最大的一个因素，其中独生子女家庭的父母对子女的财富转移要比非独生子女家庭多3961元。城镇独生子女家庭父母对子女家庭的代际财富转移规模要比非独生子女家庭多4591元，其影响仅次于城镇受访者学历对代际财富转移规模的影响。

4. 父母的健康状况对城镇中老年人向子女的财富转移的影响更大

表3-6显示，自评健康状况良好的城镇中老年人给予子女家庭的代际财富转移要比健康状况不好的中老年人给予子女家庭的代际财富转移多6024元，而这一数字对农村中老人而言仅仅为803元。首先，自评健康状况并不等于实际健康状况，因此可能实际影响与这一结果有一定的差别；但是该结果从另一方面说明健康状况对城镇中老年人的影响更大，可能是由于城镇中老年人就医成本更高，从而健康状况不好的受访者其医疗支出更多，从而留给子女家庭的财富便相对减少。

5. 子女性别、是否与父母同住影响农民工对子女家庭的代际财富转移规模

由表3-5知，子女性别会影响农村父母对子女家庭进行财富转移的概率，但是从表3-6的结果看，子女性别对农村代际转移的规模影响不显著，但对农民工这一群体的影响较大。表3-6显示，受访者为农民工的中老年人对其儿子家庭的财富转移要比女儿家庭的财富转移多1186元。这种结果可能与农民工这一特殊群体的特征有关，他们脱离了乡村生活在城镇中，很多情况下他们的子女也随着他们来到城镇生活，这个群体既有农民的特征，又有城镇居民的特征。农民工子女脱离乡村，在城镇生活时所面临的经济状况、生活规律与农村有所不同，特别是他们的子女结婚时需要在城镇购买住房，由于传统的习俗是男方分担得要多，因此父母往往给予儿子更多的经济支持。

3.5 结 论

3.5.1 本章结论

本章利用中国健康与养老追踪调查（CHARLS）2013年全国基线调查数据库对目前中国家庭子女与父母的代际财富转移现状与动机进行了定性与定量分析。首先主要对比分析了父母与成年子女家庭之间相互的代际财富转移情况与父母、子女特征变量之间的关系，从而对我国家庭内代际财富转移情况有个定性的概括与了解。然后对父母向成年子女家庭的代际财富转移情况进行了定量分析，其中使用 Probit 模型分析影响财富转移的可能性，采用 Tobit 模型分析影响财富转移的规模。此外，由于中国具有城乡二元结构的特点，本章还根据中老年人的户口与居住地点不同将中老年人群体分为农村人口、农民工、城镇人口，并对各个中老年群体分别建立 Probit 模型与 Tobit 模型，进而对比分析我国城乡中老年人群体与子女家庭间的财富转移情况。本章得到的结论如下：

第一，中国家庭的代际财富转移呈现向上转移的特征，但目前子女的"啃老"现象比较严重。大部分成年子女家庭都对父母进行了财富转移，表明我国传统的养老模式在现在依然占据一定的地位，然而数据显示，中老年父母对子女的财富转移却超过其获得子女的财富转移数额，说明在子女成年后，许多父母仍然对子女进行不菲的财富转移来减轻子女的负担。

第二，父母对子女家庭的财富转移更多地由父母自身的特征变量所决定，父母对子女的财富转移主要由父母的收入水平所决定，收入越高，对子女家庭的财富转移越多，此外父母的年龄、健康程度均会影响其对子女家庭的财富转移，年龄大、健康状况差的父母对子女的财富转移较少一些。

第三，收入是影响子女与父母间代际财富转移的主要因素。代际财富转移方的收入水平越高，对转移接受方的财富转移越多，具体来讲，高收入的父母对子女家庭的代际财富转移更多，高收入水平的子女对父母的财富转移更多。除此之外，农村中老年人对子女的财富转移与子女的收入水平呈正相关，城镇中老年人接受子女财富转移的可能性与父母的收入水平呈负相关。这表明农村父母对子女的财富转移存在一定的交换动机，收入水平高的子女反而得到更多的财富转移，但是另一方面这也是由农村受访者子女的特征所决定的，因为高收入水平的子女往往生活在城市。但是，除此之外，我国大部分家庭间的代际财富转移更多的还是基于无私动机所驱动，家庭内的代际财富转移主要是根据家庭各成员的需要而发生的，使得家庭财富在家庭内部进行了重新配置，实现了家庭内部资源效率的最大化。

第四，父母对子女的财富转移偏向于儿子，但是女儿却更有可能给予父母财富转移。这说明我国的传统观念在当今社会中依然具有一定的作用，父母对儿子与女儿的投资不对等，并且儿子与女儿承担的养老义务责任也不相同。具体从不同的中老年人群体来看，这种现象主要发生在农村中老年人与农民工这两类群体中。这表明我国城镇与农村中的子女观念与养老观念不同，城镇中儿子与女儿承担的养老责任与养老义务较农村相对均衡。

第五，独生子女家庭中，父母与子女家庭之间的代际财富转移规模大于非独生子女家庭。这表明，我国独特的计划生育政策使得子女与父母之间的代际财富转移也呈现出相应的特点，独生子女家庭一方面能够取得更多的父母财富转移，另一方面也承担更大的养老负担。

第六，父母照顾孙子女、子女与父母同住均对父母与子女间的代际财富转移有一定的影响。父母帮忙照顾孙子女会促进父母对子女家庭代际财富转移的可能性与规模，而子女与父母同住会增加父母对子女家庭财富转移的可能性，但减少子女对父母财富转移的可能性。

第七，子女居住地点对子女家庭向父母财富转移的可能性与规模影响均较大。主要表现为居住地点离父母较远的子女家庭给予父母更多的财富转移。这是子女对父母日常照料缺失的一种补偿，也从另一方面说明了，子女间根据居住地点离父母的远近无形间进行了不同的分工，离父母较近的子女提供更多的日常照料，而离父母较远的子女给予父母更多的经济支持。

相比于任何历史时期，当下中国父母向子女、孙子女提供更多的财富支持和时间照料，这意味着父代的财富水平的减少，按照消费的生命周期理论，父代的消费水平和消费行为将在未来很长一段时期内受到制约。

3.5.2 政策建议

本章讨论了我国子代与父代之间代际转移的现状与动机，通过分析可以对我们的政策制定时给予以下启示：

第一，完善现有的养老政策与措施，并积极建立社会养老模式。针对城市中老年人对子女的依赖程度低，而农村中老年人养老对子女依赖程度较高的现象，建议积极推行社会养老模式，完善现有的养老设施建设，鼓励家庭医护、养老院等养老形式的发展，为有能力自养的老年人提供多种选择，同时加强对收入水平较低、无固定收入来源、城市低收入水平的农民工等老年人的养老补助的力度，尤其是对农村没有固定经济来源的高龄老年人给予一定的津贴，减轻低收入家庭子女的养老压力。

第二，鼓励父母与子女间双向的经济支持与交流。父母帮助照顾孙子女、子女与父母同住均会促进父母与子女间的经济交流，这种家庭内部经济转移不仅有助于家庭内部的和谐，而且减轻了社会养老的压力，并且中老年人帮助子女家庭减轻了子女的负担，为子女赢得更多的工作时间，变向提高了子女的就业率与收入。反过来，子女作为回报也给予父母更多的经济支持与情感支持，并对父母的养老提供更多帮助。这种双向"互利"的模式为家庭养老提供了一条可行的路径。

第三，促进公共教育、技能培训等有利于就业的政策，提高中老年人的自养能力。教育水平与收入有很强的正相关，而收入水平为影响父母与子女间代际财富转移的关键因素，收入水平较高的父母往往具有很强的自养能力，对子女的依赖较少。而收入水平高的子女有能力给予父母更多的经济支持。因此，积极推行公共教育、技能培训等人力投资，不仅可以增收，还间接增加了老年人的收入水平以及子女对老人的经济支持，提高了养老福利，对改善养老状况有很大的帮助。

第四，积极推行放开二孩的政策，可以适当给予二孩生育者一定补贴。生育率水平较低不仅使得劳动力人口失衡，并且独生子女家庭的增多还增大了独生子女的养老负担，建议积极推行二孩政策，鼓励一对夫妇生育二孩，同时做好妇女生育政策措施的落实，切实保障待产妇女生育保险、带薪生育等政策的执行，确保生育以后的女性能够顺利进入工作。此外，在政策实施之初，可以适当给予二孩生育者一定的政策优惠及补贴，引导人们生育观念的转变，切实减轻年轻夫妇生育二孩的后顾之忧。

第五，提高职业院校的师资水平，培养学生的实践能力。在社会中形成重视"蓝领"的环境。现代子女对父母的依赖程度较大，"啃老"现象有不断扩散的趋势，这不仅与独生子女娇生惯养有关，还与经济环境、就业环境、教育导向有关。近几年国内大学生就业形势严峻，一个重要原因是就业劳动力市场的结构特征与社会对劳动力的需求不吻合。中国多年来一直缺少高级技工，甚至"重金难求"，但大多数家长和学生在择校时都不会选择职业技术学校，职业学校也招不到好学苗，培养不出高水平人才。每年毕业几百万学生，找不到合适工作的只能"啃老"，继续读硕士、博士的学生被迫"啃老"。因此，在扩大职业院校招生的新政中，重要的是提高职业院校的师资水平、培养学生的实践能力，在社会中形成重视"蓝领"的环境，提高年轻人的就业水平。此外，房价高、结婚花销大，通常由父母买单的也是造成"啃老"的重要原因。

第4章 强制退休制度、延迟退休与老年家庭消费决策

按照生命周期理论，理性消费者在青年时期倾向于将绝大部分收入用于消费，甚至举债消费；中年以后收入增加，会偿付青年时期的负债并为老年阶段进行储蓄；进入老年以后收入下降，将动用储蓄平滑消费。即理性消费者会平滑其终生消费，减少消费波动，以实现消费效用的最大化。然而20世纪末英美学者在对生命周期理论的扩展研究中发现，消费者在经历退休后，其家庭消费会有非连续性的显著下降，这种现象与生命周期理论相悖，被称为"退休消费困境"。与国外不同，我国采取强制退休制度，即正常情况下，年满60周岁的男性干部、工人，年满55周岁的女性干部以及年满50周岁的女性工人"到点"退休。此外，改革开放直到现在，我国经济一直处于高速或中高速增长过程中，居民生活水平大幅提高，消费结构持续升级，经济环境和社会环境与发达国家相比都有明显的不同，那么在我国是否存在"退休消费困境"现象呢？本章将对这一问题进行分析和研究。

4.1 "退休消费困境"及其国内外研究综述

4.1.1 退休制度及"退休消费困境"现象

一、退休及退休制度

退休是指劳动者离开工作岗位，完全退出劳动力市场，不再从事经济活动。在农业社会，劳动者可以一直耕作，无须退出劳动力市场。工业革命后，资本主义市场经济制度逐渐建立，劳动者必须参与竞争，雇主也希望用年轻劳动力取代高龄劳动者来实现效率提升，退休制度应运而生。

现代退休制度一般与劳动者退休行为与领取养老金的行为直接相关，

是 20 世纪经济发展和社会福利制度兴起的结果（Donahue et al.，1960）。退休制度是指劳动者连续工龄或工作达到一定年限，因年老或因工、因病致残，完全丧失劳动能力或部分丧失劳动能力而退出工作岗位，按照国家有关规定，享受福利待遇，以终养晚年的制度，其目的是避免劳动者因年老力衰而导致工作效率减退，同时为劳动者晚年生活提供保障，从而消除劳动者的后顾之忧。

退休制度的建立与实施既涉及劳动者个人利益，也涉及企业和国家利益，因此，各国的退休制度随时代、国情、发展阶段的不同而不同。例如，美国实行是弹性退休制度①，现行退休年龄标准大致为 67 岁，但劳动者可以自愿申请 62 岁提前退休，也可以延迟到 68 岁甚至更大年纪；中国目前仍实行强制退休制度，如无特殊情况一般是男 60 岁、女 55 岁退休（2015 年 3 月 1 日前）。2015 年 2 月 26 日中组部和人社部共同下发《关于机关事业单位县处级女干部和具有高级职称的女性专业技术人员退休年龄问题的通知》，规定党政机关、人民团体和事业单位中的正、副处级女干部，具有高级职称的女性专业技术人员，在 2015 年 3 月 1 日后年满 60 周岁退休。

二、退休年龄②

从劳动经济学视角来看，存在法定退休年龄、强制退休年龄、实际退休年龄等概念。法定退休年龄是就业法等相关法律明文规定劳动者退出劳动力市场的年龄。但鉴于联合国、国际劳工组织以及发达国家法律中都明确规定雇主不得进行年龄歧视，目前没有发达国家立法要求劳动者在达到某一年龄之后必须退休。强制退休年龄是各种正式和非正式政策（行业规定、劳动合同等）强制规定的劳动者退出劳动力市场的年龄，它代表政府、雇主和工会等对劳动者何时退休的意愿。实际退休年龄则是劳动者真正脱离经济活动的年龄，劳动者往往根据收入状况、健康状况、就业能力、就业环境以及养老金支付规则等决定自己何时退休。

从社会养老保障角度看，一个被养老保障项目有效覆盖的劳动者选择

---

① 美国的退休政策分三个层次。提前退休：年满 62 岁就可以开始领退休金，但要打 7 折，每推迟一个月领取，打的折扣就少一些。正常退休：根据出生日期的不同，美国社会保障局设定了不同的正常退休年龄，比如 1937 年和 1937 年以前出生者，退休年龄是 65 岁，1943 年到 1954 年间出生者，退休年龄是 66 岁，1960 年和 1960 年后出生的人，退休年龄是 67 岁。在正常退休年龄内退休的人，可以领取全额退休金。延迟退休：选择延迟退休的人在原有的退休金基础上还能获得奖励性的收益。

② 关于退休年龄的表述引自：张士斌，王祯敏，陆竹. 退休年龄政策调整的国际实践与中国借鉴［J］. 经济社会体制比较，2014（4）.

在某一年龄退休，就意味着其将开始领取养老金，由此产生正常退休年龄、提前退休年龄和延迟退休年龄等概念。正常退休年龄通常指根据一国法令规定的，劳动者获得完全退休金的年龄。提前退休是指劳动者在正常退休年龄之前退出劳动力市场，并获取退休金，但通常要比正常退休年龄退休获得的养老金少；延迟退休是指劳动者在达到正常退休年龄之后继续工作，通常在弹性退休制度国家延迟退休能获得更高的养老金。

2013年11月12日中国共产党第十八届中央委员会第三次全体会议通过《中共中央关于全面深化改革若干重大问题的决定》指出，要研究制定渐进式延迟退休年龄政策，至此延迟退休政策进入人们视野。实际上，我国的"延迟退休"是指提高正常退休年龄。

三、我国退休制度及退休年龄

我国沿用1978年5月24日第五届全国人民代表大会常务委员会第二次会议原则批准，至今仍然有效的《国务院关于安置老弱病残干部的暂行办法》和《国务院关于工人退休、退职的暂行办法》所规定的退休制度。即：

（一）连续工龄或工作年限满10年，年满60周岁的男性干部、工人，年满55周岁的女性干部以及年满50周岁的女性工人；

（二）男性年满55周岁，女性年满45周岁，连续工龄或工作年限满10年，从事井下、高空、高温、繁重体力劳动和其他有害健康工种的职工；

（三）男性年满50周岁，女性年满45周岁，连续工龄或工作年限满10年，经医院证明，并经劳动鉴定委员会确认，完全丧失劳动能力的职工；

（四）因工致残，经医院证明（工人并经劳动鉴定委员会确认）完全丧失工作能力的职工，可以办理退休手续。

《关于机关事业单位县处级女干部和具有高级职称的女性专业技术人员退休年龄问题的通知》的新规中重新规定了党政机关、人民团体和事业单位中的正、副处级女干部，具有高级职称的女性专业技术人员，在2015年3月1日后年满60周岁退休。

除办理正常退休手续之外，我国还存在没有达到国家或企业规定的年龄或工作年限的职工提前退休的情况，包括退职、离休等。退职专指职工因病残完全丧失劳动能力，但在年龄、工龄或个人缴费年限方面又不具备退休条件，经医院证明并经劳动鉴定委员会确认、劳动保障部门批准后退出生产或工作岗位，并按照国家有关规定给予其退职生活费，进行休养的安置方式。离休，即离职休养，是针对达到离职休养年龄，中华人民共和国成立前参加中国共产党所领导的革命战争、脱产享受供给制待遇的和从事地下革命工作的老干部而设立的较为优越的社会保障措施，目前世界上仅我国有离休制度。

我国已经迈入老龄化社会，退而不休的现象逐渐增多，越来越多身体健康的离退休人员通过返聘、再就业、再创业、从事义务活动或志愿者活动等途径进入劳动力市场，希望发挥余热、奉献社会。不难看出，我国的退休制度比国外更为丰富，但与国外鼓励达到法定退休年龄的劳动者继续留在其工作岗位的政策不同，我国实行强制退休制度，因此我国绝大部分劳动者依旧会按照法定年龄办理退休手续。

四、"退休消费困境"现象

"退休消费困境"现象是在消费理论的演进中发现并提出的。纵观西方消费理论的发展史，英国经济学家约翰·梅纳德·凯恩斯（John Maynard Keynes）绝对功不可没。他创立的宏观经济学与西格蒙德·弗洛伊德（Sigmund Freud）所创的精神分析法和阿尔伯特·爱因斯坦（Albert Einstein）发现的相对论一起并称为 20 世纪人类知识界的三大革命。

1936 年，凯恩斯在《就业、利息和货币通论》一书中提出：总消费是总收入的函数。凯恩斯认为，消费者在收入增长的同时，其消费也将随之增加，然而消费的增加低于收入的增长，因此消费增量在收入增量中所占的比重下降，所以边际消费倾向和平均消费倾向都是递减的，而且边际消费倾向小于平均消费倾向。凯恩斯的消费函数理论仅用收入来解释消费，因此又被称为绝对收入假说，也被称为绝对收入理论、绝对收入假设或绝对收入假设消费函数模型。1949 年，美国经济学家詹姆斯·杜森贝里（James Stemble Duesenberry）在《收入、储蓄和消费者行为理论》一文中对凯恩斯的绝对收入假说提出了不同的看法。杜森贝里认为，凯恩斯的绝对收入假说中存在两个错误的假设：一是假设每个人的消费都独立于他人的消费，否认了消费者之间的相互影响；二是假设消费者的消费行为在时间上是可逆的，否认了消费行为的不可逆性。在此基础上，杜森贝里提出，消费者的消费行为存在极强的示范效应，其消费水平不仅会受到本身收入和消费习惯的影响，同时也与他人的收入和消费水平有关。同年，弗兰科·莫迪利安尼（Franco Modigliani）在《储蓄—收入比率的波动：经济预测问题》一文中，也独立地提出了类似的观点。

1953 年，美国经济学家弗兰科·莫迪利安尼和理查德·布伦伯格（Richand Brumberg）合写了《效用分析与消费函数：横截面数据的一种解释》；1954 年，他们再次合写了《效用分析与消费函数：统一的释义》，这两篇文章奠定了生命周期假说的基础。与凯恩斯强调当前消费与当前收入相互作用的消费理论不同，生命周期假说侧重于将消费者的消费与其整个生命周期的收入相联系。生命周期假说把消费者的整个生命周期分为青年、中年和老年三个阶段。通常情况下，青年时期的家庭收入较低，但由于预期未来的家庭收入会增多，因此消费者更倾向于将绝大部分的家庭收入用于消费，甚至举债消费；中年时期以后，家庭收入相较之前有所增加，而考虑到其青年阶段的负债和用于老年阶段的储蓄，消费者家庭消费的比例会相应下降；进入老年时期，由于消费者的家庭收入下降，其家庭消费所占的比重又将升高。即，消费者会根据其整个生命周期的预期收入来安排消费计划，以减少消费波动，从而实现消费效用最大化。生命周期假说阐述了长期消费的稳定和短期消费波动的原因，更为全面地解释了消费理论。

自 20 世纪 30 年代凯恩斯开创宏观消费理论以来，消费理论的发展大致经历了三个阶段：确定性条件下的消费理论、不确定条件下的消费理论以及基于心理特征的行为消费理论。确定性条件下的消费理论主要关注静态的即期消费，包括凯恩斯的绝对收入假说、杜森贝里的相对收入假说、莫迪利安尼的生命周期理论，以及之后弗里德曼（Friedman）的持久收入假说。这些理论一经提出就引起了主流经济学界的高度关注，并将消费理论的发展推向了新的高度。直到 20 世纪 70 年代，理性预期假说打破了早期消费理论中确定性的桎梏，扩展到不确定性条件下的消费研究，其中最负盛名的当属随机游走假说、预防性储蓄假说、流动性约束假说和缓冲存货假说。

20 世纪 80 年代以后，在行为经济学的启发下，越来越多的经济学家对消费者完全理性的假设产生了质疑，开始关注消费者个体的心理特征，并发现了基于非完全理性的消费现象，这当中就包括"退休消费困境"。"退休消费困境"是在 20 世纪末由英美学者在对生命周期理论的扩展研究中发现并提出的，之后不断有国内外学者参与到"退休消费困境"话题的讨论中来。按照生命周期假说，理性消费者会平滑其终生消费。然而根据国内外学者基于微观数据的实证研究发现，消费者在经历退休后，其家庭消费会有非连续性的显著下降，这与传统的消费理论相悖，因此被称为"退休消费之谜"或"退休消费困境"。

4.1.2 "退休消费困境"的国外研究综述

丹尼尔·哈默内斯（Daniel Hamerrnesh，1984 年）基于 1973～1975

年美国退休历史追踪调查（retirement history survey，RHS）数据，对生命周期中消费的变化情况进行研究。在实证分析中，他注意到两个未被发现的生命周期现象：消费者拥有的财产使其无法继续维持退休前的消费水平；横截面数据和纵向数据均表明，消费者会减少其实际消费来应对上述现象。

詹姆斯·班克斯、理查德·布兰戴尔和萨拉·坦尼（James Banks、Richard Blundell，Sarah Tanner，1998 年）基于 1968~1992 年英国家庭支出调查（family expenditure survey，FES）数据，建立了仿面板数据，试图寻找"退休消费困境"存在的证据。研究发现，退休前后家庭消费的变化有一部分无法用生命周期模型解释。

道格拉斯·伯恩海姆、乔纳森·斯金纳和史蒂文·温伯格（Douglas Bernheim，Jonathan Skinner，Steven Weinberg；2001 年）基于 1978~1990 年美国收入动态追踪研究 PSID 和美国消费者支出调查（consumer expenditure survey，CEX），对退休后影响消费的因素进行了分析。他们发现，退休后家庭消费减少与家庭财富存在关联；工作相关及闲暇替代并不能解释其他消费的骤降。

约翰·默克斯、安德鲁·卡普林和约翰·莱希（John Ameriks，Andrew Caplin，John Leahy；2002 年）基于美国金融追踪调查（survey of participant finances，SPF）和美国金融观念与行为调查（survey of financial attitudes and behavior，FAB）数据，意图探究"退休消费困境"问题的存在性。他们指出，退休后实际家庭消费下降低于预期程度，相差幅度与股市有相关性。

雪莉·伦德伯格、理查德·斯塔茨和斯蒂文·斯蒂尔曼（Shelly Lundberg，Richard Startz，Steven Stillman；2003 年）基于美国收入动态追踪研究 PSID 中 1979~1986 年和 1989~1992 年两个样本区间的食物消费数据，从家庭婚姻决策的视角重新验证了"退休消费困境"。结果证明，户主退休后，已婚家庭食物消费支出下降了 9%，而单亲家庭食物消费支出并无显著变化。

意大利学者拉斐尔·米纳奇、奇亚拉·蒙法迪尼和古列尔莫·韦伯（Raffaele Miniaci，Chiara Monfardini，Guglielmo Weber；2003 年）基于 1985~1996 年意大利家庭预算调查（Italian survey of family budgets，SFB）的数据，分析意大利是否存在"退休消费困境"现象。他们发现，在退休年龄左右，与工作相关的消费会下降，但总非耐用品消费并没有显著变化。因此，他们认为有确凿的证据表明，意大利并不存在"退休消费困境"。

史蒂文·海德尔和梅尔文·斯蒂芬斯（Steven Haider and Melvin Stephens，2004年）基于美国退休历史追踪调查RHS和1992～2000年美国健康和退休研究调查（health and retirement study，HRS）数据，对"退休消费困境"问题进行了讨论。他们检验了预期退休与实际退休之间的相关性，并发现了年龄将会显著的影响退休状态，进一步研究发现，有退休预期的家庭中存在"退休消费困境"现象。

马克·阿吉亚尔和埃里克·赫斯特（Mark Aguiar and Erik Hurst，2005年）基于美国个人食品摄入持续追踪调查（continuing survey of food intakes by individuals，CSFII）中1989～1991年和1994～1996年的两轮数据，重新推敲了"退休消费困境"。对数据进行处理后发现，退休增加了家庭闲暇时间，与此同时，退休并未对个人饮食营养摄入比例造成影响。在将实际消费从支出变化中分离出来后，他们认为，退休会导致家庭消费行为产生变化，但消费会保持在稳定水平。

德国学者吉多·施韦特（Guido Schwerdt，2005年）基于1994～2000年德国社会—经济调查（german socio-economic panel study，GSOEP）数据，对德国的"退休消费困境"进行了检验。结果显示，收入替代与家庭消费之间存在负相关，低收入替代率群体每月收入减少的差额无法用减少储蓄来弥补；除此之外，他发现样本中家庭生产相关的时间都有所提高。

迈克尔·赫德和苏珊·罗威德（Michael Hurd and Susann Rohwedder，2005年）基于2000年的美国健康和退休研究调查（HRS）以及2001年美国消费行为邮寄调查（consumption and activities mail survey，CAMS）的面板数据，探讨"退休消费困境"现象。结果显示，退休前后家庭预期消费会发生变化，变动的方向和幅度都取决于效用方程的参数。缩减消费对于大多数家庭并不新鲜，而且家庭平均预期消费下降幅度大于实际消费下降水平。

约翰·莱特纳和丹·西尔弗曼（John Laitner and Dan Silverman，2005年）基于1984～2001年美国消费者支出调查CEX数据，针对"退休消费困境"进行了实证检验。他们发现，家庭消费在经历退休后将会减少16%。

迈克尔·赫德和苏珊·罗威德（2006年）基于2000年的美国健康和退休研究调查（HRS）以及2001年美国消费行为邮寄调查（CAMS）的面板数据，解答了一些"退休消费困境"中存在的问题。他们指出，财富水平高的家庭同样有退休后缩减消费的预期和经历，因此，家庭消费降低并不一定与退休引起的收入下降有关；同时，健康状况差的家庭其消费似乎有更高程度的下降；此外，退休将会增加闲暇时间进而对消费造成影响。

莎拉·史密斯（Sarah Smith，2006 年）基于英国家户长期追踪数据库（British household panel survey，BHPS）的调查数据，继续分析"退休消费困境"现象。在将"自愿退休"与"非自愿退休"区别对比后发现，"非自愿退休"后家庭食物消费有明显的下跌。

大卫·布鲁（David Blau，2007 年）基于 1992~2004 年美国健康和退休研究调查（health and retirement study，HRS）数据，查证"退休消费困境"现象的踪迹。他认为，退休是典型的不确定性事件，依此进行分析发现，如果由于非预期的健康冲击或者解雇造成的退休会造成家庭消费的锐减，而仅凭"非预期"并不能完全解释退休后消费的下降，但由于生命周期模型中包括了合理的不确定因素，所以这种下降并会不造成困境。

乔纳森·费舍尔、大卫·约翰逊、约瑟夫·马钱德、蒂莫西·斯梅丁和芭芭拉·博伊尔·托瑞（Jonathan Fisher, David Johnson, Joseph Marchand, Timothy Smeeding, Barbara Boyle Torrey；2008 年）基于 1983 年和 1984~2003 年美国消费者支出调查 CEX 数据，继续对"退休消费困境"现象进行探索。结果证明，个人退休后，家庭消费减少约 2.5%，而且，之后会保持 1% 的幅度持续降低。

迈克尔·赫德和苏珊·罗威德（2008 年）基于美国健康和退休研究调查 HRS 以及美国消费行为邮寄调查 CAMS 的面板数据，继续考证"退休消费困境"的存在与否。他们发现，家庭消费在退休后会有小幅度的缩减，其中，家庭财富较低的群体消费有更高的下降趋势。而这些发现都可以被诸如工作相关消费、健康状况不佳导致的非预期退休或者闲暇替代假说所解释。

埃里克·赫斯特（2008 年）梳理了"退休消费困境"相关的文献，并从五个方面进行了归纳：尽管基于不同的数据、运用不同的方法，之前关于"退休消费困境"的文献结果都表明，退休使得家庭消费有一定程度的下降；许多研究证明家庭消费的下降仅限于工作相关的消费项目；其中一些结论显示，尽管家庭食物消费有所下滑，但个人饮食营养摄入比例并未产生变化；家庭消费在不同个体样本中存在差异；相比于"自愿退休"家庭，"非自愿退休"家庭在退休年龄前就已经对其消费进行了缩减。

日本学者美多里·瓦卡巴亚希（Midori Wakabayashi，2008 年）基于 1996 年日本家庭金融资产选择调查（survey of the financial asset choice of households，SFACH）数据，验证日本的"退休消费困境"现象。结果说

明，无论是退休后的预期消费还是实际消费，均低于退休前的家庭消费水平。另外，退休后的预期消费水平取决于家庭规模和其他因素，但这些因素都包含在生命周期假说之内。

意大利学者埃里希·布蒂斯汀、阿加·布鲁加维尼、恩里科·雷托和古列尔莫·韦伯（Erich Battistin, Agar Brugiavini, Enrico Rettore, Guglielmo Weber；2009 年）基于 1993~2004 年意大利家户收入和财富调查（Italian survey on household income and wealth, SHIW）中食物和非耐用品消费的调查数据，使用断点回归方法，进一步探究意大利的"退休消费困境"现象。结果表明，男性退休会导致工作和休闲相关的家庭非耐用品消费（例如衣着消费、外出就餐消费以及交通费用）下降 9.8%，然而这对经济状况相对差的人群并无影响。

澳大利亚学者加里·巴雷特和马修·布尔佐夫斯基（Garry Barrett and Matthew Brzozowski，2010 年）基于 2001~2007 年澳大利亚家庭收入和劳动力调查（household, income and labour dynamics in Australia survey, HILDA）数据，探索澳大利亚是否存在"退休消费困境"现象。分析显示，退休后，家庭日用品和食物支出有明显下降，正在开始经历退休的家庭缩减幅度最大。相较于"自愿退休"的家庭，由于失去长期工作或健康状况不佳而"非自愿退休"的家庭的福利水平有很大程度的削减。

德国学者拉里萨·德雷舍尔和朱塔·鲁森（Larissa Drescher and Jutta Roosen，2010 年）基于 1978~2003 年德国收入与消费调查（German income and consumption survey, EVS）数据，加入了看似不相关的年龄、世代及时间效应，以此考察德国的"退休消费困境"现象。研究结果证明，年龄、世代及时间效应都对家庭食物消费有影响，尤其对在家食物消费有更为显著的作用。除此之外，相比于养老金领取者，未退休者似乎更倾向于对家庭食物消费产生影响。因此，他们认为，这可能是"退休消费困境"现象存在的标志。

艾玛·阿吉拉、奥拉西奥·阿塔纳西奥和科斯塔斯·梅吉尔（Emma Aguila, Orazio Attanasio, Costas Meghir；2011 年）基于 1980~2000 年美国消费者支出调查 CEX 中非耐用品消费数据，考证"退休消费困境"的存在与否。虽然退休后食物消费有所下滑，但非耐用品消费并无显著变化。因此，他们认为，并不存在所谓的"退休消费困境"。

意大利学者玛格丽特·博雷拉、弗拉维亚·科达·莫斯卡罗拉和玛丽亚克丽斯蒂娜·罗西（Margherita Borella, Flavia Coda Moscarola, Mariacristina Rossi；2011 年）基于 1991~2008 年意大利家户收入和财富调查

SHIW 数据，考量意大利的"退休消费困境"现象，并使用"预期退休年龄"识别"预期退休"与"未预期退休"的不同影响。结果显示，在意大利，退休引起平均为 4% 的非耐用品消费的减少；进一步研究表明，非耐用品消费的下降仅存在于教育水平较低的家庭；此外，户主退休后，家庭财富中等以上的家庭消费并无变化，而家庭财富中等以下的家庭消费将减少 7%，其中，无退休预期的家庭消费将下降 9%。

韩国学者赵英寿（Insook Cho，2012 年）基于 1999~2007 年韩国劳动和收入调查（Korean labor and income panel study，KLIPS）数据，探究韩国的"退休消费困境"现象。研究表明，韩国老年人在退休后会显著减少消费，而且，这一现象对于"自愿退休"和"非自愿退休"的老年人并没有太大区别；韩国老年人消费减少主要集中在食物、交通和现金消费上，而家用、医疗以及耐用品消费没有明显下降；此外，消费增长率取决于其退休前的家庭财富。

西班牙学者卢恩戈·普拉多和阿尔穆德纳·塞维利亚（Luengo-Prado and Almudena Sevilla，2013 年）基于 1985~2004 年西班牙家庭预算追踪调查（encuesta continua de presupuestos familiares，ECPF）的面板数据，尝试考证西班牙的"退休消费困境"问题。数据表明，退休后在家食物支出有明显的缩减。

法国学者尼古拉斯·莫劳和埃琳娜·斯坦卡内利（Nicolas Moreau and Elena Stancanelli，2013 年）基于 2001 年法国消费预算调查（French consumer budget survey，FCBS）数据，使用模糊间断点回归方法讨论法国是否存在"退休消费困境"。与以往研究不同，他们根据家庭中女性的不同工作状态，对"双职工家庭"和"家庭主妇"进行了区分。经过进一步的计算研究，他们发现，男性退休后，家庭食物和衣着消费有明显下降。但将"家庭主妇"数据剔除后，家庭食物消费不再显著；尽管家庭衣着消费依旧显著，但并没有证据表明女性退休后家庭衣着消费会出现下降。

乔纳森·费舍尔和约瑟夫·马钱德（2014 年）基于 1990~2007 年美国消费者支出调查 CEX 数据，建立分位数回归模型，从消费分配的角度对"退休消费困境"进行了扩展。证据表明，消费缩减幅度在低分位没有显著的变化，而在高分位却有很大程度的削减。

日本学者马萨希罗·霍里和村田敬子（Masahiro Hori and Keiko Murata，2014 年）基于 1995~2003 年农场管理和经济统计调查（statistical survey on farm management and economy，SSFME）数据，探讨"退休消费困

境"在日本是否可以被观察到。结果表明，日本存在"退休消费困境"问题。户主退休后，家庭规模或其他人口相关变量的改变只能占消费下降的一部分，而且生活习惯或偏好的改变不能完全解释家庭消费的减少。

4.1.3 "退休消费困境"的国内研究综述

高玉伟（2009 年）基于 2005～2006 年中国城镇住户调查（Urban Household Survey，UHS）中山东调查总队的月度抽样调查数据，通过建立面板数据模型，检验我国城镇居民的消费行为是否与生命周期—持久收入假说的推论（居民生命周期早期的边际消费倾向比较高，中期比较低，而到生命周期后期又将比较高）相符。研究结果显示，我国城镇居民的消费行为并不完全符合传统消费假说的预期。在生命周期早期，我国城镇居民的确有更高的消费倾向，而且之后的几年内消费倾向确实偏低，直到退休前，我国城镇居民的消费倾向会再次升高，退休后，我国城镇居民的狭义边际消费（不包括医疗和教育消费）倾向较低，同时广义边际消费（包括医疗和教育消费）倾向较高。就医疗消费和教育消费而言，医疗消费支出的增加将明显减少退休前后城镇居民的其他消费支出；教育消费的变化则对处在生命周期早期和退休前后城镇居民的其他消费支出没有显著影响。高玉伟和周云波（2011 年）再次对生命周期理论框架下我国城镇居民的消费进行了研究，并得出了同样的结论。

陈梦真（2010 年）基于 2005 年中国统计年鉴宏观数据，莫迪利亚尼和安藤（以 Modigliani and Ando）的生命周期模型为基础，在消费函数理论框架内对我国养老保障对城镇居民消费的影响进行了考察。除此之外，作者还对国外"退休消费困境"相关文献进行了探讨。由于难以获取微观层面的家庭调查数据，因此只能利用可得数据说明我国的退休消费情况，而无法继续判断我国是否存在"退休消费困境"现象。

宋泽（2011 年）先是利用文献分析法，收集了国外"退休消费困境"相关的大量文献，并对这些文献进行了整理；随后，作者基于 1995 年和 2002 年中国居民收入项目（Chinese household income project，CHIP）中的城市居民数据，通过建立模糊断点回归模型，首次从微观数据层面验证了我国"退休消费困境"的存在性。为了增强实证研究的说服力，作者从户主识别和家庭识别两种方向出发，分析强制退休制度对我国城市居民消费决策的影响。研究结果显示，退休迫使我国城市居民对其家庭消费做出调整，这会在一段时期内对家庭消费支出造成负向冲击，但是不同家庭退休后的消费会根据其退休决策的差异而产生不同变化；而食物消费在家庭总消费产生波动的同时仍然能够保持稳定，只有在夫妻双方都离开劳动力市场后才会有所下滑。因此作者认为，我国"退休消费困境"现象不能简单地归结为存在与否。除此之外，作者在对退休前后家庭消费的分析中证实，家庭总收入会对家庭消费造成显著的影响，所以作者建议之后的研究应该根据居民家庭收入划分不同的组群，在不同的收入组群中对"退休消费困境"展开更深入的讨论。

耿德伟（2012年）基于2002年中国社会科学院经济研究所收入分配课题组开展的全国性大样本调查数据和中国城镇住户调查 UHS 数据，使用工具变量方法考察退休是否会在中国城镇家庭中造成消费性支出的显著下降。研究结果显示，我国城镇家庭消费将在户主退休后会有8%的下滑，但是估计结果并不显著，而除去住房及医疗保健等相关商品外的其他家庭非耐用品的消费支出有着22.8%的削减，且该项估计结果高度显著；在对家庭各项消费性支出进一步分析后，作者发现退休后与工作相关的消费减少是家庭消费下降的主要原因，家庭医疗保健消费相比于退休前则有明显的增加；除此之外，退休前后居民个人主观幸福感并无显著变化，从另一侧面证实退休所导致的家庭消费水平变动是居民理性选择的结果。这些结论意味着生命周期假说足以解释由于户主退休导致的家庭消费变化，因此，我国并不存在"退休消费困境"现象。

李宏彬、施新政和吴斌珍（2013年）基于2002～2009年中国城镇住户调查 UHS 数据，通过建立模糊断点回归模型，探寻我国"退休消费困境"问题存在的证据。研究结果显示，退休导致家庭非耐用品消费支出缩减了18%，其中，与工作相关的消费支出减少了36%，食物消费支出和娱乐消费支出则分别降低了8%和83%，但这两项估计结果并不显著；在剔除与工作相关消费、食物消费和娱乐消费之后，剩余的家庭非耐用品消费相比于退休前仍然有高达15%的削减，且该项回归结果在统计上显著，而这并不能完全被家庭生产效应等传统理论所解释。由此作者认为，"退休消费困境"在我国城镇家庭中同样存在，退休在未准备好的情况下来临，将直接导致居民生活水平的下降。

刘子兰和宋泽（2013年）基于2002年和2007年中国居民收入项目CHIP 中城市居民数据，通过建立断点回归模型，分别对正常退休家庭和提前退休家庭进行分析，试图探讨退休前后我国城市居民家庭的消费行为变化情况。研究结果显示，"退休消费困境"在我国并不是普遍存在的，但强制退休制度会对我国城市居民家庭消费造成负向影响，该影响程度取决于异质的家庭特征，而家庭基本收入水平是导致退休后家庭消费变动的主要原因；除此之外，与正常退休相比，提前退休的家庭更倾向于降低其家庭消费支出，且部分消费支出要靠减少家庭金融资产来维持。

张克中和江求川（2013 年）基于 1989～2009 年中国营养与健康调查（China health and nutrition survey，CHNS）中城市居民的家庭食物消费数据，使用普通最小二乘回归法和工具变量方法讨论退休对我国城市居民家庭食物消费的影响作用。研究结果显示，退休会对我国城市居民的家庭食物消费产生冲击，然而家庭生产效应并不能对此做出解释；与此同时，退休政策双轨制对机关单位人员和企业人员家庭食物消费造成的影响有所差异，其中，机关单位人员退休后，其家庭食物消费不会有明显的减少，而企业人员的家庭食物消费却会显著降低。普通最小二乘法和工具变量方法都表明，我国城市居民退休前后的消费行为与生命周期假说并不一致，说明我国同样存在"退休消费困境"现象，作者认为这很可能是我国城市居民在消费决策中的短视行为所导致的。

杨赞、赵丽清和陈杰（2013 年）基于 2002～2009 年中国城镇住户调查 UHS 数据，使用最小二乘回归法对我国城镇老年家庭的消费行为特征进行测度。作者提出了有关我国老年家庭消费的四个基本假说，并强调老年家庭的消费变动是由年龄效应和退休效应两个因素共同作用的。在严格区分这两个效应之后，研究结果显示，我国老年家庭消费有较高的收入弹性，但健康相关消费会对其他家庭消费有明显的挤出效应，尤其是对于健康状况处于平均健康水平以下的老年家庭；而且作者还发现，退休后我国老年家庭消费不但没有降低，反而平均有 2～3 个百分点的提升，将健康相关消费剔除的总消费支出在退休后增长幅度超过 3%，较发达地区和较近年份中，退休对我国老年家庭消费的提振作用更为显著。作者认为，我国老年群体拥有着巨大的消费潜力，退休对我国城镇老年家庭消费的刺激效应源于在职状态下被抑制的消费需求。

张彬斌和陆万军（2014 年）基于 2011 年中国健康与养老追踪调查（China health and retirement longitudinal study，CHARLS）数据，通过建立模糊断点回归模型，探究退休对我国居民家庭消费的影响作用。由于中国健康与养老追踪调查数据中不包含直接指明家户户主的变量，因此作者根据调查问卷重新定义了实证性户主；除此之外，作者没有区分城乡居民，而是对原始数据中筛选出的工作样本展开分析，其中持有城镇户口的居民占工作样本的73%。研究结果显示，退休对我国居民家庭消费的干预主要体现在家庭消费项目的结构调整上，并没有导致家庭消费规模的全面缩减，而退休后家庭消费显著下降的部分是与工作相关的消费支出，食物

（不包括外出就餐）、医疗、闲暇和娱乐等其他家庭消费支出都因退休有不同程度的提升。由于退休前后我国居民家庭消费整体的变化能够从细分后的消费项目中得到解释，因此作者认为，尽管同样会经历退休，但是没有证据证明我国居民家庭中存在"退休消费困境"。

李宏彬、施新政和吴斌珍（2014年）基于2002~2009年中国城镇住户调查UHS数据，通过建立模糊断点回归模型，再次就我国是否存在"退休消费困境"展开讨论。研究结果显示，退休后我国城镇家庭总非耐用品消费支出将会下降21%，其中，与工作相关的消费支出减少了33%，在家食物消费支出则缩减了13%，而娱乐消费支出的下滑并不显著；在剔除与工作相关消费、在家食物消费和娱乐消费之后，剩余的家庭非耐用品消费在退休前后并没有明显的变化，该结果可以被包含家庭生产效应的扩展生命周期假说所解释。于是作者认为，我国不存在真正的"退休消费困境"，经历强制退休的居民，其生活水平不会有实质性的降低。

邹红和喻开志（2015年）基于2000~2009年中国城镇住户调查UHS数据，通过建立模糊断点回归模型，同时使用参数估计方法和非参数估计方法剖析我国城镇居民在退休后其家庭消费是否会出现骤降现象。研究结果显示，退休显著降低了我国城镇家庭9%的非耐用品消费支出；从消费项目来看，与工作相关的消费支出减少了25.1%，文化娱乐消费支出下降了18.6%，在家食物消费支出缩减了7.4%，医疗消费支出则有14.2%的提升；除去与工作相关消费、文化娱乐消费、在家食物消费和医疗消费之外，退休前后其他家庭非耐用品消费基本是平滑的。就家庭类型而言，与公务员对比下的企业职工、单身、教育水平偏低和家庭储蓄不足的群体更容易遭受退休的冲击；可能是贫困家庭消费支出集中于基础消费品的原因，退休对富裕家庭造成的负向作用更强，然而家庭层面的估计结果均不显著，且没有针对不同群体展开详细的论述。参数估计方法与非参数估计方法回归结果大致相同，都表明退休没有显著抑制我国城镇家庭消费，生命周期假说成立。

通过梳理国内外相关文献，我们发现，发达国家关于退休消费困境是否存在尚无定论，但家庭财富少、健康状况差、教育程度低以及无退休预期的家庭更容易遭受退休的冲击；我国多数学者的研究则表明，我国并不存在"退休消费困境"，退休后家庭消费支出的下降主要源于与工作相关消费支出的减少，医疗消费支出在退休后有一定程度的提升，而其他家庭消费在退休前后基本平滑。

在我国，家庭收入和家庭财富存在明显的不平等，且差距不断扩大，不同收入群体的消费观念、消费行为存在明显的不同。"退休消费困境"在不同收入群体之间是否会表现出不同的状况，之前的学者尚没有给出回答。本章在考察我国城镇居民是否存在"退休消费困境"的前提下，重点分析不同收入群体对待"退休"这一事件的表现，并进一步回答退休后城镇家庭消费结构的变化及其原因。

4.2　我国城镇家庭退休相关数据统计

4.2.1　样本介绍①

本书使用的数据来自中国健康与养老追踪调查（CHARLS）数据的2011 年全国基线调查和 2013 年的追踪调查，覆盖了全国 150 个县、450个村。2011 年调查约 10000 个 45 岁以上家庭中的 17000 人，2013 年对其进行了追踪调查。对 2011 年和 2013 年的数据根据居民个人编码进行匹配整合，去除整合时损失的样本及主要信息不完整的样本后，共包含 11445个家庭、32656 个样本。再剔除农业从业人员和没有工作经历的个体，定义只包含正在受雇和已经退休个体的样本集为工作样本集，得到包括 6277个家庭，共 11774 个样本，其中有 62.38% 的个体为城镇居民。按照我国现行退休制度，男性干部、工人年满 60 周岁，女性干部年满 55 周岁，女性工人年满 50 周岁，连续工龄或工作年限满 10 年可以办理退休手续。女性的退休年龄相较男性更为复杂，因此，本章仅针对工作样本集中的男性城镇居民展开研究。除此之外，本章旨在探究工作状态的改变对家庭消费的影响，主要关注退休年龄前后家庭消费的变动情况。这也就意味着，主要受访者的年龄需要处于以退休年龄为中间点的小范围之内。考虑到样本数量有限，故将年龄区间限定在 50 ~ 70 岁，符合条件的样本数量共计1778 个。

4.2.2　退休前后家庭消费基本信息

退休是人生职业生涯的一个重要事件，对家庭的消费选择甚至生活方式选择都会产生重要影响。我国的退休制度是强制退休制度，除特别

---

① 中国健康与养老追踪调查（China Health and Retirement Longitudinal Study，CHARLS）：http：//charls.ccer.edu.cn/zh – CN.

情况外，人们对自己的退休时间都有确切判断，并在退休前就会对退休以后的生活进行计划和安排。为了便于比较，我们选取退休年龄为中间点的数据进行统计分析。表 4 - 1 为退休前后两年样本数据显示的家庭状况。

表 4 - 1　　　　　　　　　　退休前后基本信息统计

	全部样本	退休前		退休年龄 60 岁	退休后	
		- 2.00	- 1.00	0.00	1.00	2.00
年龄	59.43	58.00	59.00	60.00	61.00	62.00
退休率	0.49	0.30	0.32	0.62	0.73	0.81
婚姻状况	0.95	0.93	0.97	0.94	0.95	0.94
家庭规模	3.31	3.35	3.47	3.44	3.11	3.23
教育程度	5.05	5.01	4.70	4.78	4.62	4.67
样本量	1778.00	82.00	106.00	93.00	112.00	96.00

注：根据 CHARLS 问卷，教育程度 1～11 分别代表：未受过教育、未读完小学、私塾、小学毕业、初中毕业、高中毕业、中专毕业、大专毕业、本科毕业、硕士毕业和博士毕业，曾经获得成人教育学位的按照最高学历计算（下同）。

表 4 - 1 显示，样本平均年龄为 59.43 岁，样本基本均匀分布在退休年龄两侧，偏差不严重。总体来看，退休前的婚姻状况有微弱的波动，退休后则相对稳定；退休后家庭成员数目稍有减少；退休家庭的受教育程度低于平均教育水平且总体低于未退休家庭，这与年代相关，未观察到显著差异。可以认为，多数受访者拥有初中以上学历，且样本中三口之家居多，其中 95% 为已婚家庭。

在其他变量保持相对稳定的同时，退休率却随年龄的增加有着明显的变化。图 4 - 1 是 50～70 岁不同年龄段的退休率。可以看到，退休率在 50～70 岁呈现从 0～1 的上升态势，并在 60 岁左右出现明显的间断：由 59 岁的 32% 跃升至 61 岁的 73%，而 60 岁的退休率为 62%。也即大部分家庭的男性户主在 60 岁退休，但也有提前退休和延迟退休的家庭。为了避免退休前后生活交叉重叠的考虑，本书研究剔除了年龄恰好等于 60 岁的样本。

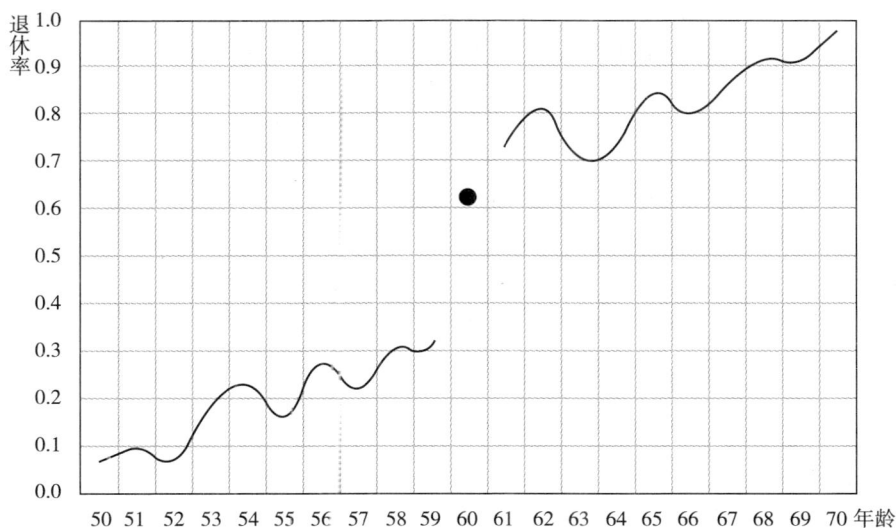

图 4-1　不同年龄退休率

　　本书主要研究不同收入群体退休前后的消费状态，因此把剩余的1685个样本按照家庭收入排序，分为低收入和高收入两组。其中，低收入组包含843个样本，高收入组则包含842个样本，分组后家庭信息统计如表4-2所示。

表 4-2　　　　　　　　　　不同收入组基本信息统计

	全部样本	低收入组	高收入组
年龄	59.40	59.39	59.41
退休率	0.49	0.45	0.52
婚姻状况	0.95	0.94	0.95
家庭规模	3.27	3.07	3.47
教育程度	5.07	4.64	5.49
家庭收入	44357.00	17222.50	71523.70
样本量	1685.00	843.00	842.00

　　将表4-1和表4-2进行对比可知，家庭基本信息的年龄分布、婚姻状况变化不大，但是在划分收入组后，退休率、教育程度、家庭收入都有着明显不同。其中，高收入组平均退休率比低收入组高出约7个百分点，

平均年收入是低收入组的 4.2 倍。尽管样本值与真实值不尽相同，但是仍能说明我国贫富群体间存在着巨大的差异。导致收入不平等的部分原因可能在于教育水平的差异，根据表 4-2，高收入群体的教育程度明显高于样本均值，更高于低收入群体教育水平。由于教育程度高的群体通常会有更稳定的职业和更高的收入，而稳定的职业通常都会较为严格地执行 60 岁退休制度的安排，因而高收入组的退休率高于低收入组。

4.2.3 退休前后不同收入组家庭消费情况

通常来说，退休前后个人和家庭消费最大的差别可能是在外就餐、服装、交通等消费。此外，教育培训、旅游、文化娱乐消费也可能会有相应的变化。参照李宏彬等（2014）的分类，我们将家庭消费分为家庭日常消费、工作相关消费、健康相关消费和教育休闲消费四类，各消费项目下的细分子项目如图 4-2 所示。

家庭非耐用品消费	家庭日常消费	在家食物消费
		其他日常消费
	工作相关消费	在外就餐消费
		衣着消费
		交通通信消费
	健康相关消费	医疗消费
		保健消费
		美容消费
	教育休闲消费	教育培训消费
		家庭旅游消费
		文化娱乐消费

图 4-2　家庭消费分类

其中，在家食物消费包括购买食物和香烟酒水消费；其他日常消费包括房屋租金、水费电费、燃料费、雇用费、日用品、取暖费、税费杂费、物业费及社会捐助费用；交通通信消费包括邮电通信和当地交通费。需要强调的是，由于"退休消费困境"是针对家庭非耐用品消费的研究，故家庭总消费中并不包含耐用品相关消费，因此本章直接将家庭总消费命名为"家庭非耐用品消费"。

表 4-3 分别统计了全部样本、低收入组和高收入组的各项消费情况。

表 4 - 3 不同收入组家庭退休前后消费统计　　　　　　单位：元/年

	全部样本	低收入组		高收入组	
		退休前	退休后	退休前	退休后
家庭非耐用品消费	41860.20	30538.5	34254.5	51118.9	51862.9
家庭日常消费	28512.70	22565.8	24982.7	32866.5	33831.3
其中:在家食物消费	16299.20	12917.3	15506.9	17971.1	19004.0
其他日常消费	12213.50	9648.5	9475.8	14895.4	14827.2
工作相关消费	6163.30	3859.6	4135.8	9088.4	7654.4
其中:外出就餐消费	2103.90	923.8	1313.7	2753.6	3436.6
衣着消费	1726.30	1247.0	1224.5	2699.6	1768.4
交通通信消费	2333.16	1688.8	1597.6	3635.2	2449.4
健康相关消费	4039.30	2405.6	3484.2	3879.4	6393.8
其中:医疗消费	3361.60	2143.4	3153.8	3064.8	5101.2
保健消费	506.20	168.2	292.0	405.8	1142.6
美容消费	171.60	94.0	38.4	408.8	150.0
教育休闲消费	3144.90	1707.5	1651.8	5284.6	3983.4
其中:教育培训消费	1854.00	1316.6	816.3	3134.1	2142.8
家庭旅游消费	1110.70	324.1	716.8	1862.8	1586.8
文化娱乐消费	180.20	66.7	118.6	287.7	253.8
样本量	1685.00	460.0	383.0	405.0	437.0

　　依据表 4 - 3 数据分别画出高、低收入家庭退休前后的家庭支出的变化（如图 4 - 3 和图 4 - 4 所示），可以更直观地看到家庭消费结构的变化及不同收入组的差别。

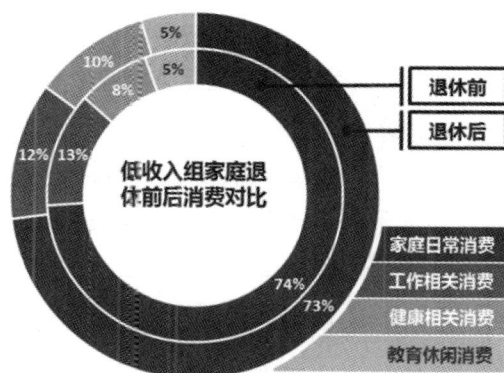

图 4 - 3 低收入组退休前后家庭消费结构

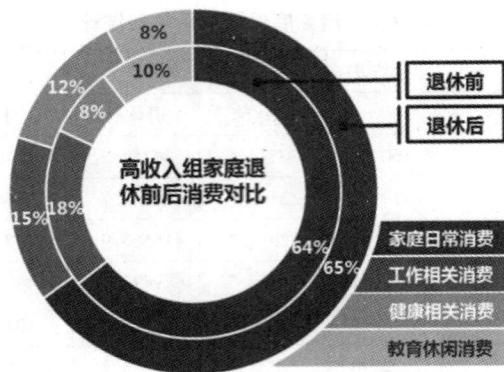

图 4 - 4　高收入组退休前后家庭消费结构

由图 4 - 3 和图 4 - 4 可以看出，总体来看，高收入家庭日常消费占比比低收入家庭低 9%，工作相关消费、健康相关消费、教育休闲消费占比分别高出 4% 、1% 、4% 。而退休前后，高收入组比低收入组的消费结构变化更大。

4.3　退休对我国城镇家庭消费的影响

4.3.1　模型设定

从理论上来讲，因果关系需要随机实验进行检验，通过随机分组，比较实验组与控制组的平均处理效应。然而在社会科学研究中，理想的随机实验往往很难实现。国外经济学家另辟蹊径，试图求助于经济学界外的一些方法，其中包括蜚声心理学和教育学领域的断点回归方法。

断点回归方法旨在考察当处理变量 d 完全由连续变量 x 是否超过某断点 c 所决定时，该处理变量 d 对结果变量 y 的影响。假定个体其他前定变量在统计上无差异，则可以将断点回归视为"局部随机实验"，故可以一致地估计断点周围的局部平均处理效应。如果造成局部平均处理效应变动，则其原因只可能是 d 在断点处对 y 的因果效应。

假设 d 造成的两种潜在结果分别为 (y_0, y_1) ，则有：

$$y = y_0 + d(y_1 - y_0) \tag{4-1}$$

故：

$$E(y \mid x) = E(y_0 \mid x) + E[d(y_1 - y_0) \mid x]$$
$$= E(y_0 \mid x) + E(d \mid x) \cdot E[(y_1 - y_0) \mid x] \tag{4-2}$$

其中，条件期望函数 $E(y_1 - y_0 \mid x)$ 是要估计的局部平均处理效应。对式 (4-2) 分别从 c 的左右两边取极限可得：

$$\lim_{x \downarrow c} E(y \mid x) = \lim_{x \downarrow c} E(y_c \mid x) + \lim_{x \downarrow c} E(d \mid x) \cdot \lim_{x \downarrow c} E[(y_1 - y_0) \mid x] \tag{4-3}$$

$$\lim_{x \uparrow c} E(y \mid x) = \lim_{x \uparrow c} E(y_c \mid x) + \lim_{x \uparrow c} E(d \mid x) \cdot \lim_{x \uparrow c} E[(y_1 - y_0) \mid x] \tag{4-4}$$

假设函数 $E(y_0 \mid x)$ 与 $E(y_1 \mid x)$ 在 $x = c$ 处连续，则左极限等于右极限，也等于其函数值。因此，将式 (4-3) 与式 (4-4) 相减可得：

$$\lim_{x \downarrow c} E(y \mid x) - \lim_{x \uparrow c} E(y \mid x) = \left[\lim_{x \downarrow c} E(d \mid x) - \lim_{x \uparrow c} E(d \mid x)\right] \cdot E[(y_1 - y_0) \mid x = c] \tag{4-5}$$

$$LATE \equiv E[(y_1 - y_0) \mid x = c] = \frac{\lim_{x \downarrow c} E(y \mid x) - \lim_{x \uparrow c} E(y \mid x)}{\lim_{x \downarrow c} E(d \mid x) - \lim_{x \uparrow c} E(d \mid x)} \tag{4-6}$$

断点回归分为精确断点回归和模糊断点回归两种。式 (4-6) 中，分母是个体在断点处得到处理的概率。在精确断点回归中，个体得到处理的概率从 0 跳跃到 1；而在模糊断点回归中，个体得到处理的概率从 a 跳跃到 b $(0 < a < b < 1)$。

与国外鼓励和引导退休后继续工作的政策不同，我国沿用法定年龄强制退休制度，有更为清晰的断点，因此，"退休消费困境"问题适合使用断点回归模型。但强制退休并不是"一刀切"，从事某些特定工种或健康状况受限的成员可能提前退休，同时通过返聘方式也使得另一些成员继续留在其工作岗位。通过统计我们发现，获取的样本中，未达到 60 岁就退休的居民有 19.61%，超过 60 岁仍未退休的有 18.03%。也就是说，退休制度使得工作状态在法定年龄处发生变动，但不一定是由 0 直接到 1 的跳跃。因此，研究我国"退休消费困境"问题更适合采用模糊断点回归方法。

假定退休状态 R 对家庭消费 Y 产生影响。定义 D 为判断个体实际年龄是否达到法定退休年龄的适龄条件，当个体实际年龄大于退休年龄时，取值为 1；否则，取值为 0。

在模糊断点的情况下，存在影响处理变量的其他因素，导致处理变量与扰动项相关，无论样本容量多大，普通最小二乘法估计量将不会收敛到真实的总体参数，而工具变量恰好是解决内生性的主要方法。适龄条件 D 与退休状态 R 满足相关性条件；由于断点回归在法定退休年龄附近相当于局部随机实验，所以适龄条件 D 只通过退休状态 R 影响家庭消费 Y，与扰动项不相关，满足外生性条件。因此，适龄条件 D 可以是退休状态 R 的有效工具变量。

工具变量法一般借由两阶段最小二乘方法实现，即需要通过两个阶段的回归来完成：第一阶段，用内生解释变量对工具变量回归，得到拟合值；第二阶段，用被解释变量对第一阶段回归的拟合值进行回归。

在此基础上，本章将模型设定为：

$$\ln Y_i = \beta_0 + \beta_1 R_i + \beta_2 S_i + f(S_i) + \varepsilon_i \qquad (4-7)$$

$$R_i = \alpha_0 + \alpha_1 D_i + \alpha_2 S_i + g(S_i) + u_i \qquad (4-8)$$

其中，i 代表不同的样本个体，α 和 β 都是模型中变量的系数，ε 和 u 都是模型的扰动项，$\ln Y_i$ 是家庭各项消费的对数，R_i 是退休状态，D_i 是适龄条件，S_i 是个体实际年龄与法定退休年龄的年龄差，$f(S_i)$ 与 $g(S_i)$ 都是 S_i 的高阶多项式（在模型中加入高阶多项式，是为防止造成遗漏变量偏差）。

4.3.2　模型估计

为了检验模型中工具变量对退休状态的解释程度，并通过控制模型中年龄差多项式来判断年龄差高阶多项式的阶次，首先需要进行第一阶段的回归。估计结果如表 4-4 所示。

表 4-4　　　　　　　　　适龄条件对退休状态的影响

被解释变量：退休状态

	（1）	（2）	（3）	（4）
适龄条件	0.304 ***	0.325 ***	0.322 ***	0.378 ***
	（0.032）	（0.046）	（0.048）	（0.061）
S	0.023 ***	0.020 ***	0.020 ***	0.004
	（0.003）	（0.007）	（0.007）	（0.013）
S^2	0.001 **	0.001 **	0.001	0.001
	（0.000）	（0.000）	（0.001）	（0.001）
S^3		0.000	0.000	0.000 *
		（0.000）	（0.000）	（0.000）

被解释变量:退休状态

	（1）	（2）	（3）	（4）
S^4			－0.000	－0.000
			（0.000）	（0.000）
S^5				－0.000*
				（0.000）
年份虚拟变量	是	是	是	是
常数项	0.258***	0.247***	0.243***	0.215***
	（0.019）	（0.027）	（0.027）	（0.034）
样本量	1685	1685	1685	1685

注:标示 *、**、*** 分别代表变量10%、5%、1%水平下的显著性;括号内数值均为稳健标准误;"是"表示模型中加入该变量。

由表4-4可以看出,尽管列（1）至（4）中模型对年龄差多项式的阶次进行了取舍,但是适龄条件对退休状态的估计系数相差无几,且都高度显著,证明适龄条件确实能够作为退休状态的工具变量。

参照赤池信息量准则（AIC）,权衡模型的复杂度和拟合数据的优良性后,选择可以更好地解释数据且包含最少参数的模型,因此将年龄差高阶多项式的阶次确定为二阶。模型可以具体化为:

$$\ln Y_i = \beta_0 + \beta_1 R_i + \beta_2 S_i + \beta_3 S_i^2 + \varepsilon_i \qquad (4-9)$$

$$R_i = \alpha_0 + \alpha_1 D_i + \alpha_2 S_i + \alpha_3 S_i^2 + u^i \qquad (4-10)$$

本章重点关注退休状态对家庭消费的影响,根据具体化后的模型,现对第二阶段的主回归方程进行回归,回归结果见表4-5。

表4-5　　　　　　　　退休对家庭各项消费的影响

被解释变量:家庭非耐用品消费

退休状态	－0.049			
	（0.060）			
常数项	10.040***			
	（0.046）			
样本量	1685			
	消费类目	消费类目细分子项目		
	家庭日常消费	在家食物消费	其他日常消费	
退休状态	0.017	0.067	0.014	
	（0.061）	（0.066）	（0.078）	

被解释变量：家庭非耐用品消费			
常数项	9.748 *** (0.046)	9.286 *** (0.049)	8.466 *** (0.060)	
样本量	1683	1617	1674	
	工作相关消费	外出就餐消费	衣着消费	交通通信消费
退休状态	− 0.668 *** (0.097)	− 0.147 (0.216)	− 0.508 *** (0.100)	− 0.655 *** (0.086)
常数项	8.206 *** (0.070)	8.614 *** (0.197)	7.214 *** (0.070)	7.437 *** (0.064)
样本量	1642	240	1369	1603
	健康相关消费	医疗消费	保健消费	美容消费
退休状态	0.585 *** (0.137)	0.726 *** (0.145)	0.489 ** (0.247)	− 0.501 * (0.289)
常数项	6.423 *** (0.123)	5.375 *** (0.157)	6.702 *** (0.146)	6.302 *** (0.317)
样本量	1176	1028	274	253
	教育休闲消费	教育培训消费	家庭旅游消费	文化娱乐消费
退休状态	− 0.485 *** (0.174)	− 0.510 ** (0.226)	0.047 (0.230)	− 0.141 (0.167)
常数项	7.288 *** (0.146)	7.270 *** (0.229)	7.461 *** (0.179)	5.903 *** (0.129)
样本量	801	399	336	372
年龄差多项式	是	是	是	是
年份虚拟变量	是	是	是	是

注：被解释变量均取自该项数据的自然对数值；标示 *、**、*** 分别代表变量 10%、5%、1% 水平下的显著性；括号内数值均为稳健标准误；"是"表示模型中加入该变量。

表4-5 的估计结果显示：

（1）退休在总体上未对我国城镇居民家庭非耐用品消费的影响不显著。

（2）退休对城镇家庭日常消费支出（包括在家食物消费、家庭日常消费）影响不显著。

（3）退休对工作相关消费有显著影响，影响程度达 48.7%（自然对数为 −66.8%[1]）。工作相关消费主要有外出就餐消费、衣着消费和交通通信消费三项，这几项消费在退休后分别下降 − 13.7% 、 − 39.8% 、 − 48.1%（自然对数分别为 − 14.7% 、 − 50.8% 、 − 65.5%），其中，交通通信类消费下降幅度最大，衣着消费次之，外出就餐消费下降不显著。在中国，工作相关的外出就餐消费通常是公款，个人就餐支出的对象往往是联系相对紧密的朋友或同事，这种关系通常在退休后的一段时间内也会保持；而交通通信支出尤其是交通支出大幅降低是退休后必然减少的，衣着支出尤其是高档服装的需求减少是衣着消费减少的主要原因。

（4）退休之后，家庭健康相关消费显著增加，增加幅度达 79.5%（自然对数 58.5%），这一结论与雷晓燕、谭力和赵耀辉（2010 年）的研究结论一致。家庭健康主要包括医疗消费、保健消费和美容消费，这三项消费中，医疗消费、保健消费在退休后分别增加了 106.7% 、63.1%（自然对数分别为 72.6% 、48.9%），美容消费则减少了 39.4%（自然对数为 −50.1%）。由于本章样本涵盖了退休前 10 年和退休后 10 年的城镇家庭，退休前和退休后年龄差较大，因此，可以认为退休后的家庭医疗消费和保健消费是由年龄原因造成的。家庭美容消费包括化妆品、美容护理及按摩的消费支出，退休后，家庭的化妆品、美容护理等项目不再成为必须，使得总体上家庭美容支出减少。

（5）退休之后，家庭教育休闲消费显著减少了约 38.43%（自然对数为 − 48.5%）。其中，教育培训消费降低了 40%（自然对数为 − 51%），而家庭旅游消费倾向于增加、文化娱乐消费倾向于减少，这两项支出总体基本没有明显变化。通常来说，职场上更多的年轻人会花费闲暇时间和金钱去接受培训，提高竞争力，本章的估计结果显示，临近退休的群体也会花费较多的资金接受教育培训，退休后这部分支出会明显减少。

综上分析，本书认为我国城镇家庭总体上不存在"退休消费困境"，家庭成员退休后，家庭消费中与工作相关的消费支出减少，教育培训支出减少、健康消费增加，其他日常支出没有显著变化，即城镇家庭的消费结构总体有所调整，但并没有降低生活水平的迹象。

---

① 由于被解释变量均取自各项数据的自然对数值，因此对回归结果做出分析时，应将其调整为对被解释变量真实值的影响系数，转化关系式为：$\Delta x = e^{\Delta \ln x} - 1$ 。

4.3.3 稳健性检验

断点回归方法的稳健性可以通过纳入其他解释变量得到检验。除退休状态、年龄差多项式和年份虚拟变量外，在模型中加入家庭收入、家庭资产、家庭规模、婚姻状况、教育程度后进行回归，得到结果如表4-6所示。

表4-6 模糊断点回归模型的稳定性检验

	被解释变量				
	家庭非耐用品消费	家庭日常消费	家庭工作相关消费	家庭健康相关消费	家庭教育休闲消费
退休状态	-0.024 (0.057)	0.015 (0.059)	-0.600 *** (0.093)	0.663 *** (0.140)	-0.391 ** (0.174)
家庭收入	0.146 *** (0.022)	0.126 *** (0.024)	0.279 *** (0.035)	0.121 ** (0.052)	0.126 ** (0.063)
家庭资产	0.062 *** (0.009)	0.058 *** (0.009)	0.058 *** (0.013)	0.029 * (0.017)	0.073 *** (0.024)
家庭规模	0.056 *** (0.013)	0.035 ** (0.014)	0.113 *** (0.020)	0.082 *** (0.031)	0.106 *** (0.037)
婚姻状况	0.333 *** (0.086)	0.366 *** (0.088)	0.168 (0.143)	0.225 (0.272)	0.480 (0.293)
教育程度	0.182 *** (0.038)	0.097 *** (0.038)	0.425 *** (0.062)	0.182 ** (0.094)	0.466 *** (0.117)
年龄差多项式	是	是	是	是	是
年份虚拟变量	是	是	是	是	是
常数项	7.237 *** (0.225)	7.273 *** (0.238)	3.956 *** (0.352)	4.250 *** (0.560)	3.952 *** (0.694)
样本量	1596	1594	1558	1129	759

注：被解释变量均取自该项数据的自然对数值；标示 * 、 ** 、 *** 分别代表变量10%、5%、1%水平下的显著性；括号内数值均为稳健标准误；"是"表示模型中加入该变量。

加入其他解释变量后，退休对于家庭各项消费支出的影响没有显著变化，可以证实断点回归方法的有效性及模型结果的稳健性。除此之外，表4-6还可以看出，家庭收入高、家庭资产多的家庭，其各类消费均明显提高，其中，家庭健康相关消费受影响程度相对较低。另外，家庭规模越大，家庭消费支出越高；有配偶的家庭会显著增加其必需性生活开支；教育水平高的家庭消费，尤其是工作相关消费和教育休闲消费更多。

4.4　退休前后不同收入家庭消费变动情况对比

不同收入家庭具有不同的消费倾向和消费结构，其消费观念和消费行为也会不同，本章利用模糊断点回归模型，进一步研究"退休"对不同收入家庭消费的影响。估计结果见表4－7。

表4－7　　　"退休"对不同收入家庭消费支出的影响对比

被解释变量:家庭非耐用品消费

	低收入组	高收入组		
退休状态	−0.102 (0.099)	−0.019 (0.070)		
常数项	9.854*** (0.072)	10.280*** (0.056)		
样本量	843	842		

	消费类目		消费类目细分子项目			
	家庭日常消费		在家食物消费		其他日常消费	
	低收入	高收入	低收入	高收入	低收入	高收入
退休状态	−0.016 (0.103)	0.038 (0.070)	0.147 (0.108)	−0.006 (0.078)	−0.055 (0.135)	0.071 (0.090)
常数项	9.587*** (0.073)	9.951*** (0.056)	9.059*** (0.075)	9.539*** (0.061)	8.323*** (0.096)	8.653*** (0.075)
样本量	842	841	812	805	835	839

	工作相关消费		外出就餐消费		衣着消费		交通通信消费	
	低收入	高收入	低收入	高收入	低收入	高收入	高收入	低收入
退休状态	−0.680*** (0.155)	−0.657*** (0.114)	−0.418 (0.444)	0.041 (0.241)	−0.595*** (0.168)	−0.427*** (0.113)	−0.747*** (0.142)	−0.598*** (0.102)
常数项	7.892*** (0.108)	8.578*** (0.087)	8.569*** (0.367)	8.648*** (0.242)	6.957*** (0.114)	7.526*** (0.086)	7.223*** (0.098)	7.713*** (0.082)
样本量	819	823	83	157	670	699	794	809

被解释变量:家庭非耐用品消费

	健康相关消费		医疗消费		保健消费		美容消费	
	低收入	高收入	低收入	高收入	低收入	高收入	低收入	高收入
退休状态	0.374	0.643***	0.578**	0.762***	0.658*	0.339	-1.252*	-0.142
	(0.241)	(0.161)	(0.258)	(0.171)	(0.392)	(0.312)	(0.667)	(0.273)
常数项	6.244***	6.609***	5.218***	5.501***	6.410***	6.928***	6.035***	6.567***
	(0.188)	(0.160)	(0.239)	(0.206)	(0.249)	(0.175)	(0.411)	(0.436)
样本量	550	626	488	540	106	168	91	162
	教育休闲消费		教育培训消费		家庭旅游消费		文化娱乐消费	
	低收入	高收入	低收入	高收入	低收入	高收入	低收入	高收入
退休状态	-0.275	-0.598***	-0.541	-0.509**	0.515	-0.042	-0.015	-0.223
	(0.314)	(0.204)	(0.443)	(0.242)	(0.470)	(0.261)	(0.269)	(0.209)
常数项	6.873***	7.605***	6.868***	7.682***	6.844***	7.748***	5.592***	6.129***
	(0.233)	(0.192)	(0.396)	(0.269)	(0.344)	(0.214)	(0.211)	(0.166)
样本量	332	469	174	225	118	218	144	228

注:(1)被解释变量均取自该项数据的自然对数值;标示 *、**、*** 分别代表变量 10%、5%、1% 水平下的显著性;(2)括号内数值均为稳健标准误;(3)所有模型均加入了"是"表示模型中加入了年龄差多项式和年份虚拟变量。

由估计结果可知,"退休"对低收入和高收入家庭非耐用品消费支出的影响均不显著,但从数据上看,低收入家庭的消费支出对"退休"更为敏感。

家庭生产理论认为,家庭可以利用的时间会被花费在市场工作、闲暇和家务劳动三个方面,退休会使得市场工作时间减为零,家务劳动和闲暇时间大大增加,因此大多数家庭会更从容地安排购物和消费时间。对于高收入家庭来说,时间充裕以后可能会增加在外就餐、旅游、娱乐等方面的消费,低收入家庭为节省开支可能会货比三家,挑选更质优价廉的商品,娱乐方面也可能增加社区文化活动或公共娱乐休闲等无支出的项目。根据模型估计结果,本书具体分析如下:

1. 高收入、低收入家庭的日常消费都不受退休的影响

"退休"对高收入和低收入家庭的日常消费影响都不显著,但从估计结果看,低收入家庭的日常消费支出比退休前可能会有所减少,高收入家庭则相反。尤其是在家食物消费,高收入家庭退休后有了更多的休闲时间,可以增加在外就餐的机会,在家食物消费有减少的倾向和可能。而低收入家庭退休后有了更多的休闲时间，可以避免不必要的外出就餐，从而增加了在家食物消费的可能。总体上低收入和高收入家庭的在家食物消费变化不大，可以认为退休对中国城镇家庭的饮食结构和营养状况基本没有影响。美国学者马克·阿吉亚尔和埃里特·赫斯特（Mark Aguiar and Erik Hurst，2005 年）在对"退休消费困境"进行扩展研究时发现，退休确实增加了家庭闲暇时间，而且尽管退休会导致家庭消费行为产生变化，但是并未对个人饮食营养摄入比例造成影响。这与我们的结论基本一致。

2. 退休后高收入、低收入家庭都明显降低了工作相关消费

工作相关消费包括外出就餐消费、衣着消费、交通通信消费。外出就餐主要指与工作相关的外出就餐，这部分支出主要由雇主而非个人支出，因此，无论高收入还是低收入，这部分支出在退休前后没有明显变化。

低收入家庭的衣着支出和交通通信支出比高收入家庭降低得都更为明显。其中衣着支出低收入家庭降低了 44.84%，高收入家庭降低了 34.75%；交通通信支出低收入家庭降低 52.62%、高收入家庭降低 45.01%。本书认为有两个方面的原因：（1）低收入家庭退休后更注重节俭，以满足基本消费需求为主；（2）高收入家庭在退休后仍会参加一些社交活动，需要服装及交通等消费，此外，高收入家庭倾向于拥有家用汽车等耐用消费品，这类商品在退休后保养、汽油等额外支出没有减少得太多。

3. 退休后高收入家庭的健康相关消费显著增加

健康消费中的医疗消费在退休后的高收入和低收入家庭中都明显增加，这与年龄有关。此外，高收入家庭的医疗消费增加幅度达 114.3%（自然对数为 76.2%），比低收入家庭的增幅 78.2%（自然对数为 57.8%）高出 36%。雷晓燕、谭力和赵耀辉（2010 年）认为，自愿退休（包括提前退休）对男性的健康没有影响，强制退休会使一部分人产生心里不适甚至影响健康。本章的全部样本中，非强制退休的人数占整体的 19.53%；在低收入组中，这一比例则高达 24.44%。结合雷晓燕等的结论，高收入家庭强制退休的比例更高，有可能健康受影响的比例高，可能是其医疗支出也更高的缘故。

高收入家庭的保健消费和美容相关消费在退休后没有发生明显变化，主要原因是这类家庭的消费基本不受收入约束，退休后的消费结构调整主要考虑需求因素。低收入家庭的保健消费明显增加，本书认为仍是年龄导致的身体健康不如退休前，这是必须支出的消费或可称为被迫消费；低收入家庭的美容相关消费退休后急剧减少，一方面由于退休后美容消费不是必需的，另一方面低收入家庭在退休后明显受到收入约束，必须调整消费结构才能达到不影响生活水平的目的。

4. 退休后高收入家庭的教育休闲消费明显减少

教育休闲消费包括教育培训消费、家庭旅游消费和文化娱乐消费。教育培训消费主要来自子女的学杂费用和自身能力素质的培养费用。高收入家庭退休以后教育培训费用明显减少，主要原因是，退休后的样本家庭子女年龄普遍已 30 岁以上，这一年龄段的子女基本不再需要学杂费，而退休前的样本在 50 ~ 60 岁，他们的子女很可能还在上学[①]。低收入家庭退休前后教育培训消费变化不显著，主要原因与高收入者正相反，他们更早生育，50 ~ 60 岁时其子女或许已经工作，不再需要支付学杂费，因此前后变化不大。退休对高收入和低收入家庭的旅游消费和文化娱乐消费影响均不显著，说明各自的旅游消费和文化娱乐消费在退休前后变化不大。

4.5　结　论

本章基于 2011 年和 2013 年中国健康与养老追踪调查数据，利用模糊断点回归方法就我国城镇家庭是否存在"退休消费困境"这一问题进行了研究。本章主要结论如下：

（1）我国城镇家庭整体上不存在"退休消费困境"，但消费结构发生了变化，工作相关消费减少、教育培训消费减少、与健康相关的消费增加，其他日常支出没有显著变化。即城镇家庭的消费结构总体有所调整，但并没有降低生活水平的迹象。

（2）延迟退休是指提高正常退休年龄，按照本书的分析结论推论，延迟退休政策实施将不会影响我国城镇家庭总体消费。

（3）低收入家庭对工作状态的变化更加敏感。其中，衣着支出、交通通信支出、美容支出比高收入家庭降低得都更为明显。

（4）高收入家庭的消费结构退休后有所变化，但与低收入家庭不同，优越的家庭条件保证其各项支出不受资金约束，甚至有了充足的闲暇时间以后，外出就餐消费有增加的倾向。

我国实行强制退休制度，明确规定使得我国居民存在退休预期，即使退休阶段来临，仍能从容不迫，坦然面对。此外，我国传统文化崇尚"量

---

① 通常情况下，收入高的群体受教育程度更高，更倾向于晚婚晚育，其子女也倾向于受教育程度更高，受教育年限长。50 ~ 60 岁，其子女很可能还处在大学期间。

入为出""节俭消费",加上社会保障不够完善,居民具有强烈的预防性储蓄动机,居民储蓄居高不下,因此平滑消费成为可能。但我国存在明显的贫富分化,不仅收入水平存在差距,而且中国家庭的财产不平等程度更高,且持续扩大。因此,要促进消费,还需加快社会保障制度建设,推进社会分配制度改革,提高低收入群体待遇,进一步缩小贫富差距。

第5章 老年群体医疗服务
利用及医疗支出决策

5.1 医疗服务利用及相关研究

5.1.1 医疗服务利用及相关概念界定

一、医疗需要和医疗需求

医疗需要指由于疾病、伤痛等原因而使人处于需要医疗服务的状态，是人类的基本需要之一；医疗需求则是一种经济学上的概念，具有支付能力的医疗需要才是医疗需求。一般采用调查"两周患病率"来测量居民医疗卫生服务需要。两周患病率的计算公式为：两周患病率＝调查居民中两周内患病人数或人次数/调查总人数（百分率或千分率）。这里，卫生服务研究所定义的"患病"是从居民对卫生服务需要角度考虑，并非严格意义上的由客观医学检查确认的"患病"，包括被调查者的自身感受的"不适"和调查员（医务人员）客观判断的患病、受伤和中毒，具体有如下情况：（1）自觉身体不适，去医疗卫生单位就诊确认有病或伤或中毒，接受了治疗；（2）自觉身体不适，未去医疗单位诊治，但自服药物或采取一些辅助治疗；（3）自觉身体不适，未去就诊治疗，也未采取自服药物或辅助疗法，但因身体不适休工、休学或卧床一天及以上者。上述三种情况有其一者，均认为"患病"。根据《中国卫生和计划生育统计年鉴》的统计调查数据，2003～2013 年中国调查地区居民两周患病率从 14.3% 增至 24.1%；其中 65 岁及以上人口患病从 33.8% 增至 62.2%，2013 年老年人口的患病率是平均水平的 2.58 倍。高患病率即高医疗需要，但并非所有的医疗需要都能够转化为医疗需求，这就产生了医疗服务可及性的问题，即对有医疗需要的居民满足了医疗需求，视为医疗服务可及。

二、医疗服务利用

医疗服务可分为预防性医疗服务和治疗性医疗服务，其中预防性医疗服务主要包括体检、接种疫苗、接受健康知识教育等，治疗性医疗服务主要包括门诊就医、急诊、住院医疗服务等。通常情况下，患者利用了医疗服务，就会产生相应的医疗支出，而产生了医疗支出则必然是因为利用了医疗服务。本章的医疗服务利用主要针对治疗性医疗服务支出，主要指门诊医疗服务利用和住院医疗服务利用两种。

5.1.2 老年群体医疗服务利用相关研究

库兹等（Kouzis et al.，1998）发现年龄和医疗服务利用率呈正相关；孟昕和克里斯汀·汤（2006）发现50~60岁的居民自费医疗支出要比40~50岁的高出50%~100%，而80岁以上的居民自费医疗支出要比40~50岁的高出100%~170%；格特勒等（Gertler et al.，1990）发现女性慢性病和急性病的发病率均高于男性；迪万等（Diwan et al.，1998）和龙等（Long et al.，1999）进一步说明，长期的社会性别差异使得女性在生理和心理上都更加脆弱，女性生病时间要更长、更易受到功能障碍的困扰、自评健康程度也更低；但布等（Buor et al.，2004）却认为女性虽然有更高的医疗服务需求，但是医疗服务利用率不及男性，家庭和社会地位低下、不自主的经济状况、较少的受教育机会可能是解释这一现象的原因。米切尔等（Mitchell et al.，1998）发现接受教育多的老年人就医意愿更高；不仅如此，马基尼等（Makinen et al.，2000）还发现接受教育多的老人健康状况更好，因为他们会采用更积极健康的生活方式，为改善健康状况的支付意愿也更高；肖恩等（Schoen et al.，2000）、马基尼等（Makinen et al.，2000）等研究表明无论在发达国家还是发展中国家，高收入人群的医疗服务利用率明显更高；美国兰德公司在20世纪70年代进行了一项得到高度评价的实验，实验结果证明医疗保险对医疗服务利用有着十分显著的作用；刘和赵（Liu and Zhao，2006）证明医疗保险有助于医疗服务利用率的上升和医疗支出的增加。自评健康往往与个人生活幸福感受密切相关，同时该指标能体现出被调查者慢性病和无法治愈疾病是否存在。此外，该指标综合体现了个人的心理、自身体验和幸福感等因素；门斯和奇伯菲尔德（Mence and Chipperfield, 2001）研究表明，消极的自评健康和门诊服务利用率呈正相关。自评健康相比其他健康指标对老年人的医疗服务利用率的影响更为显著。

有部分文献分析了日常照料对老年人医疗服务利用的影响，且观点不甚相同。有观点认为，家庭照料会降低老人医疗服务的利用和医疗费用的支出；另有观点认为，家庭照料和医疗服务利用是相互补充和相互促进的（Bolin，2008）；帕斯洛（Parslow，2002）认为与子女同住的老人对医疗服务的利用率更高。

高梦滔和姚洋（2004）利用我国农业部的 8 省农户调查数据，采用 Heckman 选择模型和双变量 probit 模型研究了影响农村两周患病和医疗支出的关系；封进等（2006）采用医疗决策和支出模型，使用工具变量法估计了我国农村医疗支出与收入之间的关系；林相森和艾春荣（2008）利用半参数和参数两种方法估计了医疗需求的影响因素，认为年龄对医疗需求有正向影响；王明慧等（2009）用秩和检验比较了有职工医保的患者在急性阑尾炎、胆结石等五种疾病的住院医疗利用与没有职工医保的患者之间的差异；王彤等（2009）对太原市居民的医疗服务利用进行研究，发现年龄对医疗支出无显著影响；黄枫和甘犁（2010）使用了两部模型、样本选择模型及扩展的样本选择模型研究住院支出费用的问题，认为虽然医疗保险能降低自付医疗费用，但是提高了总住院费用支出；刘国恩（2011）使用样本选择模型和 logit 模型分别研究老年人的医疗支出费用和是否能及时就医的问题；胡宏伟等（2012）使用倾向得分匹配法发现社会医疗保险可以显著增加老年人对卫生服务的利用；官海静等（2013）利用集中指数来度量城镇居民医保对住院服务的公平性的影响，事实证明影响非常有限；魏宁（2016）以经济学的健康资本模型研究了健康资本对我国中老年医疗服务利用的影响。

刘明霞和仇春娟（2014）利用 CHARLS2011 年基线调查数据对不同年龄阶段、不同医保种类的老年人住院情况进行了分析，认为医保能显著提高老年人的住院率，但同时也提高了住院费用支出；在此基础上，张丽和童星（2014）同样使用 CHARLS2011 年基线调查数据研究了农村老年居民的住院服务利用情况，发现住院服务利用是其他家庭因素综合影响的结果。可见，医疗保险对我国老年人就医行为有着非常重要的影响。

鄢盛明（2001）研究发现，子女对父母进行身体照料、家务料理、现金和实物帮助等方面与家庭居住模式有关，与父母同住的子女对父母提供的帮助可能性最大，其次是主得比较近的子女，离父母较远的子女提供帮助最小；谢桂华（2009）发现，老人的居住模式、与子女的居住距离不影响子女对其给予经济支持，但会影响子女提供日常照料、情感慰藉等方面的支持，同住的情况下父母可以得到频繁的关心与照顾；龚秀全（2016）使用上海市静安区老年人的抽样调查数据进行研究，发现虽然居住安排对老年人医疗服务利用有显著影响，但是老年人的自理能力水平会对其发挥调节作用。

5.2 城乡老人医疗服务利用现状

5.2.1 从宏观上看我国居民医疗服务利用现状

1. 家庭医疗支出及其占家庭消费支出的比重

图 5 - 1 为我国城镇和农村家庭人均医疗支出及其占家庭人均消费支出的比重。从中可以看出：

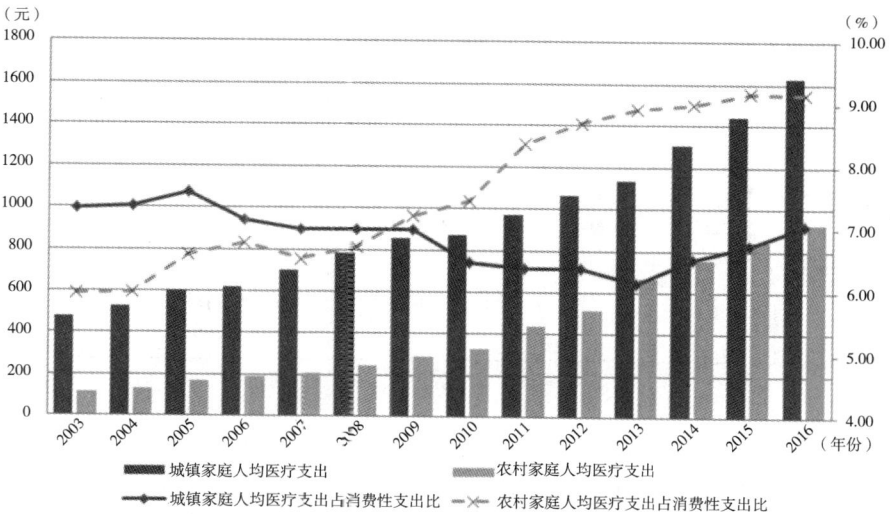

图 5 - 1 家庭人均医疗支出及其占家庭人均消费性支出的比重

（1）尽管城镇家庭人均医疗支出也在逐年增加，从 2003 年的 475 元增加到 2016 年的 1631 元，但是城镇家庭人均医疗支出占消费性支出的比重却总体呈现出稳中有降的趋势（近几年又出现了上升趋势），2013 年降到最低至 6.2%，2014 年之后逐渐回升到 7% 以上。从绝对量上看，我国城镇居民医疗支出逐年加重，但相对支出比重有所下降，说明我国居民总体医疗负担减轻。近年来居民医疗保健支出比重有增加趋势，很可能与近年来医疗保险基金对医疗保险报销的监控更加严格、医保制度改革、保健品"泛滥"有关。

（2）农村家庭人均医疗支出呈现逐年增加趋势，不仅绝对支出从 2003 年的不足 115 元增加到 2016 年的 929 元，占比也从 2003 年的 6% 增加到 2016 年的 9.2%。2009 年，中国做出深化医药卫生体制改革的重要战略部署，确立"新农合"作为农村基本医疗保障制度的地位。2009 年之后，农村居民医疗支出呈现快速增长。农村家庭医疗支出的快速增长不仅与农村家庭收入水平不断提高有关，与农村医疗资源增加、医疗服务利用意识提高有关，更与"新农合"医疗保险的广泛覆盖有重要关系。但农村家庭医疗支出仍远远低于城镇家庭，说明农村家庭很可能长期处于医疗需要得不到满足的状态。

2. 居民健康状况及医疗服务利用

"国家卫生服务调查"第五次调查数据表明，1993～2013 年 20 年间，我国居民两周患病率持续增加，且 2003 年以后增长明显加快（见图 5-2）。

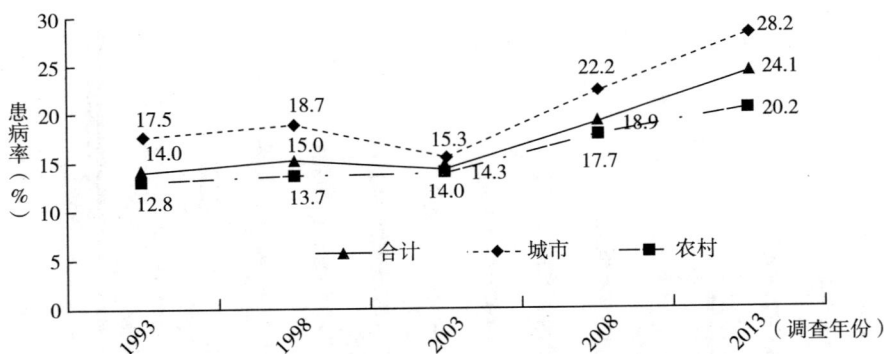

图 5-2 不同年份调查人口两周患病率

资料来源："国家卫生服务调查"第五次调查报告

我国城镇和农村居民两周患病率总体上呈持续增加趋势，这就意味着我国居民医疗服务支出的持续增加。其中，城市居民两周患病率持续高于农村居民，以 2013 年为例，城市居民两周患病率相比农村居民高出 8 个百分点。主要原因一是由于城市人口老年化程度高于农村，慢性非感染性疾病患病率高（马立国等，2011）；二是城市居民教育水平和健康意识以及对疾病的认同程度比较高，自报疾病比农村居民多。未来，随着居民健康意识的提高、均等化公共卫生服务的开展，医疗卫生服务更加便捷，以及老年保健及慢性病管理工作的加强，就诊人群很可能会出现进一步增加的趋势。另外，随着人口老龄化程度的持续加深、城镇化进程的加快，居民卫生服务需要也将持续增加。

5.2.2 从 CHARLS 调查数据看我国老年人基本健康状况及医保情况

表 5-1 显示了 2013 年 CHARLS 调查数据中我国城乡老人基本情况。

表 5-1 　　　　　　　　**我国城乡老人调查样本情况**

样本情况		城镇		农村	
		样本数（个）	占比（%）	样本数（个）	占比（%）
性别	男	1146	56.1	3055	51.9
	女	896	43.9	3290	48.2
年龄	60~70 岁	1274	62.4	4266	67.2
	71~80 岁	624	30.6	1615	25.5
	80 岁以上	144	7.1	464	7.3
人均收入	<800 元	58	2.8	356	5.6
	800~20000 元	353	17.3	4179	65.6
	>20000 元	1631	79.9	1835	28.8
受教育程度	文盲	285	14.0	2749	43.3
	小学及以下	755	37.0	2911	45.9
	初中及以上	1002	49.1	685	10.8
自评健康水平	不健康	467	22.9	2209	34.8
	健康	1575	77.1	4136	65.2
是否有医疗保险	否	83	4.1	249	3.9
	是	1959	95.9	6096	96.1
是否有家庭照料	否	1214	59.5	3912	61.7
	是	828	40.6	2433	38.4

由表 5 − 1 可以看出：

（1）人均收入水平、受教育水平存在明显的城乡差距。人均收入在 20000 元/月以上的样本在城镇和农村分别占比为 79.9% 和 28.8%，可见现今我国城乡的收入差距依旧很大；农村样本中文盲的比例为 43.3%，而城市样本中为 14.0%，相应地，较高受教育水平的样本则远远低于城镇。

（2）自评健康水平城镇好于农村。城镇老人自我评价为健康的比例为 77.1%，高于农村样本的比例 65.2%，主要原因应该是城镇地区公共医疗服务好、医疗资源丰富、医疗水平更高，疾病比较容易治愈。

（3）医疗保险覆盖率在城镇和农村均达到 95% 以上。截至 2013 年，农村与城镇医疗保险的覆盖率都在 95% 以上，说明城镇职工基本医疗保险、城镇居民基本医疗保险、新型农村合作医疗等政策力度较大，已经基本达到一个"广覆盖"水平。但并不是说保险赔付绝对额达到了城乡同等水平。

（4）城镇和农村老人有家庭照料的比例基本持平。有家庭照料①的城镇老人和农村老人分别到达 40.6% 和 38.4%，说明大多数城乡老年人没有子女同住或照看，子女离父母家距离较远。

表 5 − 2 显示了 2013 年 CHARLS 调查数据中我国城乡老人自评健康状况及参加医保情况。

表 5 − 2　　　　　　　老年人自评健康、参加医保情况　　　　　　单位：%

样本情况		自评健康		是否参加医保	
		健康	不健康	是	否
性别	男	72.0	28.0	96.6	3.4
	女	64.2	35.8	95.5	4.5
年龄	60～70 岁	70.1	30.0	96.6	3.4
	71～80 岁	65.0	35.0	95.6	4.0
	80 岁以上	61.7	38.3	91.0	9.1

---

① 家庭照料通常指家庭成员之间的一种非正式护理，本书认为子女和子女的配偶在老人患病时，会对老人的医疗决策和医疗支出产生影响。在衡量是否有家庭照料时，将生活在老人身边作为判断是否有家庭照料的依据（本书将 10 公里作为判断依据）。

样本情况		自评健康		是否参加医保	
		健康	不健康	是	否
人均收入	<800 元	60.8	39.2	87.1	12.9
	800~20000 元	63.2	36.8	96.1	3.9
	>20000 元	75.4	24.7	97.0	3.0
受教育程度	文盲	61.3	38.7	94.6	5.4
	小学及以下	68.9	31.2	96.4	3.6
	初中及以上	78.6	21.4	97.9	2.1

由表 5-2 可以看出：

（1）男性自评健康状况好于女性。从性别上来看，老年男性对自己健康程度的评价要好于老年女性，这可能与男性、女性的生理心理差别有关。女性所患的疾病更多地是非致命性的慢性病和急性病，这很可能影响其生活的质量。学者沃伯鲁齐及其同事曾将疾病分布的性别差异称为"疾病之冰山"：看得见的冰山之一角是男性所患之重症疾病，水下巨大的冰山体则是女性所患的大量的急性病、慢性病。虽然女性的平均寿命高于男性，但预期寿命并不能全面地反映个体的健康状况。《2019 世界卫生统计年鉴》显示，男性相比女性更少求医，与男性自认为应该有"男性气质"有关，"男儿有泪不轻弹"，很可能导致男性在自我评价时会高估自己的健康状况。

（2）受教育程度越高，自我健康评价越高，医保参保率越高。受教育程度越高的老人对自己的健康状况的评价越高，医保参保率越高。本调查数据主要针对老人，由于时代的原因，城镇和农村老人的受教育程度普遍不高，但还是显示出了受教育程度高的老人健康意识更强，更会注意到一些健康问题，同时收入会相对更高，会促进对健康保健的投入，因此医保参保率也高于受教育程度低的老人。

（3）年龄越大自评健康越差，收入越高自评健康越好。老年疾病与健康高度相关，老年疾病又与年龄高度相关，年龄越大自我感觉健康状况越差，是自然规律；同时，由于收入与健康投入高度相关，因此，高收入老人的医疗更有保障，更能及时就医，投入的保健养生消费更多，并能够真实地提高自身健康水平。

（4）高龄老人的医保参保率更低，老年女性参保率略低于老年男性。统计结果显示，80 岁以上老人的医保参保率 91%，低于 80 岁以下老人 5 个百分点左右，老年女性参保率低于老年男性 1 个百分点左右。

5.2.3 从 CHARLS 调查数据看城乡老年人门诊服务利用情况

CHARLS 的问卷的一个问题"上个月是否有门诊就医"，受访者可回答"是"或"否"。表 5–3 显示了 2013 年 CHARLS 调查数据中我国城乡老人门诊服务利用情况。

由表 5–3 可以看出：

（1）城乡样本中女性门诊就医比例高于男性 4 个百分点。"上个月有门诊经历"的人群中，城镇和农村均表现出明显的性别差异，女性的门诊就医比例要明显高出男性 4 个百分点左右，这与老年女性自评健康状况差于老年男性特征相符，女性所患疾病更多是非致命性的慢性病和急性病，会更多地去门诊就医，就医频次高于男性。

（2）门诊就医选择不存在明显的年龄倾向性。从年龄分布上来看，80 岁以上老年人"上个月是否有门诊经历"的比例略高，71～80 岁次之，60～70 岁最少，但总体相差不大，没有表现出特别明显的年龄倾向。

（3）正常婚姻状况老人门诊就医比例略低。从婚姻状况上看，"已婚并与受访者同居"的老年人"上个月有门诊经历"的比例大约为 22.7%，"其他情况"的老人对应比例 24.5%，城镇和农村分开的数据也是如此。正常婚姻状况的老人就医比例略低，意味着他们的健康相对略好。

（4）"受教育水平"对城镇和农村老人的门诊就医选择影响不明显。全体样本中，"受教育水平"的三个等级的门诊就医选择比例基本相同，城镇老人显示出受教育水平越高、门诊就医比例越高的趋势，农村老人则正相反。

（5）有家庭照料的农村老人门诊就医选择的比例略高。总体来看，家庭照料对老人门诊就医选择没有明显的影响，城乡略有差别，差别不大，农村老人对家庭照料更敏感一些。

（6）参加医疗保险对老年人就医选择有显著影响。"是否有医疗保险"对老年人的就医选择影响显著，在全样本中，在有医疗保险的情况下，选择就医的比例比不去就医的比例高 5 个百分点左右，城镇的医保参保作用更加明显。

5.2.4 从 CHARLS 调查数据看城乡老年人住院服务利用情况

表 5-3　城乡老年人门诊服务利用情况

样本情况		全体老年样本				城镇老年样本				农村老年样本			
		无门诊就医		有门诊就医		无门诊就医		有门诊就医		无门诊就医		有门诊就医	
		样本数量(个)	占比(%)	样本数量(个)	占比(%)	样本数(个)	占比(%)	样本数量(个)	占比(%)	样本数(个)	占比(%)	样本数量(个)	占比(%)
性别	男	3318	79.0	883	21.0	895	78.1	251	21.9	2423	79.3	632	20.7
	女	3131	74.8	1055	25.2	666	74.3	230	25.7	2465	74.9	825	25.1
年龄	60~70岁	4301	77.6	1239	22.4	986	77.4	288	22.6	3315	77.7	951	22.3
	71~80岁	1692	75.6	547	24.4	477	76.4	147	23.6	1215	75.2	400	24.8
	80岁以上	456	75.0	152	25.0	98	68.1	46	31.9	358	77.2	106	22.8
婚姻状况	其他	1550	75.5	503	24.5	330	75.7	106	24.3	1220	75.5	397	24.6
	已婚并与受访者同居	4899	77.3	1435	22.7	1231	76.7	375	23.4	3668	77.6	1060	22.4
户籍状态	农村	4888	77.0	1457	23.0								
	城镇	1561	76.4	481	23.6								
受教育水平	文盲	2312	76.2	722	23.8	223	78.3	62	21.8	2089	76.0	660	24.0
	小学	2847	77.7	819	22.3	587	77.8	168	22.3	2260	77.6	651	22.4
	初中及以上	1290	76.5	397	23.5	751	75.0	251	25.1	539	78.7	146	21.3

样本情况		全体老年样本				城镇老年样本				农村老年样本			
		无门诊就医		有门诊就医		无门诊就医		有门诊就医		无门诊就医		有门诊就医	
		样本数量（个）	占比（%）	样本数量（个）	占比（%）	样本数量（个）	占比（%）	样本数量（个）	占比（%）	样本数量（个）	占比（%）	样本数量（个）	占比（%）
人均收入水平	800元以下	326	80.9	77	19.1	46	79.3	12	20.7	280	81.2	65	18.8
	800~20000元	3472	76.8	1048	23.2	270	76.5	83	23.5	3202	76.8	965	23.2
	>20000元	2651	76.5	813	23.5	1245	76.3	386	23.7	689	74.9	213	25.2
自评健康水平	健康	4688	82.1	1023	17.9	1253	79.6	322	20.4	3435	83.1	701	17.0
	不健康	1761	65.8	915	34.2	308	66.0	159	34.1	1453	65.8	756	34.2
是否有医疗保险	否	257	82.8	57	17.2	72	86.8	11	13.3	203	81.5	46	18.5
	是	6174	76.7	1881	23.4	1489	76.0	470	24.0	4685	76.9	1411	23.2
是否有家庭照料	是	2491	76.4	770	23.6	633	76.5	195	23.6	1858	76.4	575	23.6
	否	3958	77.2	1168	22.8	928	76.4	286	23.6	3030	77.5	882	22.6

表5-4　城乡老年入住院服务利用情况

样本情况		全体老年样本				城镇老年样本				农村老年样本			
		无住院就医		有住院就医		无住院就医		有住院就医		无住院就医		有住院就医	
		样本数量(个)	占比(%)	样本数量(个)	占比(%)	样本数量(个)	占比(%)	样本数量(个)	占比(%)	样本数量(个)	占比(%)	样本数量(个)	占比(%)
性别	男	3481	82.3	720	17.1	909.00	79.3	237.00	20.7	2572	84.2	483	15.8
	女	3527	84.3	659	15.7	742.00	82.8	154.00	17.2	2785	84.7	505	15.4
年龄	60~70岁	4719	85.2	821	14.8	1066.00	83.7	208.00	16.3	3653	85.6	613	14.4
	71~80岁	1812	80.9	427	19.1	491.00	78.7	133.00	21.3	1321	81.8	294	18.2
	80岁以上	477	78.5	131	21.6	94.00	65.3	50.00	34.7	383	85.5	81	17.5
婚姻状况	其他	1715	83.5	338	16.5	353.00	81.0	83.00	19.0	1362	84.2	255	15.8
	已婚并与受访者同居	5293	83.6	1041	16.4	1298.00	80.8	308.00	19.2	3995	84.5	733	15.5
户籍状态	城镇	1651	81.0	391	19.2								
	农村	5357	84.4	988	15.6								
受教育水平	文盲	2569	84.7	465	15.3	222.00	77.9	22.11	21.8	2347	85.2	402	14.6
	小学	3038	82.9	628	17.1	612.00	81.1	143.00	18.9	2426	83.3	485	16.7
	初中及以上	1401	83.1	286	17.0	817.00	88.5	185.00	18.5	584	85.3	101	14.7

样本情况		全体老年样本				城镇老年样本				农村老年样本			
		无门诊就医		有门诊就医		无门诊就医		有门诊就医		无门诊就医		有门诊就医	
		样本数量（个）	占比（%）	样本数量（个）	占比（%）	样本数量（个）	占比（%）	样本数量（个）	占比（%）	样本数量（个）	占比（%）	样本数量（个）	占比（%）
人均收入水平	800元以下	345	85.6	58	14.4	40	69.0	18	31.0	305	88.4	40	11.6
	800~20000元	3780	83.6	740	16.4	277	78.5	76	21.5	3503	84.1	664	15.9
	>20000元	2883	83.2	581	16.8	1334	81.8	297	18.2	1549	84.5	284	15.5
自评健康水平	健康	5068	88.7	643	11.3	1357	86.2	218	13.8	3711	89.7	425	10.3
	不健康	1940	72.5	736	27.5	294	63.0	173	37.0	1646	74.2	563	25.5
是否有医疗保险	否	304	91.6	28	8.4	79	98.2	4	4.8	225	90.4	24	9.6
	是	6704	83.2	1351	16.8	1572	80.3	387	19.8	5132	84.2	964	15.8
是否有家庭照料	否	4332	84.3	804	15.7	990	81.6	224	18.5	3332	85.2	580	14.8
	是	2686	82.4	575	17.6	661	79.8	167	20.2	2025	82.2	408	16.8

由表 5 - 4 可以看出：

（1）老年男性住院比例高于老年女性，与门诊情况正相反。表 5 - 4 的结果显示，"过去一年有住院经历"的男性老人高于女性老人 2 个百分点，与门诊相比正相反。男性与女性相比，更多地患重症疾病，如高发病率和死亡率的冠心病等，男性也往往对小病不在意，门诊就医不如女性积极，一旦病情严重，只能住院治疗。

（2）年龄越大住院比例越高。"过去一年有住院经历"比例与年龄呈正相关，年龄越大住院比例越高，比门诊情况明显，这与年龄越大生病的可能性越大，病情也相对越严重有关。

（4）参加医疗保险的老人更愿意选择住院治疗。"是否有医疗保险"这一变量的统计结果显示，已参加医疗保险的老人住院就医意愿更为强烈，这表明，现行的医保报销体制能够解决大部分老年疾病的治疗，这一现象在城镇样本中表现更为显著。

（5）婚姻状况不影响影响老年人住院就医的选择。从婚姻状况上看，"已婚并与受访者同居"的老年人"过去一年有住院经历"的比例大约为 16%，"其他情况"的老年人对应比例也是 16%，城镇和农村分开的数据也是如此。可见婚姻状况对老年人住院就医的选择没有显著影响，这一数据与门诊数据略有不同。

（6）有家庭照料的老人住院倾向更高。从整个样本看来，有家庭照料的老人选择住院治疗的比例高于无家庭照料的老人大约 2 个百分点，城镇和农村大致相同。

5.3 城乡老人医疗服务利用的计量模型

5.3.1 Andersen 医疗卫生服务利用模型

安德森（Andersen）于 1983 年提出了经典的研究医疗卫生服务利用的模型，将影响个体卫生服务利用的因素总结为倾向性（先决）因素（predisposing）、使能因素（enabling）和需要因素（needing），如图 5 - 3 所示。

倾向性因素是指某些个体特征在疾病来临之前就已经存在，倾向性因素可划分为人口特征、社会结构和健康观念三种。例如，年龄与疾病和医疗卫生服务联系最为紧密，不同年龄组之间常见的疾病类别是不一样的，

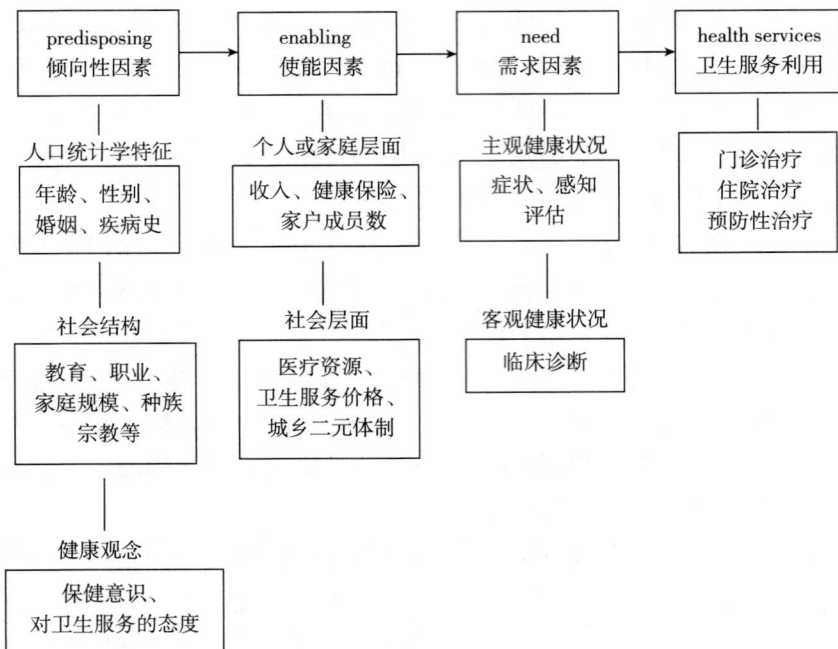

图 5 - 3 Andersen 医疗卫生服务利用模型影响因素

并且中老年人随着年龄的增加，患各种慢性病的概率逐渐增大，相应地，卫生服务利用程度也越高，年龄即是一种人口特征。社会结构反映了个体或家庭在社会中所处的状况，例如受教育程度、职业、民族等，这些指标一定程度上可以衡量个体的家庭生活环境，影响个体医疗服务利用的决策。保健意识、对医疗卫生服务利用的认知等因素反映了个体的健康观念以及对待健康风险的态度，也会对个人卫生行为和医疗服务利用产生影响。

使能因素是指促使医疗卫生服务需求转化为医疗卫生服务利用的因素，可分为个人和家庭、社会两个层面。个人和家庭层面的影响因素主要包括收入、参加健康保险等能够提高个体医疗卫生服务利用水平的变量；社会层面主要指医疗卫生服务是否容易获得，如医疗卫生服务价格、是否方便到达医疗服务场所等。使能因素是医疗卫生服务利用的必要但不充分条件。

需求因素是指产生医疗卫生服务利用的直接因素，而健康状况恰是医疗服务需求的主要表现，个体的主观健康状况和客观健康状况直接决定了是否需要医疗服务。主观健康状况可用个体对自身健康状况的感知和评价来衡量，客观健康状况则是医生对个体是否患病进行的专业判断或临床诊断。

Andersen 模型可表示为式（5-1）：

$$y = f(X_p, X_e, X_n) \qquad (5-1)$$

其中，y 表示医疗服务利用，X_p 表示倾向性变量，X_e 表示使能变量，X_n 表示需要变量。倾向性变量 X_p 又可分解为人口特征、社会结构和健康观念变量；使能变量 X_e 可分解为个人家庭成面、社会层面的收入、资产、是否参加医保、医疗服务的可获得性等变量；需要变量 X_n 可分解为反映主观健康状况的自评健康、反映客观健康状况的是否真实患病变量。

5.3.2 变量选取及处理

本书在 CHARLS 2013 数据库中选取年龄在 60 岁以上的老年人为研究对象。由于 CHARLS 中有关门诊和住院费用的样本数量偏少，故本书在"上次门诊自付费用"变量有数值而"上次门诊总费用"值空缺的情况下，将"上次门诊自付费用"的数值补充到"上次门诊总费用"中等补值操作。之所以这样补值，是因为在我国，门诊医疗费用不论是现金支付还是医保支付，费用通常都是患者自付的。经过处理后，我们最终得到样本为 8387 个，其中城镇样本 2042 个，农村样本数 6345 个。

根据 Andersen 卫生服务利用模型及 CHARLS 中可获得的数据，本书整理了医疗服务利用以及影响医疗服务利用的倾向性因素、使能因素、需要因素的相关变量。

1. 被解释变量（医疗服务利用）

本章将医疗服务利用分为门诊医疗服务利用和住院医疗服务利用两类。

（1）门诊医疗服务利用。本文使用 3 个指标考察城乡老年人的门诊医疗服务利用情况：上个月是否有门诊就医：1 为有，0 为无；最近一次的门诊支出费用；门诊费用中的自付医疗费用。

（2）住院医疗服务利用。本书使用 3 个指标考察城乡老年人的住院医疗服务利用情况：过去一年是否有住院就医：1 为有，0 为无；最近一次的住院支出费用；住院费用中的自付医疗费用。

2. 解释变量

1）倾向性因素相关变量

（1）年龄（Age）：选择 60 岁以上的老年人，60 ~ 70 岁定义为 1，70 ~ 80 岁定义为 2，80 岁以上定义为 3。

（2）性别（Sex）：1 为男性，0 为女性。

（3）婚姻状况（Marrage）：1 为已婚并且与配偶共同居住，0 为其他情形如未婚、离异、独居等。

（4）受教育程度（Edu）：由于历史原因，当年教育水平较低，按照等级本文将教育水平合并为三级：1 为文盲，2 为小学及以下学历，3 为初中及以上学历。

2）使能因素相关变量

（1）收入（Income）：将调查问卷中工资与退休金收入、政府和企业的转移性收入、农林净收入、畜牧和水产净收入、个体经营净收入、财产性收入、其他投资收入和借款利息收入等，核加到一起后再换算为家庭人均收入。

（2）资产（Wealth）：将调查问卷中金融资产（包括现金、存款、国库券、股票、基金和其他金融资产）、房产总值、贵重物品、（家用设备、耐用品和其他贵重物品）、固定资产、牲畜和水产品等，加到一起后再换算为家庭人均资产。

（3）医疗保险（Insur）：至少参加一种医疗保险的设为 1，没有任何保险设为 0。

（4）家庭照料（Care）：根据问卷中子女的居住安排这一问题的回答，将子女的居住安排回答为"在这个家里且经济上不独立""在这个家里但是经济上独立""与您同一个院子（公寓）或者相邻的院子（公寓）""您的常住地所在村/社区的其他房子里"以及"您的常住地所在县/市/区的其他村/社区_____，离这里有多远：_____公里"，这一回答中距离小于 10 公里的情况均视为是有家庭照料的老年人（设为 1），其余视为没有（设为 0）。

（5）从居住地去往就医医疗机构的时间（Time）：分别为"上一次住院和上一次门诊从居住地去往就医医疗机构的时间"，单位为分钟。

（6）就医医疗机构的级别（Level）：问卷中对这一问题答案分为以下六种：1 为县/市/区级；2 为地/市；3 为省/部属；4 为军队；5 为其他；6 为不适用，由于后四种对应的样本量都很小，故将 3 与 4 合并为"省、部属及军队"，将 5、6 合并为"其他及不适用"。重新对就医医疗机构的级别进行定义为：1 为县/市/区级；2 为地/市级；3 为省/部属及军队；4 为其他及不适用。

（7）户籍类型（Reg）：1 为农业户口，0 为非农业户口，或称为城镇户口。处理时按照户籍改革前的户口类型对改革后的居民户口进行划分。

3）需求因素相关变量

自评健康（S_ Health）：分别将两次询问中答案为"极好""很好""好"以及"一般"均设定为1，将"不好"设定为0。健康的自我评价是个体决定是否需要去诊疗机构的主要决定因素。

主要变量描述见表5－5。

表5－5　　　　　　　　　变量特征描述

	被解释变量	变量赋值	均值	标准差
门诊服务利用	上个月是否有门诊就医	1＝有,0＝没有	0.23	0.42
	上次门诊医疗总费用	实际值	1274.64	6454.77
	上次门诊自付医疗费用	实际值	926.67	5854.92
住院服务利用	过去一年是否有过住院	1＝有,0＝没有	0.16	0.37
	上次住院医疗总费用	实际值	12359.69	49602.77
	上次住院自付医疗费用	实际值	8353.48	22657.95
	解释变量	变量定义	均值	标准差
倾向性因素	性别	1＝男性,0＝女性	0.50	0.50
	年龄	1＝60～70岁,2＝71～80岁,3＝80岁以上	1.41	0.62
	婚姻状况	1＝已婚并且和配偶同居,0＝其他	0.76	0.43
	受教育水平	1＝文盲,3＝小学及以下学历,3＝初中及以上学历	1.84	0.73
使能因素	收入		7223.21	14266.39
	资产		61133.72	14325000
	是否有医疗保险	1＝有,0＝没有	0.96	0.20
	是否有家庭照料	1＝有,0＝没有	0.39	0.49
	去往上次门诊的医疗机构需要的时间(分钟)	实际值	35.63	67.81
	去往上次住院的医疗机构需要的时间(分钟)	实际值	60.88	119.56
	上次门诊的医疗机构的类型	1:县/市/区级;2:地/市级;3:省/部属及军队;4:其他及不适用	1.45	0.77
	上次住院的医疗机构的类型	1:县/市/区级;2:地/市级;3:省/部属及军队;4:其他及不适用	1.35	0.65
	户籍状态	1＝农业户口,0＝非农业户口	0.76	0.43
需要因素	自评健康	1＝好,0＝不好	0.68	0.52

5.4 城乡老人医疗服务支出的计量分析

5.4.1 Heckman 样本选择模型

在家户调查中，受访者的真实医疗服务支出与调查数据的观测值是有差别的。例如，由于采用抽样调查数据，观测样本报告的医疗服务利用或医疗支出为零时，可能由于医疗服务价格高或者就医不便等因素，存在应该就医但没有就医的情况。但是从调查数据中无法观察到这些因素，因此也就无法观测到这一情况下个体的真实医疗需求。如果我们关注的是医疗服务利用的真实值，而直接对医疗服务利用大于零值的样本采用模型进行估计，就忽略了那些无法观测到的因素对个体医疗服务使用的影响，就会产生样本选择偏差，导致估计结果不一致。因此，本文利用 Heckman 样本选择模型（Heckman-Sample Selection Model）估计城乡老人医疗服务支出决策的影响因素。

Heckman 样本选择模型包括选择方程和支出方程两部分，选择方程用来估计患者是否就医，支出方程用来对患者的医疗支出进行估计，核心思想为：首先对整体样本进行 probit 估计，由此对每个样本可以得到预测的发生医疗服务利用的概率，进而把预测的概率以一个自变量的形式加入原模型，得出更精确的估计结果。将 Andersen 医疗卫生服务利用模型（5-1）进行扩展，将解释变量医疗支出、收入、资产取对数，得到 Heckman 样本选择模型的支出方程（5-2）和选择方程（5-3）：

支出方程：

$$\ln y_i = \alpha_0 + \alpha_1 Age_i + \alpha_3 Sex_i + \alpha_3 Marrage_i + \alpha_4 Edu_i + \alpha_5 \ln Income_i$$
$$+ \alpha_6 \ln Wealth_i + \alpha_7 Insur_i + \alpha_8 Care_i + \alpha_9 Time_+ \alpha_{10} Level_i$$
$$+ \alpha_{11} S\_ Health_i + \varepsilon_i \tag{5-2}$$

式（5-2）中 y_i 代表医疗服务利用，用"最近一次就医支出费用"表示，其他解释变量的具体含义见第 5.3.2 节。由于本书将城镇和农村居民的医疗决策支出分别进行估计，因此在模型中没有加入体现城乡二元结构的变量。

选择方程：

$$Sele\_ y_i = \beta_0 + \beta_1 Age_i + \beta_3 Sex_i + \beta_3 Marrage_i + \beta_4 Edu_i + \beta_5 \ln Income_i$$
$$+ \beta_6 \ln Wealth_i + \beta_7 Insur_i + \beta_8 Care_i + \alpha_{13} S\_ Health + \mu_i \tag{5-3}$$

式（5-3）中 $Sele\_y_i$ 代表是否选择就医，用"上个月是否有就医"表示，其他解释变量的具体含义见 5.3.2。

在进行模型估计时，本书将门诊医疗服务利用和住院医疗服务利用分别估计，同时考虑到在医疗服务中，个体医疗支出的自付部分只占全部医疗支出的一部分（主要指住院医疗），因此，本书将个体医疗支出的自付部分作为因变量，再次进行了估计，以考察个体在医疗决策过程中是否更看重个人支出部分。

5.4.2　老人门诊医疗服务利用的计量分析

利用上述 Heckman 样本选择模型，分别估计我国城镇和农村家庭老人门诊医疗服务利用的影响因素，估计结果如表 5-6 所示。

表 5-6　　我国城镇和农村家庭老年人门诊医疗服务利用的估计结果

变量及取值		农村老人门诊医疗服务 Heckman 样本选择模型		城镇老人门诊医疗服务 Heckman 样本选择模型	
被解释变量		选择方程 是否门诊治疗	支出方程 门诊治疗支出	选择方程 是否门诊治疗	支出方程 门诊治疗支出
解释变量					
年龄	60~70 岁	−0.565 (−0.337)	0.0533 * (−0.030)	−0.562 (−0.392)	0.326 * (−0.365)
	70~80 岁	−0.301 (−0.655)	0.163 ** (−0.083)	−0.012 (−0.436)	0.398 ** (−0.433)
	80 岁以上	−0.043 (−0.532)	0.133 ** (−0.550)	−0.003 (−0.011)	0.334 * (−0.136)
性别		−0.178 (−0.514)	−0.111 (−0.330)	−0.381 (−0.190)	−0.113 (−0.151)
婚姻状况		0.712 (−0.012)	0.015 (−0.922)	0.259 (−0.503)	0.115 (−0.063)
受教育程度	文盲	0.120 ** (−0.084)	0.096 * (−0.095)	0.154 ** (−0.134)	0.284 * (−0.011)
	小学	0.231 * (−0.314)	0.356 ** (−0.334)	0.255 ** (−0.034)	0.353 * (−0.308)
	初中及以上	0.363 ** (−0.516)	0.434 ** (−0.433)	0.401 ** (−0.916)	0.361 ** (−0.086)

变量及取值		农村老人门诊医疗服务 Heckman 样本选择模型		城镇老人门诊医疗服务 Heckman 样本选择模型	
收入		0.146 *** (-0.161)	0.059 (-0.115)	0.334 ** (-0.112)	0.131 (-0.181)
资产		0.533 *** (-0.153)	0.034 * (-0.033)	0.138 *** (-0.011)	0.0163 ** (-0.940)
是否有医疗保险		0.611 *** (-0.437)	0.006 (-0.099)	0.136 ** (-0.004)	0.401 (-0.031)
是否有家庭照料		0.258 ** (-0.420)	0.038 * (-0.614)	0.393 *** (-0.106)	0.339 * (-0.132)
从居住地去往就医 医疗机构的时间		–	-0.004 (-0.741)	–	-0.076 (-0.313)
医院级别	县、市、区级	–	0.118 (-0.366)	–	0.187 (-0.139)
	地、市级		0.099 (-0.083)		0.304 (-0.350)
	省、部属及军队		0.093 (-0.009)		0.089 (-0.831)
	其他		0.003 (-0.002)		0.007 (-0.101)
自评健康		0.259 ** (-0.654)	-0.748 ** (-0.714)	0.354 * (-0.340)	-0.657 ** (-0.904)
constant		0.331 (-0.033)	-0.333 *** (-0.979)	-0.447 (-0.364)	-0.300 * (-0.643)
lamda			0.851 * (1.256)		0.215 ** (0.261)

注：1. ***、**、* 分别代表1%、5%、10% 显著性水平下显著；2. 模型估计值括号内的值为稳健标准差。

由表5－6可见：

（1）相比农村地区，年龄对城镇老人门诊就医费用的影响更大。具体地，从年龄上看，农村和城镇部分的选择方程中60～70岁、71～80岁和80岁以上三个年龄段的估计结果都是不显著的，证明年龄并不影响老年人是否进行门诊治疗的选择，换句话说，就医意愿不受年龄影响。支出方程中，农村部分60~70岁、71~80岁和80岁以上三个年龄段的估计系数分别为0.053、0.163和0.133，城镇样本为0.326、0.398和0.334，且全部是显著的，城镇部分的估计系数比相应的农村样本要大得多，说明年龄对城镇老人门诊就医费用的影响更大。

（2）受教育水平高的老年人更多地选择了门诊就医。"受教育水平"的三个等级在选择方程的估计结果都是显著的，在农村地区的系数分别为0.120、0.201和0.363，在城镇地区的系数分别为0.154、0.255和0.401，系数均为正且受教育程度越高，系数越大，可见受教育水平越高，其对门诊就医选择的影响就越大，即受教育水平越高的老人越注重自己的健康问题，更偏向于选择及时就医。支出方程中农村样本的估计系数相应的分别为0.096、0.356和0.434，城镇样本估计系数为0.284、0.353和0.361，都是显著的，也体现了受教育水平越高，门诊就医的花费越大。

（3）自评健康状况越好，城乡老人的门诊支出越少。"自评健康"在农村老人和城镇老人的门诊支出方程中的估计系数分别是－0.748和－0.657，均显著，即相比于不健康的老人，农村和城镇健康老人的门诊医疗支出费用每年会减少74.8%和65.7%。

（4）家庭照料可以更好地督促老人及时就医。"是否有家庭照料"在农村老人和城镇老人的门诊选择方程中的估计系数分别为0.258和0.393，虽然有家庭照料的老人也许会少生病，然而一旦生病，子女或亲属可以更好地督促老年人及时就医。支出方程中，农村与城镇老人的估计系数分别为0.038和0.339，均显著，且城镇部分的系数明显大于农村部分，家庭照料对城镇老人就医门诊支出的影响更大，有家庭照料的城镇老人比没有家庭照料的老人就医支出会高出33.9%。

（5）是否参加医疗保险对老年群体的门诊支出费用影响不大。是否参加医疗保险对于农村和城镇老人的门诊医疗支出均影响不显著，这是因为门诊支出主要由个人承担，医保基本不予报销，因此，参加医保会对就医决策产生影响（估计结果也显示选择模型中参加医保的老人门诊就医的意愿更强），但对门诊支出没有显著影响。

（6）收入水平和资产水平对老人的就医选择均有影响。"家庭人均收入"和"家庭人均资产水平"两个变量在选择方程中系数均为正，且通过了显著性检验，说明家庭收入水平和资产状况对城乡老年人门诊就医决策有重要影响，家庭收入和资产越高，老人就医意愿越高。但是支出方程的估计值均不显著，说明门诊医疗花费支出并不与患者的收入和资产有关，换句话说，患者到门诊就医的花费更多是与病情的严重程度相关。

（7）性别、婚姻状况、医疗机构级别和去往上次门诊的医疗机构需要的时间对门诊就医选择、门诊费用支出均无显著影响。"性别""婚姻状况"在城乡老人医疗服务利用的决策和门诊支出方面均没有显著影响，这说明不存在女人家庭地位的低下导致就医不及时的情况，或者明显的某一性别身体状况更差的趋势，以及婚姻状态对就医决策和医疗门诊支出的影响。在支出方程中，"上次门诊的医疗机构的级别"和"去往上次门诊的医疗机构需要的时间"这两个变量的估计系数均不显著，这说明就医是一种刚性需求的本质。

5.4.3 老人住院医疗服务利用的计量分析

我国城镇和农村老年家庭住院费用支出的 Heckman 选择模型的估计结果如表 5-7 所示。

表 5-7 我国城镇和农村家庭老年人住院医疗服务利用的估计结果

变量及取值		农村老人住院医疗服务 Heckman 样本选择模型		城镇老人住院 医疗服务 GLM
被解释变量		选择方程 是否住院治疗	支出方程 住院治疗支出	住院治疗支出
解释变量				
年龄	60~70 岁	-0.246 (-0.302)	0.211 * (-0.283)	0.365 ** (-0.337)
	71~80 岁	-0.435 (-0.302)	0.144 ** (-0.283)	0.245 * (-0.243)
	80 岁以上	-0.877 (-0.302)	0.117 * (-0.283)	0.179 * (-0.001)
性别		-0.154 (-0.076)	-0.157 (-0.015)	-0.779 (-0.034)
婚姻状况		0.379 (-0.814)	0.309 (-0.157)	0.856 (-0.200)
受教育程度	文盲	0.034 ** (-0.110)	-0.631 * (-0.190)	0.274 (-0.015)
	小学	0.567 *** (-0.724)	-0.511 * (-0.113)	0.474 (-0.012)
	初中及以上	0.145 *** (-0.072)	-0.205 * (-0.762)	0.418 (-0.645)

变量及取值		农村老人住院医疗服务 Heckman 样本选择模型		城镇老人住院 医疗服务 GLM
收入		0. 277 *** (-0. 141)	0. 356 *** (-0. 157)	0. 467 *** (-0. 038)
资产		0. 392 * (-0. 083)	0. 015 * (-0. 378)	0. 065 * (-0. 485)
是否有医疗保险		0. 564 *** (-0. 400)	0. 583 *** (-0. 433)	0. 253 * (-0. 322)
是否有家庭照料		0. 354 *** (-0. 062)	0. 229 * (-0. 096)	0. 746 ** (-0. 063)
去往上次住院的医疗机构		-	0. 025 * (-0. 460)	0. 046 ** (-0. 326)
医院级别	县/市/区级		0. 031 ** (-0. 084)	0. 025 ** (-0. 084)
	地/市级	-	0. 032 * (-0. 092)	0. 059 * (-0. 092)
	省/部属及军队		0. 042 * (-0. 314)	0. 088 * (-0. 314)
	其他		0. 052 * (-0. 460)	0. 190 * (-0. 460)
自评健康		-0. 569 * (-0. 394)	-0. 322 *** (-0. 192)	0. 722 (-0. 059)
constant		0. 442 (-0. 015)	-0. 816 (-0. 169)	0. 350 *** (-0. 306)
lamda			0. 416 * (-0. 157)	

注：①对城镇样本进行 Heckman 模型估计时出现逆米尔斯比率不显著的情况，说明该部分样本的 Heckman 估计不是最有效的。即城镇老年人在住院支出方面不存在自选择问题，因此本文对该部分样本采用广义线性模型（GLM）进行估计，后面出现采用 GLM 估计时也是由于这种情况。② *** 代表 $p<0.01$；** 代表 $p<0.05$；* 代表 $p<0.1$。③模型估计值括号内的数为稳健示准差。

（1）就医决策与年龄无关，但住院支出费用与年龄有关。从年龄上看，农村部分的选择方程中60～70岁、71～80岁和80岁以上三个年龄段的估计结果都是不显著的，说明年龄对农村老年人选择是否进行住院治疗是没有影响的。然而支出方程中，农村部分 60～70 岁、71～80 岁和 80 岁以上三个年龄段的估计系数分别为 0.211、0.144 和 0.117，都通过了显著性检验，并且系数为正且呈现随着年龄段降低的特点，说明处于低龄阶段的老人，年龄的增加会带来住院支出费用增加的幅度要高于处于高龄阶段的老人，这很可能意味着低年龄段老人的住院费用高于高年龄段老人，低年龄段老人的病情更严重或者高年龄段老人对治疗信心不足。

城镇老人的住院支出与农村老人具有同样特征，即处于低龄阶段的城镇老人，年龄的增加会带来住院支出费用增加的幅度要高于处于高龄阶段的老人，三个年龄段的估计系数分别为 0.365、0.245 和 0.179，估计的系数均大于农村老人，说明城镇老人年龄对住院费用支出的影响比农村老人大。

（2）农村老人住院就医意愿与受教育水平正相关。在农村地区，"受教育水平"的三个等级在选择方程的估计结果均显著，系数分别为 0.033、0.059 和 0.145，均为正，说明受教育水平越高，选择住院就医的意愿越高，这说明受教育程度高的老人往往对健康的认识更全面，也更注重自己的健康。支出方程中农村样本的系数相应地分别为 −0.631、−0.511 和 −0.205，显著为负，说明受教育程度越高住院支出费用越少，这与受教育程度低的农村老人身体状况越差有关（第 5.2.3 和 5.2.4 节的描述性分析也证实了这一情况）。城镇老人的住院支出与受教育水平相关性不显著。

（3）农村老人自评健康状况越好住院费用支出越少。"自评健康状态"在农村老人的选择方程中估计值为 −0.569，且显著，即对于农村老年人来说，自评健康状况对其是否进行住院就医决策有很大的影响。农村地区支出方程的系数为 −0.322，说明农村居民的自评健康水平会对其住院消费产生负向影响，即自评健康状况越好，住院费用支出越少，相比于不健康的老人，农村老人的住院支出费用每年会减少 32.2%。

（4）家庭照料促进了老人的住院选择。对于农村样本，"是否有家庭照料"的选择方程系数为 0.354，且显著，体现出有家庭照料可以更好地督促老年人及时就医，支出方程的系数为 0.229，且显著，很显然，有家庭照料的农村老人住院费用比没有家庭照料的老人多 22.9%。城镇老人的 GLM 估计系数为 0.746，也即对城镇老人来说，有家庭照料的城镇老人住院费用比没有家庭照料的老人多 74.6%。

（5）参加医疗保险会显著提高农村老人的住院费用。农村地区"是否有医疗保险"的选择方程系数为 0.564，支出方程的系数为 0.583，城镇部分支出方程系数为 0.253，即参加了医疗保险的老人在住院支出方面花费更多，参加医疗保险显著促进了城乡老人的就医意愿，提高了总的住院支出。参加医保的农村老人比没参加医保的农村老人，住院费用支出高出58.3%，参加医保的城镇老人比没参加医保的城镇老人住院费用支出高出25.3%。

（6）收入水平和资产水平对老年人住院支出有正向影响。与对门诊支出的影响不同，无论是城镇还是农村，收入和资产对老人住院支出的影响均显著为正：农村样本支出方程中收入和资产的弹性分别为0.356和0.015，城镇样本支出方程中收入和资产的弹性分别0.467和0.065。即对农村老人来说，住院支出与其家庭收入和资产高度相关，收入和资产高出1%，住院支出分别会高出0.356%和0.015%，收入对住院支出的影响更大；对于城镇老人来说，住院支出与其家庭收入和资产相关度更高，收入和资产高出1%，住院支出分别会高出0.467%和0.065%，同样收入对住院支出的影响更大。

（7）住院费用开销会随就医医院的级别升高而升高。"上次住院的医疗机构的级别"系数为正，农村和城镇的估计都通过了显著性检验，系数分别为0.031、0.032、0.042和0.052，以及0.025、0.0587、0.088和0.190，基本呈现出机构的级别越高系数越大的趋势，说明在级别高的大型医院住院费用开销会更多，这一方面与住院成本有关，另一方面去高级别医院往往意味着病情可能更重。

5.4.4　老人住院支出中自付费用分析

根据社会保险法规定，符合基本医疗保险药品目录、诊疗项目、医疗服务设施标准以及急诊、抢救的医疗费用，按照国家规定从基本医疗保险基金中支付。即患者就医的支出费用会有一部分是在基本医疗保险基金中支付的，个人支付只占全部医疗费用的一部分，是个人的实际支出。老年人医疗服务自付费用支出既是老年人的实际消费支出，关系健康，是生存性消费的一部分，必不可少，同时必然会挤出其他消费支出，因此研究医疗支出中的自付支出部分的相关问题，对我国老年家庭的消费决策及医疗消费决策及支出具有重要实际意义。

由于我国居民门诊支出费用一般都是个人承担，医保基本不予报销，只有住院部分可以按一定比例报销，因此本节将针对居民住院支出中的自付支出部分进行研究。

表5-8为我国城镇和农村家庭老人住院支出中自付医疗支出的估计结果。

表 5 - 8　　我国城镇和农村老年人住院支出中自付费用的估计结果

变量及取值		农村老人住院医疗服务 Heckman 样本选择模型		城镇老人住院 医疗服务 GLM
被解释变量		选择方程 是否住院治疗	支出方程 住院支出中自费支出	住院治疗支出
解释变量				
年龄	60～70 岁	−0.023 (−0.157)	0.164 * (−0.341)	0.399 ** (−0.307)
	71～80 岁	−0.341 (−0.082)	0.073 * (−0.322)	0,132 * (−0.426)
	80 岁以上	−0.128 (−0.023)	0.053 * (−0.086)	0.078 * (−0.036)
性别		−0.290 (−0.444)	−0.218 (−0.519)	−0.205 (−0.167)
婚姻状况		0.373 (−0.148)	0.280 (−0.593)	0.037 ** (−0.291)
受教育程度	文盲	0.057 * (−0.089)	−0.234 ** (−0.223)	−0.124 (−0.106)
	小学	0.082 ** (−0.309)	−0.342 * (−0.096)	−0.264 (−0.187)
	初中及以上	0.329 * (−0.209)	−0.522 *** (−0.288)	−0.452 (−0.630)
收入		0.479 ** (−0.249)	0.022 ** (−0.314)	0.124 * (−0.601)
资产		0.549 ** (−0.047)	−0.026 * (−0.103)	−0.044 * (−0.129)
是否有医疗保险		0.124 (−0.235)	0.237 (−0.452)	0.652 (−0.362)
是否有家庭照料		0.241 ** (−0.952)	0.187 * (−0.871)	0.654 (−0.050)
去往上次住院的医疗 机构需要的时间		−	−0.038 (−0.044)	−0.002 (−0.168)
医院级别	县/市/区级		0.033 *** (−0.065)	0.085 ** (−0.162)
	地/市级		0.056 * (0.388)	0.099 * (−0.329)
	省/部属及军队	−	0.129 * (−0.313)	0.123 * (−0.873)
	其他		0.133 ** (−0.446)	0.125 * (−0.471)

变量及取值	农村老人住院医疗服务 Heckman 样本选择模型		城镇老人住院 医疗服务 GLM
自评健康	− 0. 6528 ***	− 0. 030 *	− 0. 005
	（ − 0. 718）	（ − 0. 236）	（ − 0. 218）
constant	0. 2608 *	− 0. 517	0. 746 ***
	（ − 0. 888）	（ − 0. 218）	（ − 0. 081）
lamda		− 0. 505 *	
		（ − 0. 050）	

注：1. *** 代表 p < 0.01；** 代表 p < 0.05；* 代表 p < 0.1。2. 模型估计值括号内的数为急健标准差。

由表 5 - 8 的估计结果可以看出：

（1）低龄老人的住院自付支出相对更大。从年龄上看，农村部分的支出方程中 60 ~ 70 岁、71 ~ 80 岁和 80 岁以上三个年龄段的估计结果都是显著的，估计系数分别为 0. 164、0. 073 和 0. 053，呈现出随着年龄的增大而减小的特点。可见，处于低龄阶段的老人，年龄的增加会带来住院支出中自付费用增加的幅度要高于处于高龄阶段的老人。与上一节实证分析结果基本一致，住院总费用高，个人支付部分也会相应增高。

（2）农村老人的受教育水平与住院治疗意向正相关。在农村地区，"受教育程度"三个等级的老人在选择方程的估计结果都是显著的，系数分别为 0. 057、0. 082 和 0. 329，系数均为正且受教育程度越高，系数越大。可见受教育水平越高，越愿意选择住院就医，说明受教育水平越高的老人越注重自己的健康问题。支出方程中农村样本的系数相应地分别为 − 0. 234、− 0. 342 和 − 0 522，均显著，基本体现了受教育水平越低系数越大的趋势。这是个很有趣的现象，与门诊服务选择的结果相反。说明农村受教育水平低的老年人不愿意选择住院治疗，就医可及性较低，但是一旦他们住院治疗，则自付费用会相对较高，这很可能是因为低教育水平的老人医保报销的额度不够，需要更多地由个人负担。对于城镇老人来说，受教育程度不影响老人的住院自付部分的支出。

（3）家庭照料显著影响农村老人住院自付费用。对于农村样本，"是否有家庭照料"的选择方程系数为 0. 241，且显著，意味着有家庭照料可以更好地督促老年人及时就医，支出方程的系数为 0. 187，且显著，说明有家庭照料的农村老人住院费用中的个人支出比没有家庭照料的老人多 18. 7% 。城镇老人的 GLM 估计系数为 0. 654，也即对城镇老人来说，有家庭照料的城镇老人住院费用比没有家庭照料的老人多65.4%。总体来看，家庭照料对住院自付部分影响与对住院总支出的影响基本一致。

（4）医疗机构级别越高自付费用越高。"上次住院的医疗机构的级别"系数为正，农村和城镇样本的系数都通过了显著性检验，分别为：0.033、0.056、0.129 和 0.133，以及 0.085、0.099、0.123 和 0.125，呈现出就医机构的级别越高系数越大的趋势，说明若住在级别高的大型医院，个人自付费用会相应增加。

5.5 结 论

（1）就医决策与年龄无关，与健康状况高度相关。无论是低龄还是高龄，无论是城镇还是农村，我国老人就医决策与年龄无关，而是与健康状况（这里指自评健康状况）高度相关。"自评健康"对于老人是否选择门诊和住院就医均起到关键影响，并且"自评健康"在门诊和住院支出方面影响显著：相比于不健康的老人，农村和城镇健康老人的门诊医疗支出费用每年会减少74.8%和65.7%，住院支出费用每年会减少32.2%（农村老人）。

（2）受教育水平越高，门诊和住院就医倾向越明显。对城乡老年人来说，受教育水平越高，其对门诊和住院的就医选择倾向越大，同时，门诊和住院支出的额度越大。然而对农村老年人来说，受教育程度越低，越不愿意选择住院治疗，就医可及性很低，但是一旦他们住院，自付费用更高，这一点城镇老人没有表现出来。由于农村受教育程度低的老人收入水平、健康意识、医疗知识更加欠缺，参加新农合医疗保险的保障水平和参保率也相对较低，导致农村受教育水平低的老人不愿意选择住院治疗，迫不得已住院治疗，则是大病或重病，住院支出就比较高，并且自付部分的支出相对更高。

（3）家庭照料可以更好地督促老人及时就医。"有家庭照料"会显著影响城镇和农村老人的门诊和住院就医选择，同时，有家庭照料也会导致城镇、农村老年人住院费用、住院自付费用支出更高。有家庭照料意味着子女会更有机会密切关注老年父母的身体健康并督促其及时就医，导致医疗服务可及性、医疗费用支出和医疗自付费用都相应增加。

（4）参加医保会提高城乡老人的就医意愿。参加了医疗保险的城镇和农村老人在选择是否就医时，比没有参加医保的老人明显提高了就医意愿，无论是门诊还是住院决策，参加医保的老人更有底气，医保的保障作用十分明显。

（5）参加医保对门诊支出影响不显著，对住院支出影响显著。按照国家规定的医保基金支付原则，患者就医支出会有一部分在基本医疗保险基金中支付的，个人支付只占全部医疗费用的一部分，是个人的实际支出。在我国，参加基本医疗保险的居民门诊支出一般由个人承担，医保不予报销，只有住院部分可以按一定比例报销。本书估计结果显示，患者门诊支出费用不受参加医保与否影响，住院支出则明显受到影响，参加医保的农村老人比未参加医保的农村老人，住院费用支出高出58.3%，参加医保的城镇老人比没参加医保的城镇老人，住院费用支出高出25.3%。

（6）经济条件越好的老人门诊和住院的就医意愿越强烈。无论是城镇还是农村，经济条件好的老人在生病时更愿意选择去医院就医，但在门诊支出方面，病情是决定门诊支出的决定因素，个人经济条件好坏不影响门诊的支出费用；相反，在住院支出方面，经济条件好的老人往往会支出更多。本章的估计显示，对农村老人来说，住院支出与其家庭收入和资产高度相关，收入和资产高出1%，住院支出分别会高出0.356%和0.015%，收入比资产的影响大；对于城镇老人来说，住院支出与其家庭收入和资产相关度更高，收入和资产高出1%，住院支出分别会高出0.467%和0.065%，同样收入比资产的影响大。

（7）级别高的医院住院费用更多，自付费用也相应更多。医疗机构的级别对老人门诊医疗的费用支出影响不显著，不论级别高低，门诊费用大致相同。但在住院支出方面，级别高、水平高的大型医院往往住院支出更高，自付费用更多。通常到高等级医院住院治疗的患者往往病情更重，医治的成本往往会更高。也有另一个原因即高等级医院的治疗费用，例如手术、药品的定价等更高。

（8）性别和婚姻状态对老人门诊和住院选择及支出均没有显著影响。性别和婚姻状况在城乡老人医疗服务利用的决策和门诊、住院支出方面均没有显著影响，这说明不存在女性家庭地位的低下导致就医不及时的情况，也没有明显的某一性别身体状况更差的情况，此外，在婚、离异、单身老人在面对疾病时，就医选择和就医费用支出没有显著差异。

总之，个人在就医选择、门诊和住院费用支出方面，在条件允许的情况下都会选择就医，就医本质上是一种刚性需求。

第6章　老年家庭旅游消费意愿及旅游消费决策

美国未来学家托夫勒曾预言，未来经济发展的支柱将从服务业转变为体验业。在体验经济的时代里，人们所认知的消费不再仅局限于消耗或使用物品，而是更强调自我体验的过程，消费者越来越愿意在刺激感官、充实内心方面消费。旅游作为一种以愉悦精神为主要目的的消费，将在体验经济中发展得越来越快。2010～2017 中国旅游业统计公报公布了中国各年国内旅游的消费总人数、城镇消费人数、农村消费人数及其消费金额，如表 6-1 所示。

表 6-1　　　　　　　2010～2017 年中国国内旅游消费情况

年份	总人次（亿次）	城镇居民出游总人次（亿次）	农村居民出游总人次（亿次）	总消费（亿元）	城镇居民旅游总消费（亿元）	农村居民旅游总消费（亿元）	城镇居民旅游总消费增速（%）	农村居民旅游总消费增速（%）
2010	21.0	10.7	10.4	12579.8	9403.8	3176.0		
2011	26.4	16.9	9.5	19305.4	14808.6	4496.8	57.5	41.6
2012	29.6	19.3	10.2	22706.2	17678.0	5028.2	19.4	11.8
2013	32.6	21.9	10.8	26276.1	20692.6	5583.5	17.1	11.0
2014	36.1	24.8	11.3	30311.9	24219.8	6092.1	17.0	9.1
2015	40.0	28.1	11.9	34195.1	27610.9	6584.2	14.0	8.1
2016	44.4	32.0	12.4	39400.0	32200.0	7100.0	16.6	7.8
2017	50.0	36.8	13.2	45700.0	37700.0	8000.0	17.1	12.7

由表 6-1 可以看出，中国国内旅游总消费呈逐年上升趋势，七年时间翻了近两倍，我国旅游业持续快速发展，旅游在人们的生活中占据了越来越重要的位置。其中，城镇居民旅游消费额远远高于农村居民旅游消费额，而且城镇旅游消费额增幅较大，农村旅游消费增幅较小，目前，中国

旅游消费群体主要以城镇居民旅游消费为主。从旅游消费总人次来看，城镇居民旅游总人次年增加量较多，旅游消费已成为城镇居民消费结构升级的重要载体，一旦闲暇时间充足，收入不断提高的城镇居民在旅游消费环境和旅游方便程度日益完善的当下，越来越多的城镇居民会加入旅游的行列。与城镇相比，农村居民旅游总人次增加缓慢，重要原因是受到收入的制约。随着农村居民收入水平的提高，其消费结构必然不断升级，旅游消费支出必然随之扩大。

根据表6-1计算我国城镇和农村居民人均旅游消费及其增速，如表6-2所示。

表6-2　　　　　　2010～2017年城镇和农村居民人均旅游消费及增速

年份	城镇居民人均旅游消费(元)	农村居民人均旅游消费(元)	城镇居民人均旅游消费增速(%)	农村居民人均旅游消费增速(%)
2010	883.0	306.0		
2011	877.8	471.4	-0.6	54.1
2012	914.5	491.0	4.2	4.2
2013	946.6	518.9	3.5	5.7
2014	975.4	540.1	3.0	4.1
2015	982.6	553.3	0.7	2.4
2016	1007.8	572.6	2.6	3.5
2017	1025.3	604.2	1.7	5.5

注：城镇和农村人均旅游消费由城镇和农村旅游总消费除以出游总人数得到。

由表6-2可以看出，我国城镇和农村居民国内旅游人均消费支出逐年增加，且农村居民人均旅游消费支出增幅高于城镇居民，说明农村居民对旅游具有更为强烈的消费欲望，由于各种限制（主要是收入预算不足）导致旅游消费没有释放。

根据旅游目的进行划分，可以将旅游划分为观光游览、度假休闲娱乐、商务出差、探亲访友、健康疗养和其他六种类型。按照2016年中国旅游统计年鉴统计，35～64岁年龄层的城镇居民在度假休闲娱乐、商务出差以及探亲访友的游客人次占比较高，而65岁及以上的城镇居民在商务出差类型的占比很低，健康疗养类型的占比则远超过其他年龄层次的人群。农村居民旅游特征与城镇相似，并且其在健康疗养类的占比还要高于城镇。在人均每次花费方面，35～64岁城镇居民在商务出差方面消费最高，其次是度假休闲娱乐、观光旅游和探亲访友，最少为健康疗养。农村居民在观光旅游、商务出差和休闲度假方面的消费相对较高。65岁及以上的城镇居民仍然在商务出差方面消费最高，农村居民在商务出差和健康疗养方面的消费均不高。总体看来，我国老年群体旅游消费有着独特的特点和特殊的需求，需进一步深入研究。

《2016年中国老年旅游市场报告》对携程2.5亿会员中的55岁以上老年游客消费行为及意愿进行了统计，数据显示，老年旅游消费已经在中国旅游市场中占据较大份额，旅游已经成为"银发族"生活中的重要生活方式。当前，老年旅游消费已改变追求便宜的传统需求，人均消费达到4000元。数据还显示，在携程推出的跟团游产品中，老年人更愿意选择餐标高、住宿好、行程缓的4钻以上行程，其比例高达75%，其中选择5钻以上的比例为33%。途牛网的数据统计也显示，"爸妈游"已经成为中国旅游消费的重要力量。

老年群体拥有较多的资产储备，家庭收入趋于稳定，尊重老年群体的消费方式和消费习惯，发掘老年群体消费潜能，将对促进和提振我国内需起到推动作用。

6.1 老年旅游消费相关理论

6.1.1 马斯洛需求层次理论

需求层次理论最早是由美国心理学家马斯洛于1943年在《人类动机理论》一书提出，其将人类的需求划成五个层次，依次为：生理需求、安全需求、情感和归属需求（社交需求）、尊重需求、自我实现需求，五个层次依次递进。早期的需求理论认为只有完全满足了低层次的需求，人们才会有更高一层次的需求。后来经过众多学者的发展和完善，新的需求层次理论对五个需求层次有了新的划分和新的归纳，比如，克莱顿·奥尔德弗将新的需求归类为生存、关系、成长三个层次，但是都一致认为各个需求层次之间呈现递进关系但互不独立。

家庭消费作为居民需求的一种行为表现，也有不同层次的划分，其中，旅游消费属于较高层次情感和归属需求、自我实现需求，或者说是关系、成长需求。本章在研究中，将学历、收入、资产、家庭居住所在地等变量纳入研究变量，我们认为，户主受教育程度越高，越追求精神需求，只有当基本的物质追求满足后，家庭可能才会选择外出旅游消费。

6.1.2 凯恩斯消费理论

凯恩斯在《就业、利息与货币通论》中指出，当期实际收入是当期消费的主要决定因素，如果 C 表示消费，Y 表示收入，则二者之间的关系可以简单地表示为 $C = f(Y) = \alpha + \beta Y$，其中 α 为自发性消费，β 为边际消费倾向，β 为由消费倾向引致的消费，随着实际收入的增加，消费也随之增加。如果用 ΔC、ΔY 表示消费与收入的增加量，则 ΔC 与 ΔY 同方向变化，但 ΔC 始终小于 ΔY，$0 < \beta < 1$，且递减；满足个人及家庭目前基本需要的动机总是比储蓄动机更强烈，但是当舒适感达到一定程度，随着实际收入的上升，用于储蓄的比例也将更大，更高的绝对收入总是会扩大收入与消费之间的差距。如果用 ΔAPC 表示平均消费倾向，则 $APC = C/Y$，随着收入的增加，人们用于储蓄的比例将会增加，APC 相应就会下降，也即意味着采取"劫富济贫"式的收入分配政策，整个社会的 APC 就会提高，相反，收入差距过大，APC 就会降低，产生消费需求不足。

根据凯恩斯消费理论，我国老年家庭的收入水平将直接影响家庭旅游消费支出。

6.1.3 生命周期理论和持久收入假说

关于资产影响消费的经典理论主要有生命周期理论（Ando and Modigliani，1963）和持久收入假说（Friedman，1957；Hall，1978）。

生命周期理论提供了研究家庭资产和居民消费关系的基本理论框架，认为居民消费的两个关键决定因素是人力财富和家庭财富，前者可以用预期的终生收入的现值来衡量，后者可以用家庭资产及其相关收入来衡量。居民通过在生命周期的不同阶段进行储蓄或借贷来平滑消费，可以实现跨期优化，从而实现积累和消耗财富的目的，即保持消费的相对稳定。因此家庭的资产越多，消费水平越高，即所谓的"资产效应"。

持久收入假说认为，未预期的资产价格上升将引致家庭财富上升，从而提升居民消费，这种效应被称为"财富效应"。相较于"资产效应"刻画的资产水平对家庭消费的影响，"财富效应"关心的是资产价格变化对居民消费的影响。从理论上讲，"财富效应"是否存在取决于家庭成员的预期。如果资产价值波动完全被预测到，居民消费就不会调整。反而未预期到的资产价值上涨例如住房价格的不断上涨，会带来财富效应，进而对家庭消费起到促进作用。

我国学者在相关消费理论的基础上，结合我国社会的实际情况，得出了中国居民的消费行为特点：中国居民不是以一生为时间跨度来寻求效用最大化，其消费支出安排具有显著的阶段性。其一生可以分为几个重要的阶段，一种较为典型的划分是：婚前、婚后、供养子女及退休等（余永定，2000）。反映在中国老年家庭的旅游消费上，其消费行为的主要差异则主要反映在退休前和退休后早期和退休后晚期三个主要阶段。退休前，家庭成员由于工作繁忙，闲暇时间少，纵然家庭收入高、旅游需求强烈也很难安排放松随性的旅游消费。退休之后早期，制约家庭成员的闲暇时间问题得以解决，并且身体状况良好，这段时间会迎来一个旅游消费的爆发期。到了高龄阶段，身体状况变差，甚至已经无法顺利地进行日常活动了，自然家庭的旅游行为就无从谈起。因此，基于以上的特点，本章按照户主年龄将中国老年家庭分成三类处于不同生命周期的家庭：中年家庭，即户主退休前的家庭，户主年龄在 45～60 岁；低龄老年家庭，即户主退休后早期的家庭，户主年龄在 60～70 岁；高龄老年家庭，即户主退休后晚期的家庭，户主年龄在 70 岁以上。

6.1.4　心理账户理论

传统的消费理论认为，个人收入具有完全的替代性，但是，越来越多的研究表明，个体并不是将所有的收入都放在一个整体账户中进行管理，而是根据收入或财富来源与支出划分成若干个分账户，每个账户有其独立的支配规则，不同账户之间并不轻易转移，也即人们将不同来源的收入或财富设立的心理账户具有非替代性。这个理论被称为心理账户理论。基于心理账户理论，谢夫林和泰勒（Shefrin and Thaler）将消费的生命周期假说加以发展，提出了行为生命周期模型，并认为个人的不同收入或财富具有不可替代性，个人将其收入及财富分为不同的类型。

传统生命周期模型中个人消费是总收入的函数：

$$C_L = C_L(Y), Y = \sum_{j=1}^{J} y_j \qquad (6-1)$$

其中，y_j 表示第 j 种收入或财富的折现值。在行为生命周期模型中，个人的消费决策不仅依赖于总收入，还受收入类型的影响，个人的消费函数为：

$$C_B = C_B(y_1, y_2, \cdots, y_j) \qquad (6-2)$$

根据消费函数可得出个人边际消费倾向，对传统生命周期和行为生命周期模型而言，其边际消费倾向分别如式（6-3）和式（6-4）所示。

$$\frac{\partial C_L}{\partial y_1} = \frac{\partial C_L}{\partial y_2} = \cdots = \frac{\partial C_L}{\partial y_j} \qquad (6-3)$$

$$\frac{\partial C_L}{\partial y_1} \neq \frac{\partial C_L}{\partial y_2} \neq \cdots \neq \frac{\partial C_L}{\partial y_j} \qquad (6-4)$$

即在传统生命周期模型中，不同的收入或财富是同质的，其边际消费倾向相同，而在行为生命周期模型中，不同收入或财富具有不可替代性，其边际消费倾向不同。

6.1.5 推拉理论

"推—拉"理论（push-pull Theory）最早源于英国学者雷文斯坦（E. G. Ravenstein）对人口流动的理论研究，后来被许多研究者运用于研究旅游动机，该理论从内在动因（推动因素）和外在诱因（拉动因素）两方面阐述旅游动机。推动因素是引发旅游产生的愿望，是影响个人出游决定的内部驱动力，具有内在性和非选择性。克朗普顿（Crompton，1979）提出 9 个推动因素，其中 7 个社会心理动机是：逃离日常环境、探寻和评价自我、放松、声望、回归、加强亲情关系、促进社会互动；2 个文化动机是：新奇和受教育。拉动因素在旅游目的的选择上起重要作用，具有外向性与选择性（张宏梅等，2005），与目的地吸引潜在旅游者的自身属性和特征吸引物有关。莫琨等（2014）运用结构方程模型进行实证分析，研究结果表明推动因素对旅游意愿有显著的正向影响关系，年龄、受教育程度、收入等直接影响推力与拉力的关系，并且推力因子对老年旅游意愿的影响力大于拉力因子；包亚芳（2009）通过分析人口学特征对杭州老年人出游动机的影响发现，年龄与自我感知的身体状况对推动因素"求知与好奇"有显著性影响。

6.2 有关老年旅游消费的文献综述

6.2.1 国外文献综述

尼古拉和弗朗西斯科（Nicolau and Francisco，2005）调查了西班牙地区 3781 个个人样本，基于 Heckit 模型对旅游选择过程的两个阶段——决定度假和旅游支出进行了研究。研究结果表明，收入、家庭人数、教育和城市规模对家庭旅游决策有影响，起点与目的地之间的距离、住宿条件、收入、家庭人数、年龄、婚姻状况和逗留时间对旅游支出有影响。

拉波波特（Rapoport，1975）分析了家庭生命周期与休闲活动改变之间的关系。科森扎和戴维斯（Cosenza and Davis，1981）研究发现，家庭生命周期对家庭旅游决策的内容（去哪里、怎么去、花费、停留时间、目的地设备使用）有着明显的影响。

劳森（Lawson，1991）对1986年新西兰地区的3426位国际旅游游客的调查数据进行了研究，分别对处于不同生命周期样本的度假类型和旅游支出进行了统计分析和比较。分析结果表明，在家庭生命周期的不同阶段，消费类型和旅游支出均存在明显差异。普遍来讲，老年群体的旅游消费支出要高于年轻人群体。其中，老年群体在旅游住宿上的支出较高，而单身青年、年轻夫妇更偏爱购物型旅游，并且其旅游支出构成中，购物支出占比最高。

福德尼斯（Fodness，1992）通过对1987年佛罗里达国内旅游调查（Florida Domestic Tourism Exit Survey Program，FDTESP）数据中3585个有效样本家庭进行了研究。结果表明，家庭生命周期主要影响家庭旅游决策中的信息搜索方式及最终的旅游目的地选择；在家庭生命周期的后期，家庭旅游决策行为更偏向于夫妻联合决策；在有孩子的家庭中，妻子更多地承担着搜索旅游信息的职责；不同生命周期的家庭，其户主的性别对于家庭旅游的影响存在差异性。

安东尼娅·科雷亚等（Antónia Correia et al.，2016）以社会经济心理学为基础，探讨了不同阶层的葡萄牙公民旅游决策的决策方式，根据公众在社会中扮演的不同角色，研究者选择了36名葡萄牙公民接受采访。研究结果表明，社会环境可以调节个体感知和体验旅行的方式，此外研究结果还表明，暴露程度较高的公共团体倾向于使用更加特别的旅游方式，以此显示自己的与众不同。

6.2.2　国内文献综述

我国学者关于居民旅游消费的研究起步较晚。余永定和李军（2000）、白凯和符国群（2011）针对西方研究方法以中国化的视角给出了相关的指导性研究文献。余永定（2000）指出，西方的传统消费理论无法说明中国消费者的行为特征。中国居民消费行为有两个重要特点：一是居民的消费支出安排具有显著的阶段性，二是在其生命的不同阶段一般都存在一个特定的支出高峰以及一个相应的储蓄目标。根据这些特点，提出了基于中国现实的消费函数；白凯和符国群（2011）在总结家庭旅游决策研究的中国化理论时，提出了基于本土化理论视角：现象学视角、社会学与心理学视角和管理学视角，以及关于家庭旅游决策研究的分析思路：家庭结果、意识形态和内容与结构组成。

杨新军等（2000）对国内外关于旅游行为空间的模式进行了总结与评价，并在此基础上提出了以城市为空间结点的区域旅游空间结构；牛亚菲等（2005）则采取实证分析方式，通过对北京市旅游消费的宏观数据分析了北京市旅游客流在时间和空间上的分布特征。

吴必虎等（1997）通过调查问卷的方式，分析了中国城市居民的旅游目的地选择的基本规律，讨论了性别、年龄、职业、受教育程度等因素对旅游目的地选择的影响；毛端谦（2005）等基于 Lancas-ter 特性理论提出了旅游目的地选择模式并进行实证研究；李华敏（2010）通过调查问卷的方式，研究了旅游地选择意向形成的机制问题，研究结果表明：旅游者价值、旅游地形象和服务质量对选择意向有显著影响，旅游地服务质量和旅游地形象对旅游者价值具有显著影响，但由于交通条件的显著改善，旅游目的的休闲化以及旅游方式的近郊化和长途化并存，替代旅游地吸引力对旅游地选择意向没有显著影响。

蔡洁（2005）针对女性旅游者的人口学特征和行为特征进行分析，得出了女性旅游者出游的一般规律。胡平（2007）通过调查问卷的方式，对上海地区老年旅游消费市场的各种出游行为上的消费特点进行了研究，分析结果表明，老年人由于闲暇时间充裕，可支配收入较高，使得老年市场必然有一个巨大的开拓空间。

崔痒和黄安民（1995）利用长春市居民家庭旅游消费的抽样调查数据，对数据进行统计整理并比较分析，发现家庭的收入水平是影响我国家庭旅游消费行为的决定因素，其他相关的家庭特征，如职业特征、文化水平等虽然对居民家庭旅游消费行为有影响，但受到收入水平的制约，其影响程度难以显著表现出来。

周文丽等（2010）根据 1994～2007 年的统计公报数据，构建了城乡居民年国内旅游消费总支出与年总可支配收入与国内旅游平均消费倾向的消费模型，发现城镇居民年总可支配收入增加 100 亿元，年总国内旅游消费支出将增加 6.4 亿元。农村居民年总纯收入每增加 100 亿元，年总国内旅游消费支出将增加 12.37 亿元。这样的结果显示我国农村居民总体收入较低，旅游消费远远没有成为农村居民消费的必需品。

张金宝（2014）采用国内 24 个地级市以上城市居民家庭的调查数据，以家庭为单位对城市家庭旅游消费支出的影响因素进行了定量分析，发现：除家庭的收入、资产影响旅游消费外，家庭对未来收入的预期也显著影响家庭的旅游消费支出；家庭人口特征以及家庭对风险偏好的程度也影响家庭的旅游消费。此外，个体家庭处于不同生命周期也会对家庭旅游消费产生影响。

杨勇（2015）基于我国31个省（市、区）农村居民收入和旅游消费的面板数据集，考察了我国农村地区不同来源收入对旅游消费需求的影响，研究结果显示：不同来源收入对农村居民有着相异的旅游消费需求影响，其中工资性收入和经营性收入对旅游消费需求的影响效应最为显著；我国农村居民收入来源结构动态演变各维度的旅游消费效应具有显著的区域差异，与农村居民整体收入水平提升相关的区域增长分量具有明显的旅游消费促进效应，而由于经济发展阶段的不同，东部省份工资性收入水平提升所引致的结构分量优势和中西部省份与家庭经营性收入相关的竞争力分量优势则普遍呈现显著的旅游消费消极效应。

李天池（2007）采用问卷调查、数理统计以及逻辑分析等方法，对我国不同性别、年龄、职业的人群在体育旅游方面的消费偏好做出了定量分析。在性别方面，他发现，男性的消费集中在51~100元，而女性大多集中在50元以下。在年龄方面，7~15岁和70岁以上的人群消费在50元以下的人较多，21~25岁和31~35岁的人群消费在50元以上的较多。在职业方面，国家机关、企业、事业单位负责人、专业技术人员在200元以上消费人数较多，工人、学生则明显偏少。

胡迎春等（2011）以鞍山地区为例，通过对不同收入、不同学历人群的抽样调查，总结了他们各自对待旅游的态度和看法。针对研究结果，他提出了高学历高收入旅游市场开发对策。

李一玮等（2004）对我国城镇居民旅游人均花费构成比例进行了深入，他发现，"行"在消费支出中占比最高，而"娱"和"购"占比最低，这反映了我国城镇居民旅游消费的层次较低，消费结构不够合理。他还指出，各类消费产品的生产比例、内部结构是否合理是影响旅游消费结构的关键因素。

王文瑞（2009）通过对我国农村居民散客出游花费的分析总结了我国农村居民旅游消费结构，他认为旅游者消费支出的主要部分为长途交通、购物和餐饮等基本消费。

谢泽氢等（2017）基于四川省入境游客的消费情况，分团体游客和散客对其消费结构差异做出研究，发现团体游客和散客的长途交通消费都显著高于其他项目，而后者在购物项目上则远高于前者。

席建超等（2010）利用 1996~2005 年入境游客旅游消费的截面数据，构建了评价表征指数，对中国入境游客消费变动以及区域差异进行了实证分析，总结出了入境旅游消费水平近年来的变化。

周文丽（2011）以历年旅游统计数据为基础，从经济学的视角对我国城乡居民的消费规模、消费水平做出研究分析。

在我国旅游消费影响因素方面的研究，关于收入—消费模型最为集中，本章主要就此方面做出总结。

谷慧敏等（2003）说明了自改革开放以来，居民收入及分配结构的演变，并对收入变化引起的旅游消费变化做出分析。丁健等（2003）提出，广州市家庭人均月收入在 1000 元以上的家庭旅游消费支出要显著高于其他家庭。在此文中还指出消费具有不可逆性，即在消费高峰期培养的消费习惯在经济衰退时期也不太可能发生改变。

刘文彬（2009）分析了家庭可支配收入、居民储蓄与旅游人数、旅游人均花费之间的关系。发现他们之间呈正相关关系，并建议加快消费政策创新和增加有效旅游需求。

国外研究者对居民消费的研究已经较为深入，并且有了丰富的理论成果，但是西方的理论在我国并不完全适用。长期以来我国学者借鉴国外经验并长期摸索，在居民消费研究方面得到了十分显著的成果。除此之外，许多专家学者针对旅游消费做出专门研究，并得到了相关结论，关于老年旅游消费的研究也层出不穷。但是基于老年旅游消费这一微观视角着手的研究还不够深入，因此需要更全面、更细致的微观数据库作为支撑，深入分析我国老年家庭的旅游消费决策及旅游消费支出的影响因素。

6.3 老年家庭旅游消费现状分析

6.3.1 数据来源

中国家庭追踪调查（China family panel studies，CFPS）是北京大学中国社会科学调查中心实施的一项关于中国家庭的追踪调查。2016 年 CFPS 样本覆盖了 25 个省（市、区），目标样本规模 14019 户，调查对象为样本家户中的全部家庭成员，共计 36892 人。2016 年 CFPS 数据包括住户过滤问卷、家庭成员问卷、家庭经济问卷、个人确认问卷、少儿问卷、成人问卷、成人代答问卷以及公共模块问卷八个部分。根据研究需要，本章首先将成人问卷和家庭经济问卷根据家庭编号进行了匹配，剔除了两个问卷不匹配的受访者数据，剔除了年龄在90岁以上和20岁以下的受访者数据（由于身体状况和经济能力问题几乎不可能产生自主旅游消费）。此外，本章还剔除了户口为海外或户口状态缺少数据的受访者样本以及某些错误或不适用数据，如房产价值为负等。由于旅游消费年均值以家庭为单位计算，本章以户主基本信息作为家庭信息的代表。通过整理合并筛选数据，最终得到11587户家庭样本，其中60~90岁老年家庭样本为3355条。

6.3.2　老年家庭旅游消费基本情况

1. 居住地对老年旅游消费的影响

图6-1显示了城镇和农村地区60岁以上老年家庭中旅游消费与居住地的关系。可以看出，城镇有旅游消费的老年家庭占比高达44.84%，农村有旅游消费的老年家庭占比为18%，远远低于城镇老年家庭。

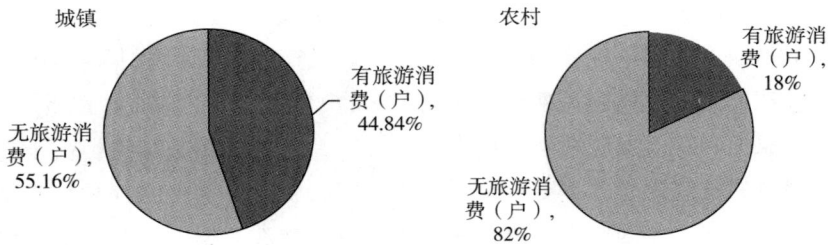

图6-1　居住地对老年旅游消费的影响

此外，根据计算，60岁以上城镇和农村家庭旅游消费的年花费均值分别为3484.27元和519.09元，可见，城镇老年家庭的旅游消费支出远远高于农村老年家庭。

2. 年龄对旅游消费的影响

图6-2显示了各年龄段家庭旅游消费的情况，可以看出，30~40岁家庭旅游消费比例最高，其次是20~30岁年龄段家庭。40~70岁各年龄段家庭有旅游消费比例大致相同，在20%左右。随着年龄增加，受健康状况影响，70岁以上老年家庭旅游行为逐渐减少。由于在统计时，将观光游览、度假休闲娱乐、商务出差、探亲访友、健康疗养等均统计为旅游消费，因此，本章数据不仅仅指狭义的观光游览度假旅游。

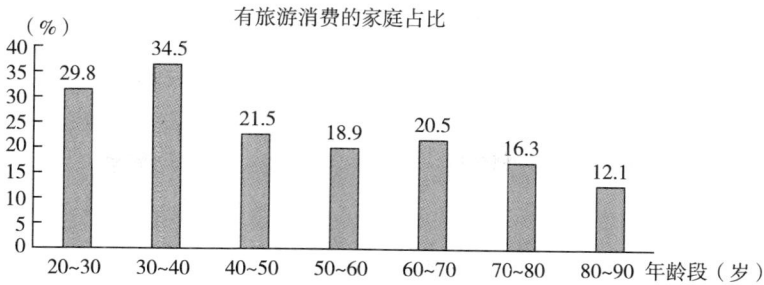

图6-2 各年龄段家庭旅游消费情况

表6-3显示了各年龄段家庭旅游消费的年均值，可以看出，80~90岁家庭旅游消费支出最少。从所有样本年均值来看，30~40岁家庭的旅游消费支出最多，为2128.41元/年，远高于其他年龄段；60~70岁、70~80岁的老年家庭的消费年均值约为1200元，略高于20~30岁、40~50岁、50~60岁的青中年家庭，这很可能由于这一年龄段家庭处于有闲暇时间的退休阶段，健康状况也比较好，有闲有钱成为退休族加入旅游行列的重要支撑。而高龄老人的旅游消费包含更多的探亲访友、健康疗养支出。

表6-3　　　　　　　　　各年龄段家庭旅游消费年均值　　　　　　单位：元/年

年龄段（岁）	所有样本	有旅游消费的样本
20~30	1136.35	3813.22
30~40	2128.41	6168.45
40~50	1108.44	5163.44
50~60	1086.62	5746.93
60~70	1281.08	6247.49
70~80	1198.54	7360.37
80~90	458.36	3800.00

从有旅游消费的样本年均值来看，70~80岁老年人的旅游消费支出最多，60~70岁的老年家庭次之，即老年家庭旅游消费的规模要大于年轻家庭。从上述分析中我们可以看出，从旅游消费人数来看，年轻家庭多于老年家庭；从出游后的旅游消费支出来看，老年家庭高于年轻家庭。

3. 老年旅游消费与家户收入资产的关系

图6-3是有旅游消费和无旅游消费两类老年家庭的收入资产对比，

从图中可以明显看出有旅游消费的老年家庭收入和资产均高于无旅游消费的老年家庭，这说明旅游消费对居民来说是较高层次的消费需求，有了一定的经济基础，物质生活获得保障后，人们才追求更高层次的情感和归属需求和自我实现需求。

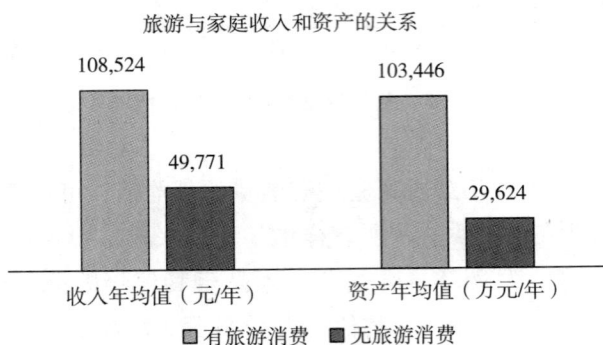

图 6-3 旅游与老年家庭收入和资产的关系

4. 户主特征对老年家庭旅游消费的影响

从表 6-4 中可以看出，60 岁以上老年家庭中是否存在旅游消费与户主健康状况、是否退休、学历、性别、是否领取退休金、户主婚姻状况之间的关系。由于农村居民不存在正规的退休手续和制度，因此本章只关注了城镇老年的退休情况与其家庭旅游消费之间的关系。此外，由于农村居民领取的养老保险金较城镇居民领取的企业事业单位退休金数额较小，本章仅关注城镇老年家庭是否领取养老保险金与老年家庭旅游消费之间的关系。

表 6-4　　　　　　　　　户主特征对旅游消费的影响

变量及取值		有旅游消费家庭（家庭数）
健康状况	健康	1708
	不健康	471
是否退休（城镇）	是	380
	否	28
学 历	文盲/半文盲	367
	小学及初中	1194
	初中以上	335
性 别	男	1107
	女	1072

变量及取值		有旅游消费家庭（家庭数）
是否领取养老金（城镇）	是	324
	否	51
婚姻状况	是	1726
	否	453

从统计结果来看，健康状况好、已退休、领取养老金的老年家庭更偏向于旅游消费，消费支出也更多。

6.4　老年旅游消费实证分析

6.4.1　变量选取

根据前文对老年旅游消费特征的分析和旅游消费相关理论的研究，我们认为老年家庭旅游消费决策与旅游消费支出可能与家庭收入、家庭资产、健康状况、是否退休、受教育水平、户主家庭所在地（户口类型）、户主年龄、是否领取养老金有关。因此选取以下变量，利用 CFPS 数据中户主年龄在 60 岁以上的老年家庭样本进行实证研究。

1. 被解释变量

CFPS 数据库详细记录了受访者家庭在过去 12 个月的旅游信息，包括是否外出旅游及旅游支出的内容和估算的旅游消费信息。为考察中国老年家庭旅游消费决策及旅游消费支出影响因素，我们设置两个被解释变量。

（1）旅游消费决策变量（Ptravel）。该变量为二值变量，取值 0、1。本书将存在旅游消费的记录设为 Ptravel = 1，不存在旅游消费的记录设为 Ptravel = 0。

（2）旅游消费支出变量（Ctravel）。该变量的值来源于受访者对"过去 12 个月"家庭旅游消费的估算。

2. 解释变量

（1）家庭收入（I）。在 CFPS 数据中记录了受访者所在家庭过去 12 个月的总收入，包括经营性收入、工资性收入、财产性收入、政府补贴补助或他人经济支持等。若受访人员在被提问所在家庭过去 12 个月的总收入时回答不知道或不清楚，调查人员将会采用 Unfolding 的提问方式，以 5

万元为起点，询问受访者家庭总收入高于或是低于该标准，最终确定该家庭的总收入所在区间。本书使用该区间的中间值作为该家庭的年总收入。

（2）家庭资产（A）。该变量为受访者所在家庭所拥有的资产，主要以两部分资产衡量：一是住房资产，界定为受访者所有房产当前的市场价格；二是金融资产，界定为受访者家庭所有金融资产的总和。

（3）身体健康状况（health）。CFPS 调查问卷将健康状况分为 5 个等级，并让受访者根据自己的判断为自身健康状况评级，1～5 级分别表示非常健康，很健康，比较健康，一般，不健康。本书将该变量设置为一个二值变量，一般和不健康作为不健康，记为 health＝0，比较健康、很健康和非常健康作为健康，记为 health＝1。

（4）是否退休（re）。1 为已退休，0 为未退休。对于机关、事业单位、企业的工作人员，他们有正式的退休或退职手续；对于农民、城市个体户和无业人员，他们没有正式的退休、退职手续。

（5）受教育水平（edu）。在本书研究中受教育水平采用受访者家庭户主的学历代替。因为研究对象为老年人，受时代影响，大部分老年人学历不高，受教育年限少，因此，根据实际情况本书将受教育水平划分为三个等级，将文盲/半文盲的学历设置为 0，初中及小学设置为 1，初中以上设置为 2。

（6）户口类型（rpr）。1 为农村户口，0 为非农村户口。该户口类型指受访者当前户口类型，本书根据受访者户口类型将居民分为城镇居民和农村居民，非农户口的居民为城镇居民，农村户口的居民为农村居民。

（7）年龄（age）。指户主的实际年龄。

（8）性别（gen）。男性为 1，女性为 0。

（9）是否领取养老金（sub）。养老金包括从原机关和事业单位领取的离退休金和养老保险金。养老保险包括基本养老保险，企业补充养老保险、商业保险、老农保、新农保、城镇居民养老保险等。领取养老金则变量取值为 1，不领取养老金取值为 0。

6.4.2　建立老年旅游消费模型

Probit 模型为二值选择模型，适用于判断老年家庭旅游决策的影响因素分析，该模型的因变量取值为 1 或者 0，取值 1 表示该家庭在过去 12 个月进行了旅游消费，取值 0 则没有进行旅游消费。

正常情况下，一部分老年家庭会有旅游消费支出，另一部分老年家庭没有旅游消费支出，CFPS 数据库也支持这一判断，数据显示，60～80 岁老人有外出消费记录的大概占20%，80岁以上逐渐减少。这意味着80%以上的老年家庭没有外出旅游消费记录。因此因变量 Ctravel 是大于等于0的连续变量，且 Ctravel 的很多取值为0。因变量的这一特征使得利用 Tobit 模型进行实证分析更为适用。因此本章在研究老年家庭旅游消费支出影响因素时，选用 Tobit 模型。

本章用于老年家庭旅游消费决策模型的具体 Probit 模型形式见式（6-5）：

$$Ptravel_i = \alpha_1 \ln I_i + \alpha_2 \ln A_i + \alpha_3 \, health_i + \alpha_4 \, re_i + \alpha_5 \, edu_i + \alpha_6 \, rpr_i + \alpha_7 \, age_i + \alpha_8 \, gen_i + \alpha_9 \, sub_i + \varepsilon_i$$

$$i = 1, 2\cdots, N \tag{6-5}$$

其中，N 为样本个数，$Ptravel_i$ 代表第 i 户家庭在过去的12个月是否有旅游消费。$\ln I_i$、$\ln A_i$、$health_i$、re_i、edu_i、rpr_i、age_i、gen_i、sub_i 分别表示第 i 户家庭收入的对数、资产的对数、户主健康状况、户主是否退休、户主受教育水平、户主户口类型、户主年龄、户主性别、户主是否领取养老金，ε_i 为残差。

由于我国城乡二元结构的存在，居民只有企业及机关事业单位职工有正规的离退休手续，农村居民没有正规的离退休手续，因此，本章只研究是否退休与城镇老年家庭旅游消费之间的关系，在构建农村家庭样本模型时，将去除变量 re_i。此外，在领取养老金方面，城镇居民主要养老金来源是企业及机关事业单位的退休金和城镇居民养老保险金，而农村居民主要是购买新型农村社会养老保险后领取的养老保险金。由于缴费额度和养老金发放额度的不同，农村居民领取的养老保险金数额较少。而旅游消费属于较高层次的享乐型消费，因此本章在建立农村家庭样本模型时没有加入变量 sub_i。

本章用于老年家庭旅游消费支出模型的具体 Tobit 模型形式见式（6-6）：

$$\ln Ctravel_i = \beta_1 \ln I_i - \beta_2 \ln A_i + \beta_3 \, health_i + \beta_4 \, re_i + \beta_5 \, edu_i + \beta_6 \, rpr_i + \beta_7 \, age_i + \beta_8 \, gen_i + \beta_9 \, sub_i + \mu_i$$

$$其中：\ln Ctravel_i = \begin{cases} \ln Ctravel_i, & if\, Ctravel > 1 \\ 0, & if\, Ctravel \leq 1 \end{cases}, \quad i = 1, 2\cdots, N \tag{6-6}$$

在上述 Tobit 模型中，N 表示样本个数，$\ln Ctravel_i$ 为第 i 户家庭旅游消费支出的对数（若 $Ctravel_i > 1$，直接取对数，若 $Ctravel_i \leq 1$ 时，$\ln Ctravel_i$ 取值为0）。其余变量含义与老年家庭旅游消费决策 Probit 模型中的相同。β_1 和

β_2 分别表示收入和资产对旅游消费的弹性，β_3、β_4、β_5、β_6、β_7、β_8、β_9 分别表示自评健康状况、退休状况、受教育水平、户口类型、年龄、性别、是否领取养老金对老年家庭旅游消费的影响，μ_i 为残差项。

6.4.3 老年家庭旅游消费决策的实证分析

表 6 – 5 列出了老年家庭旅游决策 Probit 模型的回归结果。

表 6 – 5　　　　　　　　老年家庭旅游消费决策 Probit 模型估计结果

变量	全样本		城镇		农村	
	估计值	z	估计值	z	估计值	z
收入	0.400 ***	10.97	0.418 ***	6.27	0.390 ***	8.99
资产	0.041 ***	3.87	0.045 ***	2.95	0.037 ***	2.59
健康	0.162 **	2.48	0.152 *	1.92	0.163 *	1.77
是否退休	0.209 **	2.47	0.249 *	1.86	—	—
受教育水平	0.279 ***	4.36	0.289 ***	3.58	0.218 **	1.96
户口类型	− 0.388 ***	− 5.02	—	—	—	—
年龄	− 0.225 **	− 4.09	− 0.344 ***	− 4.73	− 0.061	− 0.74
性别	0.002	0.03	− 0.012	− 0.13	0.032	0.34
是否领取养老金	− 0.160	− 1.45	− 0.064	− 0.46	—	—
Pseudo R^2	0.200		0.13		0.130	
LR 检验	481.790		151.78		141.770	
样本数量	2408.000		867.00		1541.000	

注：***，**，*分别表示在0.01、0.05、0.1显著性水平下显著，其余为不显著。

由表 6 – 5 全样本估计结果来看，户口类型对老年旅游消费决策的边际影响绝对值为 0.088，仅次于收入对老年旅游消费决策的影响，可见，城乡差别对老年旅游消费决策的影响非常之大。据此，本书将城镇和农村居民的旅游消费决策分别进行估计，估计结果列在表 6 – 5 第 2、第 3 列中。

根据模型估计结果，得出以下结论：

（1）收入是影响老年旅游消费决策的最重要因素。从估计结果中可以发现，无论是在城镇家庭还是农村家庭，收入对老年旅游消费决策的影响均在 1% 水平下显著，且均为正向影响，收入越高，老年家庭进行旅游消费的可能性越大。

（2）资产对老年旅游消费决策影响显著，但影响力明显低于收入。由表6-5可以看出，资产对老年旅游消费决策的影响均在1%水平下显著，且均为正向影响，资产越多，老年家庭旅游消费的可能性越大。但与收入相比，资产的影响力低得多，从估计的系数可以看出，资产的系数远远小于收入的系数。这与凯恩斯理论与生命周期理论相契合。

（3）受教育水平是影响老年旅游消费决策的重要因素。受教育水平基本可以用学历衡量。从模型估计结果看，无论是城镇还是农村，老年旅游消费决策都与受教育水平显著相关，受教育程度高的老人，旅游消费的可能性更大。除了由于通常学历越高，收入越高以外，还有一个重要原因是，受教育程度高的个体对生活质量的要求更高，求知欲更强，他们不仅仅满足于基本的生存性消费，还会追求更高的精神需求和个性化生活。从系数的比较来看，城镇老人旅游消费决策与受教育程度的关系比农村老人更强。

（4）越健康的老人越容易产生旅游消费行为。从模型估计结果看，自评健康这一变量的估计系数为正，说明健康的受访者外出旅游的可能性更高。一方面，身体不健康会给受访者外出旅游带来极大的不便，如无法承受长时间的旅途劳顿，无法承受旅游地恶劣天气地势等。而身体健康的受访者就没有这样的烦恼。另一方面，身体不健康的受访者可能将更多的可支配收入用于支付医疗保健费用，从而产生替代效应。

（5）老年旅游消费与性别无关，与年龄有关。从估计结果看，户主性别对老年家庭旅游消费决策影响不显著，年龄则与旅游决策呈负相关，即其他变量相同的情况下，年龄越大，越偏向于不外出旅游。有关年龄对旅游决策与旅游支出的影响将在第6.4.5节进一步讨论。

（6）是否领取养老金对老年旅游消费决策影响不显著。从估计结果看，是否领取养老金对老年旅游消费决策影响不显著。说明老年家庭在进行旅游消费决策时，只受限于实际可支配收入及看得见的资产，养老金的领取已划归为收入的一部分，是否领取养老金本身并不对旅游决策产生显著影响。

6.4.4 老年家庭旅游消费支出的实证分析

表6-6列出了老年家庭旅游消费支出Tobit模型的回归结果，其中估计值为模型的估计系数。

表 6 - 6 **Tobit 模型回归结果**

变量	全样本		城镇		农村	
	估计值	t	估计值	t	估计值	t
收入	0.605 ***	10.98	1.238 ***	7.79	0.487 ***	10.14
资产	0.088 ***	4.76	0.133 ***	3.34	0.048 ***	2.71
健康状况	0.279 **	2.40	0.491 **	2.00	0.193 *	1.71
是否退休	0.370 ***	2.69	0.253	0.58	—	—
受教育水平	0.852 ***	6.77	0.914 ***	4.23	0.409 ***	2.71
户口类型	- 0.973 ***	- 6.68	—	—	—	—
年龄	- 0.397 ***	- 4.25	- 0.857 ***	- 4.77	- 0.018	- 0.19
性别	- 0.094	- 0.80	- 0.076	- 0.31	- 0.023	- 0.20
是否领取养老金	- 0.230	- 1.62	- 0.219	- 0.61	—	—
Pseudo R^2	0.200		0.13		0.020	
LR 检验	481.790		151.78		152.730	
样本数量	2408.000		867.00		1541.000	

注:***,**,*分别表示在 0.01、0.05、0.1 显著性水平下显著,其余为不显著。

根据模型估计结果,得出以下结论:

(1) 城镇老年是旅游消费的主力军。从全样本估计结果看,农村户口的老年家庭估计系数为 - 0.973,也即农村户口老人旅游消费支出低于城镇户口的老人 97.3%,与农村老人相比,城镇老人是旅游消费支出的主力军。

(2) 收入对城镇老年家庭旅游消费支出影响更大。从估计结果看,收入是影响老年旅游消费支出的最重要因素。尤其对于城镇老年家庭,收入高出 1%,旅游消费支出将高出 1.238%,也即收入提高,将刺激城镇老人旅游消费的快速提高,甚至会挤出其他消费。收入也是农村老人旅游消费的重要影响因素,农村老人收入每提高 1%,旅游消费支出将提高 0.487%。

(3) 资产对老年旅游消费支出影响显著,但影响力明显低于收入。由表 6 - 6 可以看出,资产对老年旅游消费支出的影响均在 1% 水平下显著,且均为正向影响,资产越多,老年家庭旅游消费支出越多。但与收入相比,资产的影响力低得多,从估计的系数可以看出,资产的系数远远小于收入的系数,且资产对城镇老人的影响力明显高于对农村老人的影响力。

(4) 受教育水平是影响老年旅游消费支出的重要因素。与老年旅游消费决策一样,老人旅游消费支出与受教育水平显著相关,受教育程度越高的老人,旅游消费支出越多。从估计系数上看,受教育水平对城镇老人的影响力明显高于对农村老人的影响。当然，受教育水平与收入水平高度相关，也会受到收入水平的影响。

性别、年龄、是否领取养老金对老年旅游消费支出的影响与对其旅游消费决策的影响类同，在此不再赘述。

6.4.5 不同生命周期老年家庭旅游消费的进一步分析

为了进一步讨论不同生命周期阶段老年家庭的旅游消费差异，本章将老年家庭样本分为低龄老人，中龄老人和高龄老人，户主年龄分别为 55 ~ 65 岁、65 ~ 75 岁、75 岁以上。由于养老保险金对旅游消费没有显著影响，本章在前两节建立的城镇家庭计量模型的基础上去掉了是否领取养老保险金变量，利用式（6 - 7）和式（6 - 8）研究不同生命周期城镇老年家庭旅游消费的影响因素。

$$Ptravel_i = \alpha_1 \ln I_i + \alpha_2 \ln A_i + \alpha_3\, health_i + \alpha_4\, re_i + \alpha_5\, edu_i + \alpha_7\, age_i + \alpha_8\, gen_i + \varepsilon_i$$
$$(6-7)$$

$$\ln Ctravel_i = \beta_1 \ln I_i + \beta_2 \ln A_i + \beta_3\, health_i + \beta_4\, re_i + \beta_5\, edu_i + \beta_7\, age_i + \beta_8\, gen_i + \mu_i$$

$$lntravel_i = \begin{cases} lntravel_i, & if travel > 1 \\ 0, & if travel \leq 1 \end{cases} \qquad (6-8)$$

表 6 - 7 为估计结果。

表 6 - 7　　　　不同生命周期老年家庭旅游消费影响因素估计结果

	旅游消费决策			旅游消费支出		
	低龄老人	中龄老人	高龄老人	低龄老人	中龄老人	高龄老人
收入	0.4930 ***	0.4020 ***	0.5520 ***	1.3760 ***	1.1630 ***	1.2290 **
资产	0.0620 ***	0.0390	- 0.0570	0.1720 ***	0.0990	- 0.1000
健康状况	0.1360	0.3500 ***	0.0000	0.3280	0.9250 **	0.3000
是否退休	0.5750 ***	- 0.0750	- 0.0640	1.0670 **	- 0.4920	- 0.4070
受教育水平	0.3080 **	0.3190 **	0.3500 *	1.0450 **	0.9900 ***	0.9210 **
年龄	0.0420	- 0.0440	- 0.0680	1.2550	- 0.0930	- 0.1590
性别	0.0100	0.0180	0.0210	0.0260	0.0030	0.0350
Pseudo R^2	0.1601	0.0926	0.1121	0.0435	0.0229	0.0261
LR 检验	83.2400	50.1000	19.7900	93.5700	53.1400	22.8200
样本数量	378.0000	418.0000	162.0000	378.0000	418.0000	162.0000

注：***，**，*分别表示在 0.01、0.05、0.1 显著性水平下显著。

从表 6 – 7 的回归结果可以看到，收入仍然是影响老年家庭旅游消费决策和消费支出的最主要因素；资产仅对低龄老年家庭的旅游消费影响显著；退休对低龄老年家庭旅游消费决策和消费支出都有明显的促进作用，而对中龄老年家庭和高龄老年家庭没有显著影响；健康对中龄老年家庭的旅游消费具有显著影响，而对低龄老年人和高龄老年人没有显著影响；受教育水平对各年龄段的老年家庭都有正向影响；而各年龄段家庭户主性别都与旅游消费与否无关。

6.5 结 论

6.5.1 研究结论

1. 有钱有闲是老年家庭旅游的基础

前文实证分析显示，收入是影响老年家庭旅游消费决策和支出的最重要因素，资产也显著正向影响老年家庭旅游消费决策和支出；同等情况下，低龄老人中已经退休的有空闲时间的老年更偏向于外出旅游以及走亲访友。

2. 身体健康是老年旅游消费的保障

身体健康状况不佳是许多老年人面临的主要问题，健康状况不佳一方面会直接限制老年人行动能力，进而影响老年人旅游消费行为；另一方面身体状况不佳会带来心理和情绪上的焦虑，造成对旅游决策和行为的负面影响。此外，健康不良带来的医疗保健费用增加会挤占老年旅游消费支出，导致老年旅游消费的减少。

3. 学识和见识会进一步促进老年旅游消费

通常来说，受教育程度高的群体更能够客观理性地认识问题，收入水平更高，对体验性和娱乐性消费的追求也更高；受教育程度高的群体通常来说，学识和见识、认知能力也更高。本章估计结果进一步证实了这一结论。

6.5.2 政策建议

1. 加强农村经济建设，进一步缩小城乡差距

从本章的研究结果来看，我国城乡仍存在巨大差异，可支配收入、家庭资产、基础设施、社会保障、受教育程度等方方面面的差距，严重制约

了我国农村老人的旅游消费能力。因此，我国还需要进一步加强农村经济建设，提高农村居民生活水平，缩小城乡差距。当人民的基本生活得到改善和提高，基本的生活需求得到满足，才会进行更高层次的享受型消费。

2. 完善健全老年旅游市场，促进老年旅游消费

我国老年群体掌握着巨大的财富，也拥有大量的时间，具备旅游消费的基本条件，但是老年旅游市场的建设和发展并不完善，老年群体对旅游的认知也不够全面。因此，我国相关部门应该更加注重老年旅游市场的规范和整理，出台相关政策规定，促进老年旅游市场良性快速发展。

3. 加强健康保障，刺激老年旅游消费意愿

健康是老年群体旅游的前提和基础，老年健康必须从生命周期的早期进行建设和经营，因此，应在全社会提倡健康意识，加强公共卫生和医疗服务水平，同时，个人要有意识地缓解工作压力和焦虑情绪，关注和实操健康的生活方式，在"健康中国"的环境中健康生活，努力获得健康身心，在生命周期的老年阶段享受生活。

参考文献

［1］白凯，符国群．家庭旅游决策研究的中国化理论视角与分析思路．[J]．旅游学刊，2011（12）：49－56.

［2］蔡洁，赵毅．国内女性游客旅游消费行为实证研究——以重庆旅游目的地为例［J］．旅游科学，2005（2）：24－27＋47.

［3］柴化敏．中国城乡居民医疗服务需求与医疗保障的实证分析［J］．世界经济文汇，2013，05：107－119.

［4］陈国生，陈政，刘军林．旅游供给侧改革中的信息化推动与产业博弈［J］．湖南社会科学，2016（03）：126－130.

［5］陈华帅，曾毅．"新农保"使谁受益：老人还是子女？［J］．经济研究，2013，（1）：55－67＋160.

［6］陈皆明．投资与赡养——关于城市居民代际交换的因果分析［J］．中国社会科学，1998，（6）：131－149.

［7］陈梦真．养老社会保障与城镇居民消费：理论分析与实证检验［J］．社会保障研究，2010，（1）：59－69.

［8］陈强，叶阿忠．股市收益、收益波动与中国城镇居民消费行为［J］．经济学（季刊），2009（8）：995－1012.

［9］陈强．高级计量经济学及Stata应用［M］．第2版．北京：高等教育出版社，2010.169－248.

［10］陈训波，周伟．家庭财富与中国城镇居民消费：来自微观层面的证据［J］．中国经济问题，2013（2）：46－55.

［11］陈彦斌．中国城乡财富分布的比较分析［J］．金融研究，2008，12.

［12］陈英耀，王立基，王华．卫生服务可及性评价［J］．中国卫生资源，2000，06：279－282.

［13］陈志英．我国居民家庭金融资产财富效应分析［J］．国情研究，2012（6）：52－57.

［14］程令国，张晔，刘志彪．"新农保"改变了中国农村居民的养老模式吗？［J］．经济研究，2013，（8）：42－54.

［15］崔庠，黄安民．居民家庭旅游消费行为初探［J］．人文地理，1995（6）：37－42.

［16］丁健，李林芳．广州市居民的旅游偏好和出游时间研究［J］．桂林旅游高等专科学校学报，2003（1）：32－36.

［17］丁志宏．城市子女对老年父母经济支持的具体研究［J］．人口学刊，2014，（4）：74－82.

［18］杜春越，韩立岩．家庭资产配置的国际比较研究［J］．经济评论，2013（6）：44－55.

［19］范辰辰，李文．新农保、宗族网络与农村家庭代际转移［J］．北京社会科学，2015，（1）：18－25.

［20］范剑平．我国城乡居民消费结构的变化趋势［J］．宏观经济研究，2000（6）：32－50.

［21］方福前，俞剑．居民消费理论的演进与经验事实［J］．经济学动态，2014，（3）：11－34.

［22］封进，秦蓓．中国农村医疗消费行为变化及其政策含义［J］．世界经济文汇，2006，01：75－88.

［23］高梦滔，姚洋．健康风险冲击对农户收入的影响［J］．经济研究，2005，12：15－25.

［24］高梦滔，姚洋．性别、生命周期与家庭内部健康投资——中国农户就诊的经验证据［J］．经济研究，2004，07：115－125.

［25］高铁梅．计量经济分析方法与建模［M］．第2版．北京：清华大学出版社，2009.3－238.

［26］高玉伟，周云波．城镇居民消费行为的生命周期变异——来自微观面板数据的证据［J］．统计与信息论坛，2011，（8）：94－101.

［27］高玉伟．生命周期与城镇居民消费——基于山东省城镇住户调查数据所做的实证分析［D］．南开大学，2009.

［28］耿德伟．中国老龄人口的收入、消费及储蓄研究［D］．中国社会科学院，2012.

［29］龚秀全．居住安排与社会支持对老年人医疗服务利用的影响研究——以上海为例［J］．南方经济，2016，01：11－27.

［30］谷慧敏，伍春来．中国收入分配结构演变对国内旅游消费的影响［J］．旅游学刊，2003（02）：19－23.

［31］谷明．我国旅游者消费模式与行为特征分析［J］．桂林旅游高等专科学校学报，2000（04）：21 - 25．

［32］官海静，刘国恩，熊先军．城镇居民基本医疗保险对住院服务利用公平性的影响［J］．中国卫生经济，2013，01：42 - 44．

［33］郭汝元．中国家庭财富代际转移的计量分析［D］．东北财经大学，2016．

［34］郭志刚，陈功．老年人与子女之间的代际经济流量的分析·［J］．人口研究，1998，（1）：35 - 39．

［35］胡宏伟，张小燕，赵英丽．社会医疗保险对老年人卫生服务利用的影响——基于倾向得分匹配的反事实估计［J］．中国人口科学，2012，02：57 - 66 + 111 - 112．

［36］胡平．老年旅游消费市场与行为模式研究［J］．消费经济，2007（6）：86 - 89．

［37］胡仕勇，刘俊杰．农村家庭代际经济支持状况与对策［J］．农村经济，2013，（3）：109 - 112．

［38］胡迎春，李洪娜．高学历人群旅游消费偏好研究——以鞍山地区为例［J］．江苏商论，2011（02）：102 - 104 + 113．

［39］黄枫，甘犁．过度需求还是有效需求？——城镇老人健康与医疗保险的实证分析［J］．经济研究，2010，06：105 - 119．

［40］江克忠，裴育，夏策敏．中国家庭代际转移的模式和动机研究——基于 CHARLS 数据的证据［J］．经济评论，2013，（4）：37 - 46．

［41］解垩．房产和金融资产对家庭消费的影响：中国的微观证据［J］．财贸研究，2012（4）：73 - 82．

［42］赖国毅．医疗保障与老年医疗消费的实证分析［J］．社会保障研究，2012，06：46 - 57．

［43］兰烯．人口老龄化对医疗费用的影响及其机制的实证研究［D］．西南财经大学，2014．

［44］雷晓燕，谭力，赵耀辉．退休会影响健康吗？［J］．经济学（季刊），2010，（4）：1539 - 1558．

［45］雷晓燕．中老年女性劳动供给及代际转移在子女间的差异［J］．人口与经济，2009，（6）：7 - 13．

［46］李波．中国城镇家庭金融风险资产配置对消费支出的影响——基于微观调查数据 CHFS 的实证分析［J］．国际金融研究，2015（1）：83 - 92．

［47］李超，王雷．子女移居国外对家庭代际支持的影响分析［J］．人口与发展，2013，（4）：11－19.

［48］李宏彬，施新政，吴斌珍．中国居民退休前后的消费行为研究［J］．经济学（季刊），2014，（10）：117－134.

［49］李华敏．基于顾客价值理论的旅游地选择意向形成机制研究［J］．地理研究，2010（7）：1035－1344.

［50］李天池．对我国不同群体体育旅游消费心理和行为特征分析［J］．经济师，2007（09）：271＋273.

［51］李学锋，徐晖．中国股票市场财富效应微弱研究［J］．南开经济研究，2003（3）：43－48.

［52］李一玮，夏林根．国内城镇居民旅游消费结构分析［J］．旅游科学，2004（02）：30－32＋38.

［53］廖小平．中国传统家庭代际伦理的现代转型和重构［J］．东南学术，2005，（6）：79－84.

［54］林相森，艾春荣．我国居民医疗需求影响因素的实证分析——有序probit模型的半参数估计［J］．统计研究，2008，11：40－45.

［55］刘桂莉．眼泪为什么往下流？——转型期家庭代际关系倾斜问题探析［J］．南昌大学学报（人文社会科学版），2005，（6）：1－8.

［56］刘国恩，蔡春光，李林．中国老人医疗保障与医疗服务需求的实证分析［J］．经济研究，2011，03：95－107＋118.

［57］刘宏，高松，王俊．养老模式对健康的影响［J］．经济研究，2011，04：80－93＋106.

［58］刘建江．财富效应、消费函数与经济增长［J］．当代财经，2002（7）．

［59］刘晋飞．农村子女对父母的家庭代际转移研究［D］．武汉：华中科技大学博士学位论文，2012：3－11.

［60］刘明霞，仇春涓．医疗保险对老年人群住院行为及负担的绩效评价——基于中国健康与养老追踪调查的实证［J］．保险研究，2014，09：58－70.

［61］刘文彬．我国城乡居民的经济收入与旅游消费关系的定量分析［J］．统计与决策，2009（10）：92－93.

［62］刘子兰，宋泽．中国城市居民退休消费困境研究［J］．中国人口科学，2013，（3）：94－128.

［63］陆杰华，白铭文，柳玉芝．城市老年人居住方式意愿研究——

以北京、天津、上海、重庆为例［J］．人口学刊，2008，01：35 - 41．

［64］骆祚炎．城镇居民金融资产与不动产财富效应的比较分析［J］．数量经济技术经济研究，2007（11）：56 - 65．

［65］马立国，洪倩，王德斌．中国居民四项健康指标地区差异分析［J］．中国慢性病预防与控制，2011，20（1）：27 - 29．

［66］毛端谦，刘春燕．旅游目的地映象研究述评［J］．旅游学刊，2006（8）：40 - 44．

［67］牛亚菲，谢丽波，刘春凤．北京市旅游客流时空分布特征与调控对策［J］．地理研究，2005（2）．

［68］潘丹．中国农村居民医疗服务利用影响因素分析［J］．农业技术经济，2010，07：41 - 46．

［69］全国老龄工作委员会办公室．中国人口老龄化发展趋势预测研究报告［N］．中国社会报，2006 - 02 - 27006．

［70］石玲．老龄化背景下我国老年人护理保障研究综述［J］．劳动保障世界（理论版），2012，05：29 - 33．

［71］宋璐，李亮，李树茁．照料孙子女对农村老年人认知功能的影响［J］．社会学研究，2013，（6）：215 - 237 + 246．

［72］宋泽．退休消费困境研究：中国城市居民经验数据［D］．湖南师范大学，2011．

［73］孙鹃娟，张航空．中国老年人照顾孙子女的状况及影响因素分析［J］．人口与经济，2013，（4）：70 - 77．

［74］陶涛．农村儿子、女儿对父母的经济支持差异研究［J］．南方人口，2011，（1）：41 - 47．

［75］王俊，龚强，王威．"老龄健康"的经济学研究［J］．经济研究，2012，01：134 - 150．

［76］王明慧，曹乾，陆广春．医保与非医保患者住院费用比较及其影响因素分析［J］．中国卫生经济，2009，01：35 - 38．

［77］王树新．论城市中青年人与老年人分而不离的供养关系［J］．中国人口科学，1995，03：38 - 42．

［78］王文瑞．我国农村居民国内旅游基本特征分析［J］．云南师范大学学报（哲学社会科学版），2009，41（04）：120 - 124．

［79］王跃生．中国家庭代际关系的理论分析［J］．人口研究，2008，32（4）：13 - 21．

［80］吴必虎．中国城市居民旅游目的地选择行为研究［J］．地理学

报，1997.52（3）：97－103.

［81］席建超，甘萌雨，吴普，葛全胜．中国入境游客旅游消费总体趋势与区域差异：1996～2005 年［J］．地理研究，2010，29（04）：737－747.

［82］谢桂华．老人的居住模式与子女的赡养行为［J］．社会，2009，05：149－167.

［83］谢泽氡，马遵平，何蕊君．四川省入境游客平均消费与消费结构差异研究［J］．绵阳师范学院学报，2017，36（07）：47－51.

［84］熊剑庆，王聪．我国居民股票资产财富效应影响因素的实证分析究［J］．理论研究，2011（3）：46－52.

［85］熊剑庆，王少锟．金融资产财富效应的形成机理研究［J］．理论研究，2011（3）：30－34.

［86］徐勤．儿子与女儿对父母支持的比较研究［J］．人口研究，1996，（5）：23－31.

［87］鄢盛明，陈皆明，杨善华．居住安排对子女赡养行为的影响［J］．中国社会科学，2001，01：130－140＋207－208.

［88］闫孝茹，王洁．中国城镇居民国内旅游消费影响因素的实证研究．旅游纵览（下半月）［J］．2018（12）：12－13＋15.

［89］杨新军，牛栋，吴必虎．旅游行为空间模式及其评价［J］．经济地理，2000（4）：26－37.

［90］杨燕．我国居民消费不足的原因分析及政策建议［J］．经济理论与实践，2009（12）：40－43.

［91］杨勇．收入来源、结构演变与我国农村居民旅游消费［J］．旅游学刊，2015（11）：19－30.

［92］杨赞，赵丽清，陈杰．中国城镇老年家庭的消费行为特征研究［J］．统计研究，2013，（12）：83－88.

［93］姚瑶，刘斌，刘国恩，臧文斌．医疗保险、户籍制度与医疗服务利用——基于 CHARLS 数据的实证分析［J］．保险研究，2014，06：105－116.

［94］殷凤，万家明．中美家庭资产配置结构比较研究［J］．国际视野，2014（24）：159－160.

［95］余静文，王春超．新"拟随机实验"方法的兴起——断点回归及其在经济学中的应用［J］．经济学动态，2011，（2）：125－131.

［96］余央央．老龄化对中国医疗费用的影响——城乡差异的视角

[J]．世界经济文汇，2011，05：64－79.

[97] 余颖，张捷，任黎秀．老年旅游者的出游行为决策研究——以江西省老年旅游市场为例 [J]．旅游学刊，2003（03）：25－28.

[98] 余永定，李军．中国居民消费函数的理论与验证 [J]．中国社会科学，2000（1）：123－133.

[99] 余元全，周孝华，杨秀苔．资产影响消费的财富效应研究述评 [J]．消费经济，2007（2）．

[100] 张彬斌，陆万军．中国家庭存在退休者消费之谜吗？——基于CHARLS 数据的实证检验 [J]．劳动经济研究，2014，（4）：103－120.

[101] 张大永，曹红．家庭财富与消费：基于微观调查数据的分析 [J]．经济研究，2012（1）：53－65.

[102] 张金宝．经济条件、人口特征和风险偏好与城市家庭的旅游消费 [J]．旅游学刊，2015（5）：31－39.

[103] 张克中，江求川．老龄化、退休与消费——中国存在"退休—消费之谜"吗？[J]．人口与经济，2013，（5）：11－18.

[104] 张娜，苏群．养老保险与中国老年人的家庭照料 [J]．广西民族大学学报（哲学社会科学版），2014，04：47－52.

[105] 张强，张伟琪．多中心治理框架下的社区养老服务：美国经验及启示 [J]．国家行政学院学报，2014.4122－127.

[106] 张文娟，李树茁．农村老年人家庭代际支持研究——运用指数混合模型验证合作群体理论 [J]．统计研究，2004，（5）：33－37.

[107] 张五六，赵昕东．金融资产与实物资产对城镇居民消费影响的差异性研究 [J]．经济评论，2012（3）：93－101.

[108] 张颖，张富祥．分位数回归的金融风险度量理论及实证 [J]．数量经济技术经济研究，2012（4）：95－109.

[109] 章杰宽．老年游客旅游决策影响因素之多元逐步回归分析 [J]．旅游研究，2011，3（03）：36－42.

[110] 赵忠．健康卫生需求的理论和经验分析方法 [J]．世界经济，2005，04：33－38.

[111] 郑丹丹，易杨忱子．养儿还能防老吗——当代中国城市家庭代际支持研究 [J]．华中科技大学学报（社会科学版），2014，（1）：125－130.

[112] 周冬霞．代际支持对老年人生活自理能力的"选择效应" [J]．社会科学论坛，2014，（5）：202－207.

[113] 周文丽,李世平.基于凯恩斯消费理论的旅游消费与收入关系实证研究 [J].旅游学刊,2010,25(05):33-38.

[114] 周文丽.城乡居民国内旅游消费特征统计研究 [J].旅游论坛,2011,4(04):35-42.

[115] 朱莉华,曹乾,王健.居民健康与卫生保健及医疗服务的可及性关系——基于 CHNS2006 年数据的实证研究 [J].经济研究导刊,2009,13:205-207.

[116] 朱艳.影响我国老年人家庭代际间非经济支持的因素分析 [J].商丘职业技术学院学报,2014,(3):29-30.

[117] 邹红,喻开志.退休与城镇家庭消费:基于断点回归设计的经验证据 [J].经济研究,2015,(1):124-139.

[118] Aguiar, Mark & Hurst, Erik. Consumption versus Expenditure [J]. *Journal of Political Economy*, 2005, Vol. 113, Oct., 919-948.

[119] Aguila, Emma & Attanasio, Orazio & Meghir, Costas. Changes in Consumption at Retirement: Evidence from Panel Data [J]. *Review of Economics & Statistics*, 2011, Vol. 93, Aug., 1094-1099.

[120] Ameriks, John & Caplin, Andrew & Leahy, John. Retirement Consumption: Insights from a Survey [J]. *Social Science Electronic Publishing*, 2002, Vol. 89, Jan., 265-274.

[121] Banks, James & Blundell, Richard & Tanner, Sarah. Is There a Retirement-Savings Puzzle? [J]. *American Economic Review*, 1998, Vol. 88, Sep., 769-788.

[122] Barrett, Garry F. & Brzozowski, Matthew. Involuntary Retirement and the Resolution of the Retirement-Consumption Puzzle: Evidence from Australia [J]. *Social and Economic Dimensions of an Aging Population*, 2010, Oct.

[123] Battistin, Erich & Brugiavini, Agar & Rettore, Enrico, et al. The Retirement Consumption Puzzle: Evidence from a Regression Discontinuity Approach [J]. *American Economic Review*, 2009, Vol. 99, Dec., 2209-2226.

[124] Becker, G. S. A Theory of Social Interactions [J]. *The Journal of Political Economy*, 1974, Vol. 82, 1063-1093.

[125] Bernheim, B. Douglas & Skinner, Jonathan & Weinberg, Steven. What Accounts for the Variation in Retirement Wealth among U. S. Households [J]. *American Economic Review*, 2001, Vol. 91, Sep., 832-857.

[126] Blau, David M. Retirement and Consumption in a Life Cycle Model

[J]. *David Blau*, 2007, Vol. 26, Aug. , 35 – 71.

[127] Bolin K, Lindgren B, Lundborg P. Informal and Formal Care A-mong Single - living Elderly in Europe [J]. *Health Economics*, 2008, 17 (3): 393 – 409.

[128] Bonis R, Silvestrini A. The Effects of Financial and Real Wealth on Consumption: New Evidence from OECD Countries [J]. *Applied Financial E-conomics*, 2012, 22 (5): 409 – 425.

[129] Borella, Margherita & Moscarola, Flavia Coda & Rossi, Mariac-ristina. (Un) Expected Retirement and the Consumption Puzzle [J]. *Empiri-cal Economics*, 2011, Vol. 47, Dec. , 733 – 751.

[130] Borgdorff M W, Nagelkerke N J D, Dye C, et al. Gender and Tu-berculosis: a Comparison of Prevalence Surveys with Notification Data to Ex-plore Sex Differences in Case Detection [J]. *The International Journal of Tu-berculosis and Lung Disease*, 2000, 4 (2): 123 – 132.

[131] Bostic R, Gabriel S, Painter G. Housing Wealth, Financial Wealth, and Consumption: New Evidence from Mi-cro Data [J]. *Regional Science and Urban Economics*, 2009, 39 (1): 79 – 89.

[132] Buor D. Gender and the Utilisation of Health Services in the Ashanti Region, Ghana [J]. *Health policy*, 2004, 69 (3): 375 – 388.

[133] Case, Karl E. John M. Quigley, Robert J. Shiller. , Comparing Wealth Effects from Miversus the Housing Market [R]. *NBER Working Pa-per.* 8606, 2001.

[134] Chen F, Short S E. Household Context and Subjective Well-being Among the Oldest Old in China [J]. *Journal of family issues*, 2008.

[135] Cheolsung, Park. Why do Children Transfer to the Parents? Evi-dence from South Korea. Department of Economics [J]. *National University of Singapore*, 2008, 1 – 31.

[136] Cho, Insook. The Retirement Consumption in Korea: Evidence from the Korean Labor and Income Panel Study [J]. *Global Economic Review*, 2012, Vol. 41, May, 163 – 187.

[137] Cho, S. , 2011, Housing Wealth Effect on Consumption: Evidence from Household Level Data [J]. *Economics Letters*, vol. 113 , pp. 192 – 194 .

[138] Claire. , Noel-Miller, Rania, T. faily. Financial Transfers to Husbands'and Wives'elderly Mothers in Mexico: Do Couples Exhibit Preferential

Treatment by lineage? [J]. *CDE Working Paper*, 2008, Vol. 4, 1 – 40.

[139] Consenza R. M, Davis D. L. Family Vacation Decision Making Over the Family Life Cycle: a Decision and Influence Structure Analysis [J]. *Journal of Travel Research*, 1981, 20 (2): 18 – 23.

[140] Cox, D. Motives for Private Income Transfers [J]. *The Journal of Political Economy*, 1987, Vol. 95, 508 – 546.

[141] Cox, Donald. Private Transfers within the Family: Mothers, Fathers, Sons, and Daughters. from Alicia H. Munnell and Annika Sunden, eds. , Death and Dollars: The Role of Giftsand Bequests in America, Washington, DC [J]. *The BrookingsInstitution*, 2003, 168 – 209.

[142] Davis M A, Pelumbo M G. A Primer on the Cconomics and Time Series Econometrics of Wealth Effects [M]. *Divisions of Research & Statistics and Monetary Affairs*, Federal Reserve Board, 2001.

[143] Deidda M. Precautionary Saving, Financial Risk, and Portfolio Choice [J]. *Review of Income and Wealth*, 2013, 59 (1): 133 – 156.

[144] De Meza D. Health Insurance and the Demand for Medical Care [J]. *Journal of Health Economics*, 1983, 2 (1): 47 – 54.

[145] Drescher, Larissa S. & Roosen, Jutta. An Analysis of the Retirement-Consumption Puzzle for Food-at-Home and Away-from-Home Expenditures in Germany, http: //purl. umn. edu/116441, 2010 – 09.

[146] Duncan G M, Leigh D E. The Endogeneity of Union Status: An Empirical Test [J]. *Journal of Labor Economics*, 1985, 3 (3): 385 – 401.

[147] Edlund. L, Son. Preference, Sexratios, and Marriage Patterns [J]. *Journal of Political Economy*, 1999, Vol. 107, 1275 – 1304.

[148] Ettner, Susan L. The Impact of Parent Care´on Female Labor Supply Decisions [J]. *Demography*, 1996, Vol 32, 63 – 80.

[149] Fisher, Jonathan & Johnson, David S. & Marchand, Joseph, et al. The Retirement Consumption Conundrum: Evidence from a Consumption Survey [J]. *Social Science Electronic Publishing*, 2008, Vol. 99, Jun. , 482 – 485.

[150] Fisher, Jonathan D. & Marchand, Joseph. Does the retirement consumption puzzle differ across the distribution? [J]. *Journal of Economic Inequality*, 2014, Vol. 12, Jun. , 279 – 296.

[151] Fodness D. The Impact of Family Life Cycle on the Vacation Decision-making Process [J]. *Journal of Travel Research*, 1992, 31: 8 – 13.

[152] Frank, A. Sloan. Upstream Intergenerational Transfers [J]. *Southern Economic Journal*, 2002, Vol. 2, 363 – 380.

[153] Gertler P, van der Gaag J. The Willingness to Pay for Medical Care [D]. *The World Bank*, 1990.

[154] Gu D, Dupre M E, Liu G. Characteristics of the Institutionalized and Community-residing Oldest-old in China [J]. *Social Science & Medicine*, 2007, 64 (4): 871 – 883.

[155] Haider, Steven J. & Melvin Stephens Jr. Is There a Retirement Consumption Puzzle? Evidence Using Subjective Retirement Expectations [J]. *Review of Economics and Statistics*, 2004, Vol. 89, Feb. , 247 – 264.

[156] Hamerrnesh, Daniel. Consumption during Retirement: The Missing Link in the Life Cycle [J]. *Review of Economics and Statistics*, 1984, Vol. 66, Feb. , 1 – 7.

[157] Hansen M C, Aranda M P. Sociocultural Influences on Mental Health Service use by Latino Older Adults for Emotional Distress: Exploring the Mediating and Moderating Role of Informal Social Support [J]. *Social Science & Medicine*, 2012, 75 (12): 2134 – 2142.

[158] Helmer C, Barberger-Gateau P, Letenneur L, et al. Subjective Health and Mortality in French Elderly Women and Men [J]. *The Journals of Gerontology Series* B: Psychological Sciences and Social Sciences, 1999, 54 (2): 84 – 92.

[159] Hori, Masahiro & Murata, Keiko. Is there a retirement consumption puzzle in Japan? Evidence based on panel data on households in the agricultural sector [J]. *Cis Discussion Paper*, Feb.

[160] Hurd, Michael D. & Rohwedder, Susann. Some Answers to the Retirement Consumption Puzzle, http: //www. nber. org/papers/w12057, 2006 – 02.

[161] Hurd, Michael D. & Rohwedder, Susann. The Retirement Consumption Puzzle: Actual Spending Change in Panel Data, http: //www. nber. org/papers/w13929, 2008 – 04.

[162] Hurd, Michael D. & Rohwedder, Susann. The Retirement-Consumption Puzzle: Anticipated and Actual Declines in Spending at Retirement, http: //www. nber. org/papers/w9586. , 2005 – 02.

[163] Hurst, Erik. The Retirement of a Consumption Puzzle, http: //

www. nber. org/papers/w13789, 2008 – 02.

[164] James J. Heckman. Sample Selection Bias as a Specification Error [J]. *Econometrica*, 1979, Vol 47.

[165] Jansen W. J. and Jahuis N. J. 2003. The Stock Market and Consumer Confidence: European Evidence [J]. *Economics Letters*, 79 (1): 89 – 98.

[166] Jean, Y. P. and Tridimas, G. 1998, The Allocation of Public Consumption Expenditure in the UK [J]. *Applied Economics*, Vol. 5: 197 – 200.

[167] John D. Benjamin, Peter Chinloy, G. , Donald Jud. Real Estate Versus Financial Wealth in Consumption [J]. *Journal of Real Estate Finance and Economics*, 2004, (3): 341 – 354.

[168] Kouzs A C, Eaton W W. Absence of Social Networks, Social Support and Health Services Utilization [J]. *Psychological medicine*, 1998, 28 (06): 1301 – 1310.

[169] Laitner, John & Silverman, Dan. Estimating Life-Cycle Parameters from Consumption Behavior at Retirement, http://www. nber. org/papers/w11163, 2005 – 03.

[170] Lawson, R. W. Patterns of Tourist Expenditure and Types of Vacation Across the Family Life Cycle [J]. *Journal of Travel Research*, 1991, Vol. 29, spring: 12 – 18.

[171] Lee, A. Lillard , Robert, J. Willis. Motives for Intergenerational Transfers: Evidence from Malaysia. [J]. *The Demography of Aging*, 1997, Vol. 34. , 115 – 134.

[172] Lee, David S. & Lemieux, Thomas. Regression Discontinuity Designs in Economics [J]. *Journal of Economic Literature*, 2010, Vol. 48, Jun. , 281 – 355.

[173] Lee, Y. J. and Z. Xiao. Children's Support for Elderly Parents in Urban and Rural China: Results From a National Survey [J]. *Journal of Cross-Cultural Gerontology*, 1998, Vol. 13, 39 – 62.

[174] Lee. E, G. Spitze and J. R, Logan. Social Support to Parents-in-law: The Interplay of Gender and Kin Hierarchies [J]. *Journal of Marriage and Family*, 2003, Vol. 65, 396 – 403.

[175] Li Hongbin & Shi Xinzheng & Wu Binzhen. Retirement Consumption Puzzle in China [J]. *Social Science Electronic Publishing*, 2013, Vol. 89, Mar. , 265 – 274.

[176] Liu G G, Zhao Z. Urban Employee Health Insurance Reform and the Impact on Out-of-pocket Payment in China [J]. *The International journal of health planning and management*, 2006, 21 (3): 211 –228.

[177] Long N H, Johansson E, Lönnroth K, et al. Longer Delays in Tuberculosis Diagnosis Among Women in Vietnam [J]. *The International Journal of Tuberculosis and Lung Disease*, 1999, 3 (5): 388 –393.

[178] Luengo-Prado & Sevilla, Almudena. Time to Cook: Expenditure at Retirement in Spain [J]. *Economic Journal*, 2013, Vol. 123, Jun. , 764 –789.

[179] Lundberg, Shelly & Startz, Richard & Stillman, Steven. The Retirement-Consumption Puzzle: A Marital Bargaining Approach [J]. *Journal of Public Economics*, 2003, Vol. 87, May, 1199 –1218.

[180] Makinen M, Waters H, Rauch M, et al. Inequalities in Health Care Use and Expenditures: Empirical Data from Eight Developing Countries and Countries in Transition [J]. *Bulletin of the World Health Organization*, 2000, 78 (1): 55 –65.

[181] Menec V H, Chipperfield J G. A Prospective Analysis of the Relation Between Self-rated Health and Health Care Use Among Elderly Canadians [J]. *Canadian Journal on Aging/*La Revue canadienne du vieillissement, 2001, 20 (03): 293 –306.

[182] Miniaci, Raffaele & Monfardini, Chiara & Weber, Guglielmo. Is There a Retirement Consumption Puzzle in Italy? [J]. http: //econpapers. repec. org/paper/ifsifsewp/03_ 2f14, 2003 –07.

[183] Mitchell J, Krout J A. Discretion and Service Use Among Older Adults: The Behavioral Model Revisited [J]. *The Gerontologist*, 1998, 38 (2): 159 –168.

[184] Moreau, Nicolas & Stancanelli, Elena. Household Consumption at Retirement: A Regression Discontinuity Study on French Data, http: //econpapers. repec. org/paper/msecesdoc/13072. htm, 2013 –10.

[185] National Center for Health Statics. 2003. Health, United States (DHHS Publication No. 2003 – 1232) . Washington DC: U. S. Government Printing Office

[186] Nicolau J L, Francisco J M. The Influence of Distance and Prices on the Choice of Tourist Destinations-the Moderating Role of Motivations [J]. *Tourism Management*, 2006, 27 (5): 982 –996.

[187] Ântonia Correia, Patricia Dom do Valle, Claudia Moco. Modeling Motivations and Perceptions of Portuguese tourists [J]. *Journal of Business Research*, 2007, 60: 76 – 80.

[188] Pauly M V. Effects of Insurance Coverage on Use of Care and Health Outcomes for Nonpoor Young Women [J]. *The American economic review*, 2005, 95 (2): 219 – 223.

[189] Peltonen, T. A., Sousa, R. M., and Vansteenkiste, I. S., Wealth Effects in Emerging Market Economies [J]. *International Review of Economics and Finance*, 2012, vol. 24, pp. 155 – 166.

[190] Poterba, J. Stock Market Wealth and Consumption [J]. *Journal of Economic Perspective*. 2000, 14 (2): 99 – 198.

[191] Raphael B, Stuart G, Gary P. Housing Wealth, Financial Wealth, and Consumption: New Evidence from Micro Data [J]. *Regional Science and Urban Economics*, 2009, (39): 79 – 89.

[192] Schoen C, Davis K, DesRoches C, et al. Health Insurance Markets and Income Inequality: Findings from an International Health Policy Survey [J]. *Health policy*, 2000, 51 (2): 67 – 85.

[193] Schwerdt, Guido. Why does consumption fall at retirement? Evidence from Germany [J]. *Economics Letters*, 2005, Vol. 89, Dec., 300 – 305.

[194] Smith, Sarah. The Retirement-Consumption Puzzle and Involuntary Early Retirement: Evidence from the British Household Panel Survey [J]. *Economic Journal*, 2006, Vol. 116, Mar., 130 – 148.

[195] Sudano Jr J J. Baker D W. Intermittent Lack of Health Insurance Coverage and Use of Preventive Services [J]. *American Journal of Public Health*, 2003, 93 (1): 130 – 137.

[196] Sun, R. Old Age Support in Contemporary Urban China from Both Parents' and Children's Perspectives [J]. *Research on Aging*, 2002, Vol. 24, 337 – 359.

[197] Tobin, J. Estimation of Relationships for Limited Dependent Variables [J]. *Econometrica*, 1958, Vol. 26, 24 – 36.

[198] Unger J. Urban Families in the Eighties: An Analysis of Chinese Surveys [J]. *Chinese families in the post-Mao era*, 1993: 25 – 49.

[199] Wagstaff A, Lindelow M. Can Insurance Increase Financial Risk?: The Curious Case of Health Insurance in China [J]. *Journal of health econom-*

ics, 2008, 27 (4): 990 – 1005.

　　[200] Wakabayashi, Midori. The retirement consumption puzzle in Japan [J]. *Journal of Population Economics*, 2008, Vol. 21, Oct. , 983 – 1005

　　[201] World Health Organization. The world health report 2002: reducing risks, promoting healthy life [M]. *World Health Organization*, 2002.